广东省人才发展研究报告2021

Research Report on Talent Development
in Guangdong Province 2021

郑贤操 萧鸣政 主编

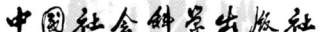

中国社会科学出版社

图书在版编目（CIP）数据

广东省人才发展研究报告.2021／郑贤操，萧鸣政主编.—北京：中国社会科学出版社，2022.5

ISBN 978－7－5203－9920－3

Ⅰ.①广… Ⅱ.①郑…②萧… Ⅲ.①人才培养—研究报告—广东—2021 Ⅳ.①C964.2

中国版本图书馆 CIP 数据核字（2022）第 047026 号

出 版 人	赵剑英
责任编辑	许　琳
责任校对	李　硕
责任印制	郝美娜

出　　版	中国社会科学出版社
社　　址	北京鼓楼西大街甲 158 号
邮　　编	100720
网　　址	http://www.csspw.cn
发 行 部	010－84083685
门 市 部	010－84029450
经　　销	新华书店及其他书店

印刷装订	北京君升印刷有限公司
版　　次	2022 年 5 月第 1 版
印　　次	2022 年 5 月第 1 次印刷

开　　本	710×1000　1/16
印　　张	14
插　　页	2
字　　数	237 千字
定　　价	88.00 元

凡购买中国社会科学出版社图书，如有质量问题请与本社营销中心联系调换
电话：010－84083683
版权所有　侵权必究

《广东省人才发展研究报告 2021》
蓝皮书

领导小组
  组　长　郑贤操
  副组长　于海峰　萧鸣政
  成　员　郑贤操　于海峰　邹新月　罗贤甲　丁友刚
      郑金栈　萧鸣政　林　莉　邓世豹　黎友焕
      任　巍　郑厚明

研究小组
  组　长　郑贤操
  副组长　萧鸣政
  成　员　萧鸣政　魏　伟　褚勇强　黄文浩　黎仲彦
      张　满　张睿超　朱玉慧兰　谭湘宁　袁楚芹
      曾丽雯

  组织编写机构　广东财经大学粤港澳大湾区人才评价与开发
         研究院
  参与编写机构　北京大学人力资源开发与管理研究中心
         广东省博士博士后人才发展促进会
         广东财经大学人力资源学院

前　言

习近平总书记2021年9月在中央人才工作会议上强调，"国家发展靠人才，民主振兴靠人才"。当前世界百年未有之大变局加速演进，中华民族伟大复兴进入关键时期，比历史上任何时期都更加需要人才。国家治理体系与治理能力现代化，需要大力培养与选拔人才。深入实施新时代人才强国战略，需要我们加强人才问题研究与人才工作经验总结。

广东省委省政府历来高度重视人才工作，自20世纪80年代初以来，积极创新政策引进人才，设计制度激励人才，营造了"孔雀东南飞"的喜人局面，推动广东经济社会发展实现了历史性跨越，GDP从1979年的209亿元增加到2020年的11.076万亿元，连续32年位居全国第一，常住人口数量连续14年全国第一。区域创新综合能力连续4年蝉联全国第一，2020年研发投入强度为2.9%，达到发达国家和地区平均水平，科技进步贡献率为60%，技术自给率达78%；全省高新技术企业数量达到5.3万家，总数排名全国第一。广东省已基本建成以创新驱动为战略支撑、以先进制造业为主体的实体经济、现代金融和人力资源协同助推发展的现代化经济体系。广东取得举世瞩目的发展成就，离不开人才支撑。党中央明确要求，要加快粤港澳大湾区高水平人才高地建设。因此，广东省发展正处于重要战略机遇期，在实现第二个百年奋斗目标新征程中，如何继续走在全国前列、创造新的辉煌，需要我们更加重视人才工作，总结先进经验与明确存在问题。为了全面地总结经验和了解广东省人才发展情况，广东财经大学粤港澳大湾区人才评价与开发研究院牵头，联合北京大学人力资源开发与研究中心、广东省博士后人才发展促进会、广东财经大学人力资源学院等单位共同组织编写《广东省人才发展研究报告（2021）》（以下简称《发展报告》）。

《发展报告》编写组围绕全省区域人才的现状和分析，21个地市人才开发与发展环境的评价和分析，全省人才政策分析，科技创新人才队伍、制造业人才队伍、乡村振兴人才队伍三支队伍的现状和分析，以及粤港澳人才高地建设分析与建议等八个方面，全面阐述了近年来广东省人才工作的发展现状与经验。《发展报告》从启动、大纲确定、调查研究、具体编写到最后交稿，历时约10个月。全书内容大约20万字，八个章节。其价值在于对广东近五年来的人才政策与工作发展情况进行了一个全面梳理和展现，并且在展现的同时，基于学术研究的视角进行了相关的调查与分析，提出相关建议对策，对于政府部门的管理工作者、广大关心与支持粤港澳大湾区人才发展的师生、学者，均具有重要的参考价值。具体来说，其贡献包括六个方面：一是对广东省近年来的人才政策、人才发展与工作成就，进行了梳理与总结；二是对广东省人才发展方面的问题和不足，基于区域人才发展的视角提出了相关建议措施；三是对全省21个地级市的人才开发与人才发展环境情况进行综合评价和分析，为各地级市人才工作提供参考；四是对广东省人才政策存在的问题和不足，提出了进一步改进的对策建议；五是对广东省科技创新人才、制造业人才、乡村振兴人才三支队伍的建设问题分别进行剖析，针对三支队伍提出了相应的发展建议；六是对如何建设粤港澳大湾区高水平人才高地的问题，进行了分析和建议。

《发展报告》是在广东财经大学大力支持下，由萧鸣政、魏伟、褚勇强、黄文浩、黎仲彦、张满、张睿超、朱玉慧兰、谭湘宁、袁楚芹与曾丽雯等共同参与编写完成的。

广东财经大学高度重视《发展报告》的研究编写工作，特别组建了一支年轻有活力的高水平研究团队。学校党政主要领导多次听取汇报，从资料收集到中期审稿以及后期工作，均给予高水平的指导，还多次参与书稿分工动员会、中期汇报与终稿审阅工作，提出了许多重要的富有建设性的意见，为《发展报告》的质量提升，做出了重要贡献；萧鸣政教授根据郑贤操书记的要求，广泛参考国内外相关资料与以往白皮书撰写的工作经验，提出了《发展报告》的写作大纲与写作具体要求，制订分工计划，全程指导每位参与写作者的具体写作过程，包括2次章节写作框架具体修改与每章3遍逐章逐段修改批注与反馈工作；广东省人力资源和社会保障厅、省科技厅、省教育厅、省工信厅、省农业农村厅、省统计局等多个部门,以及21个地级及以上市有关部门对于《发展报告》的相关资料收集与问卷填写工作,给予了大力的支持;张满协助萧鸣政对于每章内容进行了统稿、审读、文字修改与编辑工作;魏伟协助萧鸣政对于编写人员以及对接省委省政府相关部门问卷发放与资料收集,完成了大量协调工作;邓梅林在萧鸣政指导下,进行了最后的文字通读与编辑工作。在此一并表示衷心的感谢!

全书主要基于各类统计年鉴、普查数据以及课题组专门问卷调查的数据进行分析。全书大部分数据是截至2020年底,但鉴于有些数据发布的滞后性和可得性,部分数据截至2019年。基于数据事实进行分析,基于问题进行系统深入的思考,是本书的特点。在成稿过程中,研究院团队基于本书相关内容撰写了5份决策咨询报告。其中,获中央政治局委员、省委常委批示1份,获省委常委、副省级领导批示3份,并被相关部门采纳。此外,在《广东党建》杂志2021年第6期中,刊发了《关于加快建设粤港澳大湾区高水平人才高地建设的对策建议》。由于《发展报告》是首次编写,数据涉及面广,调查工作量大,完成时间匆忙,研究人员水平有限,调研工作考虑不够全面,在相关章节的部分内容上,可能存在不足,还需要进行深度挖掘和不断打磨,欢迎广大读者提出宝贵意见。

目 录

第一章　广东省区域视角下的人才现状与分析 ……………………（1）
　　第一节　广东省人才现状概述 ………………………………（1）
　　第二节　"一核一带一区"人才发展概况 …………………（14）
　　第三节　广东省人才发展创新举措与存在的问题 …………（19）
　　第四节　广东省"一核一带一区"人才发展的对策建议 …（26）

第二章　广东省人才开发现状与分析 ………………………………（30）
　　第一节　人才开发及其作用 …………………………………（30）
　　第二节　人才开发现状分析框架 ……………………………（31）
　　第三节　广东省区域人才开发情况分析 ……………………（35）
　　第四节　广东省人才开发改进的相关建议 …………………（43）

第三章　广东省人才发展环境现状与优化 …………………………（47）
　　第一节　广东省人才发展环境分析框架 ……………………（47）
　　第二节　广东省人才发展环境现状与变化分析 ……………（55）
　　第三节　优化人才发展环境的相关建议 ……………………（65）

第四章　广东省人才政策与分析 ……………………………………（69）
　　第一节　人才政策概述与分类 ………………………………（70）
　　第二节　人才政策实施效果评价 ……………………………（76）
　　第三节　人才政策特征与实践经验 …………………………（84）
　　第四节　人才政策问题分析 …………………………………（88）
　　第五节　人才政策发展的对策建议 …………………………（90）

第五章　广东省科技创新人才队伍现状和发展对策 …………… （105）
　　第一节　科技创新人才队伍建设现状 ……………………………（105）
　　第二节　科技创新人才工作的主要举措与创新经验 ……………（116）
　　第三节　科技创新人才队伍的问题分析 …………………………（123）
　　第四节　科技创新人才队伍建设的相关建议 ……………………（133）

第六章　广东省制造业人才队伍现状和发展对策 ………………（142）
　　第一节　制造业人才队伍的现状分析 ……………………………（142）
　　第二节　制造业人才发展优势与开发经验 ………………………（150）
　　第三节　制造业人才队伍的问题分析 ……………………………（154）
　　第四节　制造业人才队伍建设的相关建议 ………………………（162）

第七章　广东省乡村振兴人才队伍现状与发展对策 ……………（170）
　　第一节　乡村振兴人才发展现状 …………………………………（170）
　　第二节　乡村振兴人才发展工程的创新实践 ……………………（182）
　　第三节　乡村振兴人才队伍建设存在的问题 ……………………（189）
　　第四节　乡村振兴人才队伍发展的对策建议 ……………………（191）

第八章　推进广东引领粤港澳大湾区高水平人才高地建设的对策建议 ……………………………………………………（200）
　　第一节　人才高地及其评价指标体系构建 ………………………（200）
　　第二节　全球主要人才高地现状分析 ……………………………（204）
　　第三节　广东省引领粤港澳大湾区高水平人才高地建设的对策建议 ……………………………………………………（210）

主要参考文献 ………………………………………………………（214）

第一章

广东省区域视角下的人才现状与分析

2019年7月，广东省委省政府印发《关于构建"一核一带一区"区域发展新格局促进全省区域协调发展的意见》（以下简称《意见》），强调以功能区战略定位为引领，加快形成由珠三角地区、沿海经济带、北部生态发展区构成的"一核一带一区"区域发展新格局。"一核"即珠三角地区，是引领全省发展的核心区和主引擎，包括广州、深圳、珠海、佛山、惠州、东莞、中山、江门、肇庆9市。"一带"即沿海经济带，是新时代全省发展的主战场，包括珠三角沿海7市和东西两翼地区7市[①]。"一区"即北部生态发展区，是全省重要的生态屏障，包括韶关、梅州、清远、河源、云浮5市。广东省拥有丰富的人才资源储备，人才资源的区域间合理配置，既是广东构建"一核一带一区"区域发展新格局的内在要求，也是实现区域协调可持续发展的必要条件。本章从区域视角出发，对广东省的人才现状、人才发展特点、存在问题进行深入分析，并提出有针对性的发展建议。

第一节 广东省人才现状概述

根据《国家中长期人才发展规划纲要（2010—2020年）》，国家重点推进六支人才队伍建设：党政人才队伍、企业经营管理人才队伍、专业技术人才队伍、高技能人才队伍、农村实用人才队伍、社会工作人才队伍。广东省拥有丰富的各类人才储备，鉴于数据可得性，本节主要聚焦除党政

[①] 根据《意见》，沿海经济带区域，包括珠三角沿海7市和东西两翼地区7市。本章节所提"沿海经济带"仅包括东西两翼地区。其中，东翼以汕头市为中心，包括汕头、汕尾、揭阳、潮州4市；西翼以湛江市为中心，包括湛江、茂名、阳江3市。

人才以外的五类人才队伍数量与相关结构、人才队伍总体质量及人才队伍效能等方面的情况分析。

一　人才队伍数量与相关结构分析

（一）国有企业经营管理人才

广东省国资委提供的相关统计数据表明，2020 年广东国有企业经营管理人才有 5.6 万人，其中，大型企业 2.8 万人、中型企业 1.4 万人、小型企业及其他企业 1.3 万人。此外，在学历层次上，2020 年广东国有企业经营管理人才以本科以上学历为主，其中大学本科学历占比 54.71%，研究生学历占比 23.78%（见图 1-1）。

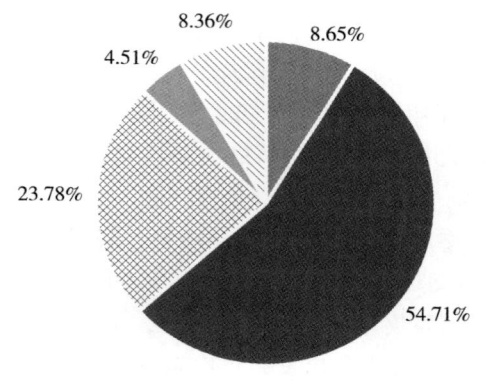

图 1-1　2020 年广东省国有企业经营管理人才学历结构①

（二）专业技术人才

广东省国资委提供的相关统计数据表明，2020 年广东全省专业技术人才共有 730 万人，其中，约有 350 万人取得初级及以上职称，高、中、初级人员占比分别为 14.2%、43.5% 和 42.3%。从"一核一带一区"的区域分布来看，不同区域之间在职称结构上差异不大，均以中初级职称为主，三大区域的高级职称专业技术人才占比均十分有限，有着较大的提升空间（见图 1-2）。

---

①　数据由广东省人民政府国有资产监督管理委员会提供。

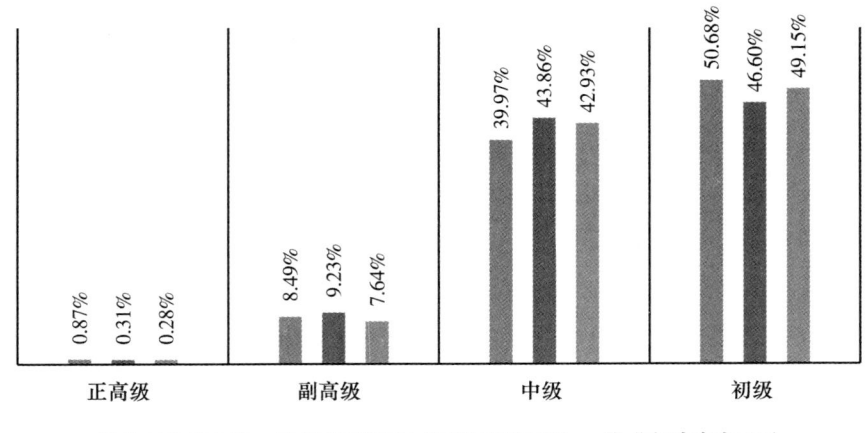

图1-2 2020年广东省"一核一带一区"专业技术人才职称结构

教育人才是专业技术人才的重要组成。根据广东省教育厅于2020年底发布的《2019年教育事业统计简报》，截至2019年底，广东全省各级各类学校教职工194.99万人，专任教师149.14万人，其中高等教育专任教师11.72万人，占比7.86%；高中阶段教育专任教师21.59万人，占比14.48%，其中中等职业教育有4.40万人，技工学校有2.31万人，普通高中14.88万人（见图1-3）。

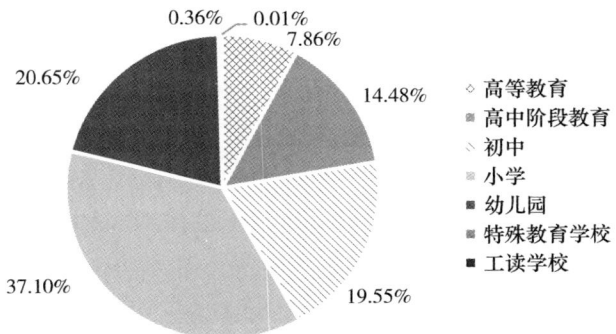

图1-3 2019年广东省各级各类学校专任教师数量①

---

① 数据来自广东省教育厅《2019年教育事业统计简报》。

从职称结构来看，2020年广东省教育人才初级、中级、高级职称占比分别为30.19%、56.95%、12.85%。从"一核一带一区"来看，2020年广东省"一核一带一区"教育人才以中级职称为主，占比均超50%（见图1-4），高级职称人才仍有较大的发展空间。

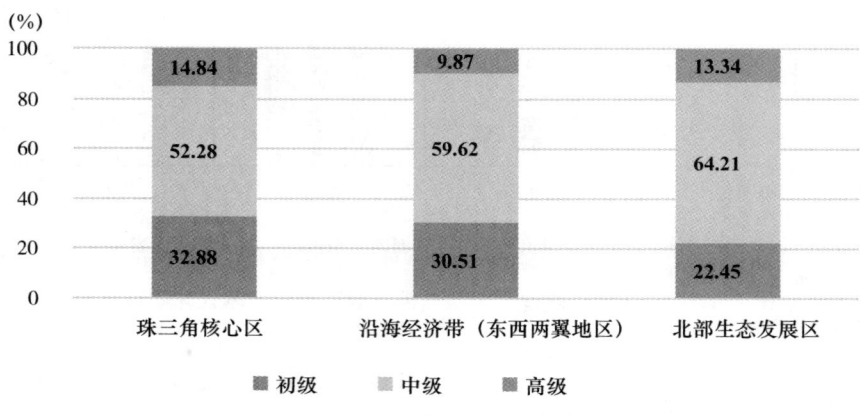

图1-4　2020年广东省"一核一带一区"教育人才职称结构①

广东是医疗服务资源大省，有着丰富的医疗卫生人才资源储备。截至2020年底，全省医疗卫生机构在岗职工100.9万人②，其中，卫生技术人员83.2万人、管理人员3.7万人、工勤技能人员8.5万人、其他技术人员5.5万人。卫生技术人员中，执业（助理）医师30.7万人，注册护士37.5万人，医护比1∶1.22。从职称结构和教育构成上看，2020年全省医疗卫生机构高级职称在岗职工8.1万人，本科及以上学历在岗职工39.4万人。卫生技术人员中，高级以上职称7.7万人，占卫生技术人员总数的9.2%；本科以上学历34.8万人，占比41.8%。③从"一核一带一区"的区域分布来看，2020年，珠三角核心区有卫生技术人员约54.97万人，占全省的66.07%，执业（助理）医师约20.21万人，占全省的65.77%（见图1-5）。

---

① 数据由广东省教育厅提供，不含省直高校教育人才数。
② 数据来自《2020年广东省医疗卫生资源和医疗服务情况简报》。
③ 数据来自《2020年广东省医疗卫生资源和医疗服务情况简报》。

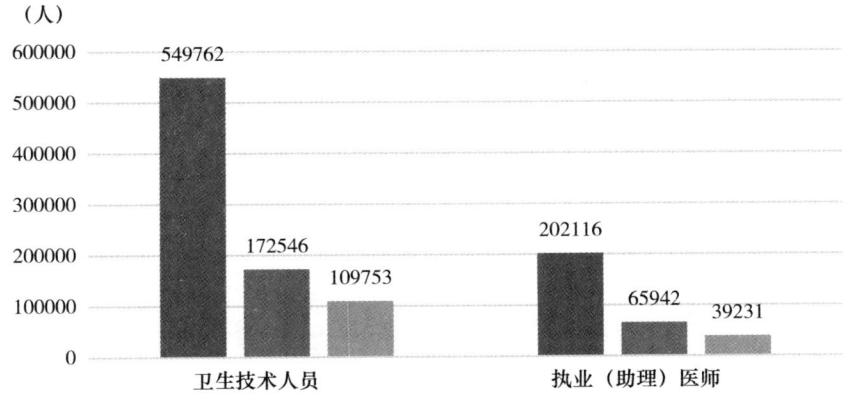

图 1-5 2020 年广东省"一核一带一区"卫生技术人员结构情况①

(三) 高技能人才

2020 年,广东省技能人才总量达到 1332 万人②,其中,高技能人才有 445 万人,高技能人才在全体技能人才中占比 33.4%,技能人才结构得到优化。此外,广东是我国制造业大省和强省,拥有丰富的制造业技能人才储备。广东全省技工院校有 146 所,在校生 60.8 万人,其中技师学院 37 所。截至 2020 年底,全省制造业技能人才约 545 万人,制造业领域的高技能人才约 178 万人。从职业资格结构来看,2016—2020 年,广东省获得职业资格证书的技能人才有 297.98 万人(未包含汕头数据),其中,珠三角核心区绝对数量最多,但从 2016 年以来,一直呈下降趋势;沿海经济带(东西两翼地区)和北部生态发展区仅拥有少量技能人才,且近年来未得到有效发展(见图 1-6)。

(四) 农村实用人才

新型职业农民、农村第二第三产业发展人才等是农村实用人才的重点。③首先,新型职业农民是以农业为职业,具有相应的专业技能、收入主要来自农业生产经营并达到相当水平的现代农业从业者。2016—2020 年,依托广东

---

① 数据根据《广东统计年鉴 2021》整理得出。
② 数据由广东省人力资源和社会保障厅提供。
③ 根据 2018 年发布的《中共中央、国务院关于实施乡村振兴战略的意见》,乡村振兴人才具体包括农业生产经营人才、农村第二第三产业发展人才、乡村公共服务人才、乡村治理人才、农业农村科技人才五大类。这里主要是指农村实用人才,农村实用人才属于乡村振兴人才的一部分。

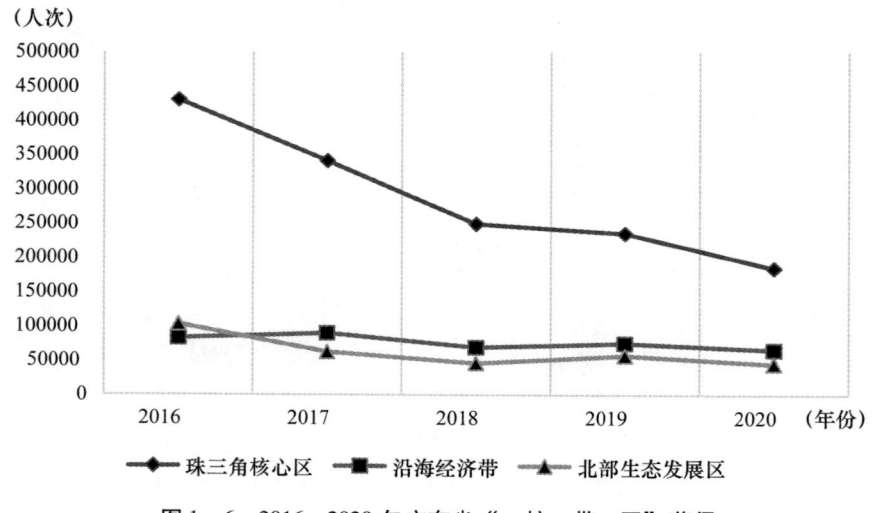

图1-6 2016—2020年广东省"一核一带一区"获得
职业资格的技能人才数量情况①

省新型职业农民培育工程，广州、佛山等城市共培育约8.84万名新型职业农民，其中，位于珠三角核心区的广州、佛山、惠州、东莞、江门和中山6市，共培育约6.7万名，位于沿海经济带（东西两翼地区）的湛江市培育了约1.28万名，位于北部生态发展区的韶关、梅州两市共培育了0.87万名。其次，广东近年来大力推动乡村人才振兴工作，开展了"乡村工匠""广东技工""南粤家政"和"粤菜师傅"等重点人才工程，大力培育农村实用人才队伍。截至2020年，全省"乡村工匠"达到4.2万人、"广东技工"达到374.8万人，"南粤家政"有33.9万人，并带动76万人就业创业，"粤菜师傅"有3.2万人，并带动33.6万人实现就业创业。在"一核一带一区"的空间分布上，珠三角核心区有"乡村工匠"1.2万人，占全省总量的28.5%；"广东技工"288.7万人，占全省总量的77%；"南粤家政"19.4万人，占全省总量的57.2%，"粤菜师傅"1.5万人，占全省总量的47%。

（五）社会工作人才

近年来，广东省社会工作人才队伍建设稳步推进，走在全国前列。截至2020年，全省持证社会工作者达到11.3万人，开发社工岗位4.8万个，持证社会工作专业人才占总人口比例为1‰。19个地市设立乡镇（街道）"双

---

① 数据由广东省人力资源和社会保障厅提供。

百"社会工作服务站407个,直聘社工1700多名,服务有需求对象732万人次。限于相关数据的可获得性,本节未对社会工作人才进行结构分析。

二 人才队伍总体质量分析

近年来,广东省不仅集聚了可观的人才数量储备,人才队伍的总体质量也在不断提升。本节从人口受教育水平、高层次人才、研发人才情况三个层面对广东人才队伍的总体质量状况进行分析。

(一)人才队伍发展中的人口受教育水平分析

人口素质是支撑人才素质的关键,人口受教育水平则是决定人才素质的重要基础。截至2020年,广东全省常住人口中拥有大学(指大专及以上)文化程度的人口为1978.2万人,每10万人中拥有大学文化程度的为1.57万人,15岁及以上人口的平均受教育年限为10.38年。① 从区域来看,2020年珠三角核心区常住人口中拥有大学(大专及以上)文化程度的人口达1597.2万人,占全省80.74%,占常住人口的比例为20.47%,每10万人中拥有大学文化程度的人数达到15.76万,比例远超过沿海经济带(东西两翼地区)与北部生态发展区。换句话说,不同区域之间存在着比较显著的差异(见表1-1)。

表1-1　2020年广东省"一核一带一区"人口基础情况②　　(单位:万人)

地区	常住人口中拥有大学文化程度③的人口	拥有大学文化程度的人口占常住人口的比例(%)	每10万人中拥有大学文化程度人数
珠三角核心区	1597.2	20.47	15.76
沿海经济带(东西两翼地区)	238.7	7.44	5.15
北部生态发展区	142.3	8.94	4.45

(二)高层次人才情况分析

相关统计数据表明,2020年,广东省高层次人才④总量达83万人,约占专业技术人才总量的13%。在粤"两院"院士133人,享受政府特殊津贴专

---

① 数据来自《广东省第七次全国人口普查公报》。
② 数据根据广东省各地市《第七次全国人口普查公报》和《广东统计年鉴2020》整理得出。
③ 大学文化程度指大专及以上文化程度。
④ 高层次人才指拥有博士研究生学历及以上的人员。

家 4962 人，在站博士后 10280 人。① 从"一核一带一区"来看，2016—2020 年珠三角核心区博士后新增数量呈稳定增长趋势（见图 1-7），年均增长率为 34.63%；沿海经济带（东西两翼地区）呈起伏式增长，增长速度较慢；北部生态发展区年均增长 38.09%，但总量仅是珠三角核心区的 0.9%。

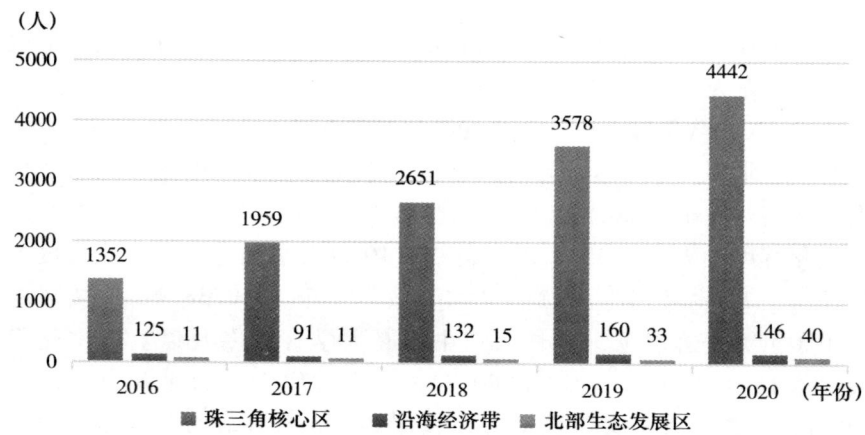

图 1-7　2016—2020 年广东省"一核一带一区"博士后新增数量情况

（三）研发人员（R&D）情况分析

研究与发展（Research and Development，R&D），指在科学技术领域，为增加知识总量（包括人类文化和社会知识的总量），以及运用这些知识去创造新的应用所进行的系统的创造性活动，包括基础研究、应用研究、试验发展三类活动。研发（R&D）人员指的是从事科研与试验发展活动所必需的人力资源，是人才队伍中素质相对较高的群体。从研发人员数量来看，2015—2019 年广东省从事研发活动的人员数量均呈稳定增长态势，2019 年全省研发人员总量达 109.15 万人，比 2015 年增长 60.46%。从"一核一带一区"来看，2015—2019 年三大区域均保持了增长态势（见图 1-8），其中，2019 年珠三角核心区研发人员达 102.14 万人，占全省总量的 93.58%，同比 2015 年增长 62.72%；沿海经济带（东西两翼地区）有 4.60 万人，占全省的 4.21%，比 2015 年增长 29.39%；北部生态发展区有 2.41 万人，占全省的 2.21%，比 2015 年增长 42.16%。

---

① 数据由广东省人力资源和社会保障厅提供。

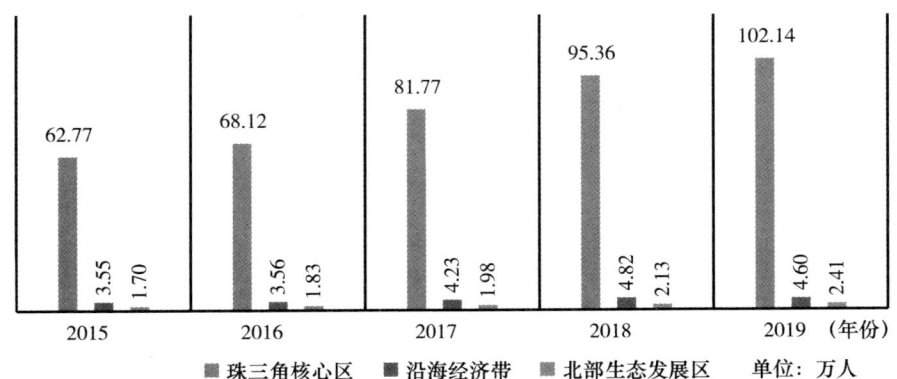

图 1-8 2015—2019 年广东省"一核一带一区"从事研发活动的人员情况

此外，2019 年珠三角核心区每百万从业人员中有 16.37 万名研发人员；沿海经济带（东西两翼地区）呈起伏式增长态势，2019 年每百万从业人员中约有 2.11 万名研发人员；北部生态发展区呈低速增长，2015—2019 年均增长率为 8.73%，2019 年每百万从业人员中约有 1.56 万名研发人员。

在工业企业从事研发活动的人员情况来看，2015—2019 年广东省"一核一带一区"人员数量均呈增长趋势（见图 1-9），其中 2019 年珠三角

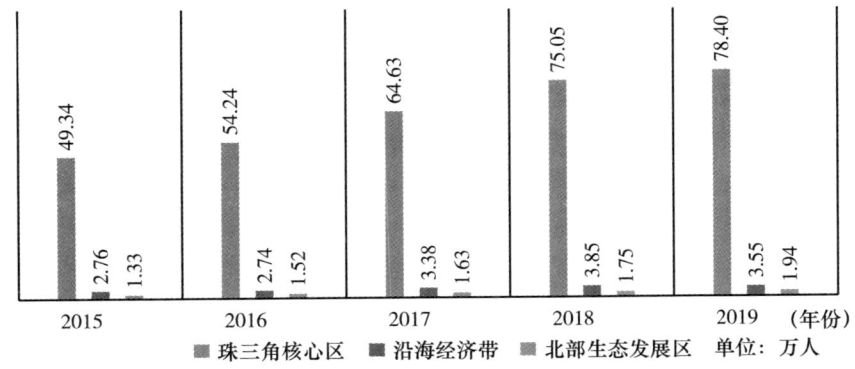

图 1-9 2015—2019 年广东省"一核一带一区"工业企业从事研发活动的人员情况[①]

---

① 数据根据广东省科技厅提供数据整理得出。

核心区，年均增长12.27%；沿海经济带（东西两翼地区）年均增长6.45%；北部生态发展区保持9.98%的增长率。

三 人才队伍效能状况

人才队伍效能是反映人才队伍创造力的重要指标，包括人才投入、人才经济贡献、人才科技贡献三个方面。

（一）人才投入情况

科技人才是广东省人才队伍建设的重中之重，其中，研发经费投入水平及强度是反映科技人才投入的关键。2019年广东全省共投入研发经费3098.48亿元，研发经费投入强度为2.88%，按研发人员全时工作量计算的人均经费为38.58万元。其中，珠三角地区研发经费支出为2962.35亿元，占全省研发经费的95.61%，研发经费投入强度为3.41%；沿海经济带（东西两翼地区）研发经费支出为93.80亿元，占全省研发经费的3.03%，研发经费投入强度为0.64%；北部生态发展区研发经费支出为42.33亿元，占全省的1.37%，研发经费投入强度为0.68%（见表1-2）。

表1-2 2019年广东省"一核一带一区"科技投入情况[①]

地区	研发经费（亿元）	研发经费投入强度[②]（%）	地方财政科技拨款（亿元）	地方财政科技拨款占地方财政支出的比重（%）
珠三角核心区	2962.35	3.41	1047.41	9.00
沿海经济带（东西两翼地区）	93.80	0.64	25.51	1.06
北部生态发展区	42.33	0.68	32.59	1.78

（二）人才经济贡献能力

人才队伍的经济贡献能力主要体现在重点产业的发展水平上。具体来看，2020年，广东全省先进制造业、高技术制造业增加值占规模以上工业增加值比重分别达56.1%和31.1%，比2015年分别提高了7.5和4.2个百分点。高新技术产品产值达71161.19亿元，是2015年的1.31倍。战略性新兴产业增加值达9150.73亿元，占规模以上工业增加值的27.22%。

---

① 数据根据《广东统计年鉴2020》《2020年广东科技统计》整理得出。
② 研发经费投入强度是研究与试验发展经费与国内生产总值的比值。

第一章 广东省区域视角下的人才现状与分析　　11

从"一核一带一区"来看，2020年，珠三角核心区贡献了约8.95万亿元地区生产总值（见表1-3），占全省的80.83%。珠三角核心区的高新技术企业数量在广东省内处于主导地位，且在2016—2020年呈高速增长（见图1-10），2020年比2016年增长了170.23%。

表1-3　　2020年广东省"一核一带一区"人才经济贡献①

地区	地区生产总值（亿元）	高新技术企业（家）	高新技术产品产值（亿元）
珠三角核心区	89523.93	51466	71465.71
沿海经济带（东西两翼地区）	14793.48	1555	2293.12
北部生态发展区	6443.59	1247	1831.66

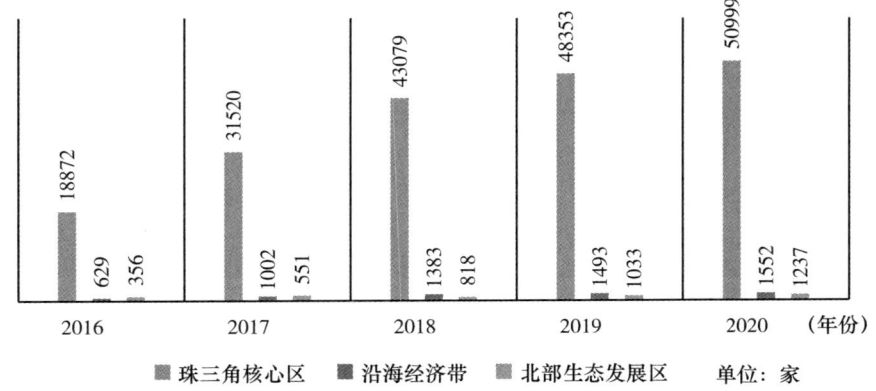

图1-10　2016—2020年广东省"一核一带一区"高新技术企业数量情况②

（三）人才科技贡献能力

人才科技贡献能力主要体现在区域创新能力、科技产出水平和技术交易量上。广东区域创新能力自2017年起一直位居全国首位，是人才科技贡献能力的关键指标。截至2020年6月底，全省有效发明专利量累计达31.98万件，连续10年居全国第一；累计PCT国际专利申请量19.01万

---

① 数据根据《2020年广东科技统计》、广东省各地市国民经济和社会发展统计公报整理得出。
② 数据根据广东省科技厅提供数据整理得出。

件，超过全国总量的 1/2，连续 18 年居全国第一。2014—2020 年累计获得 1474 项广东省科学技术奖项（见表 1-4），其中，珠三角核心区获 1332 项，占总量的 90.37%，沿海经济带（东西两翼地区）、北部生态发展区分别仅占比 6.72%、2.92%；2014—2020 年累计获得 31407 项广东省科技计划项目立项，其中，珠三角核心区、沿海经济带（东西两翼地区）、北部生态发展区获立项数分别占比 91.3%、6.2%、2.5%。

表 1-4　　　　广东省"一核一带一区"人才科技贡献①

地区	2019 年省级以上创新平台（个）	2014—2020 年广东省科学技术奖项目获奖情况（项）	2014—2020 年广东省科技计划项目获立项情况（项）
珠三角核心区	5747	1332	28676
沿海经济带（东西两翼地区）	645	99	1947
北部生态发展区	457	43	784

在科技产出上，广东科技成果供给总量大幅提升，专利授权量从 2016 年的约 25.9 万件提高到 2020 年的约 70.97 万件（见图 1-11），其中，珠

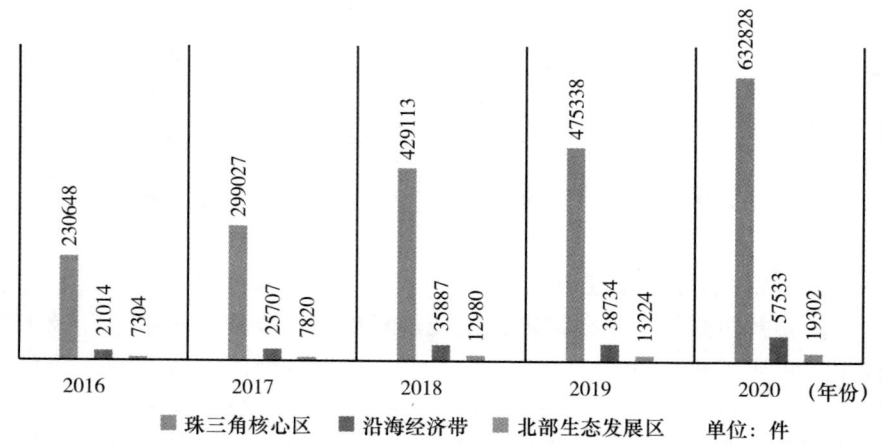

图 1-11　2016—2020 年广东省"一核一带一区"专利授权量情况②

---

① 数据根据《广东统计年鉴 2020》《2020 年广东科技统计》和广东省科技厅科技数据发布应用平台整理得出。

② 数据根据广东省科技厅提供数据整理得出。

三角核心区增幅最大,2020年达63.28万件,年均增长28.7%。广东全省2020年有效发明专利量35.05万件(见图1-12),其中,珠三角核心区占比96.74%,比2016年增长108.11%,沿海经济带(东西两翼地区)、北部生态发展区则增长88.74%和148.66%。

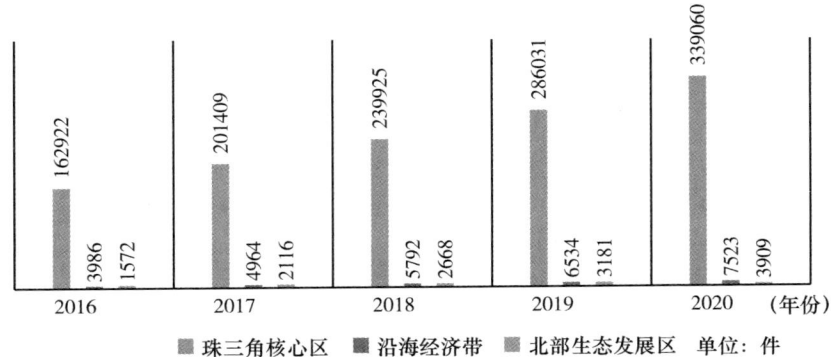

图1-12 2016—2020年广东省"一核一带一区"有效发明专利量情况①

此外,全省技术交易总量实现高速增长(见图1-13),2020年全省技术合同成交额为3465.92亿元,是2016年成交额的4倍多,这是广东人

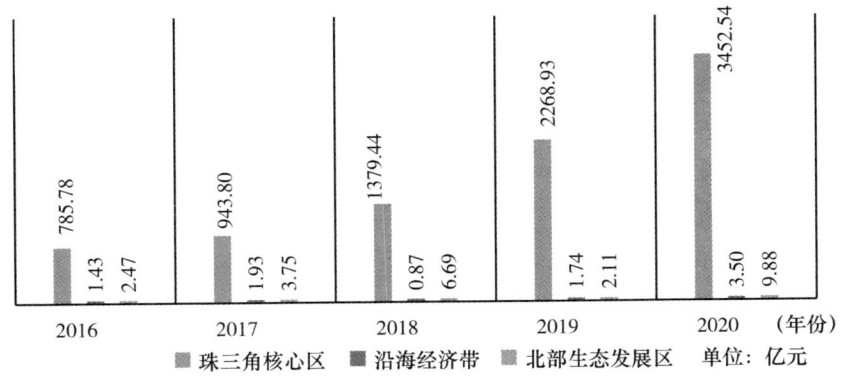

图1-13 2016—2020年广东省"一核一带一区"技术市场成交额情况②

---

① 数据根据广东省科技厅提供数据整理得出。
② 根据广东省科技厅提供数据整理得出。

才科技贡献能力的重要体现。其中,珠三角核心区2020年技术市场成交额达3452.54亿元,占全省的99.61%,年均增长达44.78%。

第二节 "一核一带一区"人才发展概况

近年来,广东加快推进人才强省建设,积极打造一流创新人才高地,深入实施"珠江人才计划""广东特支计划""扬帆计划"等人才工程。2020年广东常住人口中拥有大学(指大专及以上)文化程度的人口为1978.29万人[①],超过江苏、山东、浙江等省市,全省专业技术人才、技能人才均居全国前列,拥有较为丰富的人才储备。

一 珠三角核心区经济发展与人才教育开发概况

珠三角地区是广东构建"一核一带一区"区域新发展格局的核心和主引擎,承担"率先实现高质量发展,携手港澳共建粤港澳大湾区,并辐射带动东西两翼和北部生态发展区加快发展"的重任。根据《意见》,"一核"包括广州、深圳、珠海、佛山、惠州、东莞、中山、江门、肇庆9市。其中,广州、深圳无疑是珠三角地区的发展核心。2019年8月,中共中央、国务院发布《关于支持深圳建设中国特色社会主义先行示范区的意见》,同年10月,《中共广东省委全面深化改革委员会关于印发广州市推动"四个出新出彩"行动方案的通知》提出:"要把支持广州'四个出新出彩'实现老城市新活力与支持深圳先行示范区建设紧密结合起来,以同等的力度,全力推动实施。"珠三角核心区已经形成"双区驱动""双核联动"的战略部署,积极实施创新驱动和人才优先发展战略,着力打造创新高地、产业高地、开放高地和人才高地。2020年珠三角核心区地区生产总值(GDP)达到8.95万亿元(见表1-5),占全省GDP的80.83%,人均GDP达11.48万元/人。

---

① 数据来源于《第七次全国人口普查公报》。

第一章 广东省区域视角下的人才现状与分析

表1-5 　　　2020年广东省珠三角核心区经济发展情况①

	地区生产总值（亿元）	三次产业结构比重	省级以上创新平台（个）	高新技术企业（家）	高新技术产品产值（亿元）
广州	25019.11	1.6∶26.3∶72.5	1995	12000	9512.94
深圳	27670.24	0.1∶37.8∶62.1	932	18600	26277.98
珠海	3481.94	1.7∶43.4∶54.9	310	2101	2820.72
佛山	10816.47	1.5∶56.4∶42.1	859	5718	10379.08
惠州	4221.79	5.2∶50.5∶44.3	212	1628	3954.62
东莞	9650.19	0.3∶53.8∶45.9	498	6381	12483.94
江门	3200.95	8.6∶41.6∶49.8	405	1845	2146.03
中山	3151.59	2.3∶49.4∶48.3	374	2500	2860.93
肇庆	2311.65	18.9∶39.0∶42.1	162	693	1029.47
全省	110761.00	—	6849	54268	75590.49

　　近年来，珠三角核心区经济发展带动了产业集聚，形成了企业集群，促进了人才合理流动和高效集聚。据统计，2020年珠三角核心区常住人口达7801.4万人（见表1-6），常住人口中拥有大学（大专及以上）文化程度的人口达1597.2万人，其中广州、深圳、佛山、东莞4市人口超百万；区域拥有大学（大专及以上）文化程度的人口占常住人口的比例为20.47%，深圳、广州、珠海3市的比例均超过区域均值；区域每10万人中拥有大学（大专及以上）文化程度人数总计达15.76万人；9市15岁及以上人口的平均受教育年限均超过9.5年，其中5个地市超过广东平均水平（10.38年）（见表1-6）。

表1-6　　　2020年广东省珠三角核心区人口文化程度情况②　　　单位：人；年

	拥有大学文化程度的人数	拥有大学（大专及以上）文化程度的人口比例（%）	每10万人中拥有大学（大专及以上）文化程度人数	15岁及以上人口平均受教育年限
广州	5094467	27.28	27277	11.61
深圳	5065927	28.85	28849	11.86

---

① 数据来自各地市《2020年国民经济和社会发展统计公报》及《2020年广东科技统计》。
② 数据来自各地市《第七次全国人口普查公报》。

续表

	拥有大学文化程度的人数	拥有大学（大专及以上）文化程度的人口比例（%）	每10万人中拥有大学（大专及以上）文化程度人数	15岁及以上人口平均受教育年限
珠海	628248	25.75	25752	11.46
佛山	1533405	16.14	16143	10.49
惠州	744619	12.32	12322	10.09
东莞	1385885	13.24	13241	10.41
江门	568059	11.84	11839	10.02
中山	590075	13.36	13356	10.20
肇庆	361410	8.79	8786	9.53

二 沿海经济带（东西两翼地区）经济发展与人才教育开发概况

沿海经济带成为新时代广东发展的主战场，鉴于该区域包括珠三角沿海7市和东西两翼地区7市。其中珠三角7市已经统计在"一核"中，因此，这里主要分析沿海经济带中东西两翼地区7市的相关情况，即汕头、汕尾、揭阳、潮州、湛江、茂名、阳江，并在全文中称为：沿海经济带（东西两翼地区）。

2017年底，《广东省沿海经济带综合发展规划（2017—2030年）》提出，推进汕潮揭城市群和湛茂都市区加快发展，打造东西两翼沿海经济增长极。其中，汕头、湛江两市将作为广东省域副中心城市，推动广州、深圳与湛江、汕头深度协作，探索形成"双核+双副中心"动力机制。近年来，沿海经济带（东西两翼地区）经济社会取得较快发展，产业支撑进一步强化。2020年地区GDP达到1.48万亿元，占全省GDP的13.36%，人均GDP达到4.61万元。产业结构以第二、第三产业为主，积极发展海上风电、核电、绿色石化、海工装备等特色产业。区域创新能力日益增强，2019年区域内国家级高新区3个，省级以上创新平台有645个，国家级高新技术企业1555家，高新技术产品产值2293.12亿元（见表1-7）。

表1-7 2020年广东省沿海经济带（东西两翼地区）经济发展情况①

	地区生产总值（亿元）	三次产业结构比重	省级以上创新平台（个）	国家级高新技术企业（家）	高新技术产品产值（亿元）
汕头	2730.58	4.5∶47.7∶47.8	252	648	411.92
潮州	1096.98	9.7∶47.3∶43.0	63	129	163.03
揭阳	2102.14	9.7∶36.9∶53.4	79	186	210.91
汕尾	1123.81	14.2∶36.3∶49.5	20	49	295.78
湛江	3100.22	20.1∶33.9∶46.0	93	301	638.82
茂名	3279.31	19.8∶31.5∶48.7	89	137	165.54
阳江	1360.44	19.1∶34.5∶46.4	49	105	407.12
全省	110761.00	—	6849	54268	75590.49

沿海经济带（东西两翼地区）经济社会水平的提高，产业配套的完善，都大大增强了该地区的人才吸引力与人才集聚水平。根据第七次全国人口普查数据，2020年沿海经济带（东西两翼地区）常住人口3207.9万人，其中拥有大学（大专及以上）文化程度的人口达238.73万人，占比7.44%，阳江、湛江、汕头、茂名、潮州5市的比例均超过区域平均值；区域每10万人中拥有大学（大专及以上）文化程度人数为5.15万人，同比2010年增长104.74%；茂名、湛江、阳江、汕头15岁及以上人口的平均受教育年限均超过9年，但区域7市的平均受教育年限均未达到广东水平（10.38年）（见表1-8）。

表1-8 2020年广东省沿海经济带（东西两翼地区）人口文化程度情况②

	全市常住人口中拥有大学（大专及以上）文化程度的人口（人）	拥有大学（大专及以上）文化程度的人口占常住人口的比例（%）	每10万人中拥有大学（大专及以上）文化程度人数（人）	15岁及以上人口的平均受教育年限（年）
汕头	454176	8.25	8255	9.30
潮州	196961	7.67	7669	8.99
揭阳	246446	4.42	4418	8.86

① 数据来自广东省各地市《2020年国民经济和社会发展统计公报》及《2020年广东科技统计》。
② 数据来自广东省各地市《第七次全国人口普查公报》。

续表

	全市常住人口中拥有大学（大专及以上）文化程度的人口（人）	拥有大学（大专及以上）文化程度的人口占常住人口的比例（%）	每10万人中拥有大学（大专及以上）文化程度人数（人）	15岁及以上人口的平均受教育年限（年）
汕尾	138961	5.20	5199	8.40
湛江	615551	8.82	8817	9.45
茂名	498487	8.07	8074	9.48
阳江	236739	9.09	9095	9.39

三 北部生态发展区经济发展与人才教育开发概况

北部生态发展区是广东省重要的生态屏障，包括韶关、梅州、清远、河源、云浮5市。北部生态发展区将突出生态优先、绿色发展的战略定位，积极建设以生态农业、绿色工业、生态旅游为主体的生态产业体系。省委省政府将在生态补偿、转移支付、基本公共服务均等化、工业园区、产业政策和考核政策等方面给予大力支持。2020年北部生态发展区GDP达到0.64万亿元，仅占全省GDP的5.82%，人均GDP为4.05万元/人。产业结构以第二、第三产业为主，绿色发展优势凸显，现代农业、休闲旅游、绿色低碳产业等加快发展。区域创新能力逐步增强，2019年区域内国家级高新区2个，省级以上创新平台有457个，国家级高新技术企业1247家，高新技术产品产值1831.66亿元（见表1-9）。

表1-9　　2020年广东省北部生态发展区经济发展情况①

	地区生产总值（亿元）	三次产业结构比重	省级以上创新平台（个）	国家级高新技术企业（家）	高新技术产品产值（亿元）
韶关	1353.49	14.7∶34.3∶51.0	85	308	569.75
梅州	1207.98	20.3∶30.4∶49.3	96	242	154.63
清远	1777.20	16.8∶33.0∶50.2	127	375	592.67
河源	1102.74	12.4∶34.0∶53.6	98	226	133.97
云浮	1002.18	19.3∶31.1∶49.6	51	96	380.64
全省	110761.00	—	6849	54268	75590.49

① 数据来自各地市《2020年国民经济和社会发展统计公报》及《2020年广东科技统计》。

北部生态发展区社会经济发展水平相对较低,以及广深核心城市强大的人口虹吸效应,导致本地区的人才教育开发相对落后。第七次人口普查数据表明,2020年北部生态发展区常住人口1591.9万人,其中拥有大学(大专及以上)文化程度的人口达142.35万人,占比8.94%,韶关、清远两市的比例超过区域平均值;区域每10万人中拥有大学(大专及以上)文化程度人数总计为4.45万人,同比2010年增长106.49%;5市15岁及以上人口的平均受教育年限普遍超过9年,但均未达到全省平均水平(10.38年)(见表1-10)。

表1-10　　2020年广东省北部生态发展区人口文化程度情况[①]

地区	全市常住人口中拥有大学文化程度的人(人)	拥有大学(大专及以上)文化程度的人口占常住人口的比例(%)	每10万人中拥有大学(大专及以上)文化程度人数(人)	15岁及以上人口的平均受教育年限(年)
韶关	331559	11.61	11613	9.64
梅州	320171	8.27	8266	9.68
清远	367286	9.25	9255	9.26
河源	240638	8.48	8480	9.58
云浮	163759	6.87	6871	9.32

第三节　广东省人才发展创新举措与存在的问题

一　人才引进的创新举措

(一)紧扣"一核一带一区"发展,统筹制定人才引进举措

1. 支持珠三角核心区人才发展。充分对接广州、深圳的人才发展需求,推动人才引进与使用领域的"放管服改革",充分授权,应放尽放。支持深圳推动国际人才管理综合改革,建立紧缺人才清单制度,拓宽国际人才招揽渠道。落实粤港澳大湾区个人所得税优惠政策,对在大湾区工作的境外高端人才和紧缺人才,实行个人所得税税负差额补贴。2020年7月实施至今,符合个人所得税优惠政策的共有8979人,补贴金额26.56亿

---

① 数据来自广东省各地市《第七次全国人口普查公报》。

元，大大增强了珠三角核心区对高端人才的吸引力。

2. 加强重大人才工程对粤东、粤西、粤北人才的支持力度。广东省在2009年和2014年分别启动实施"珠江人才计划"和"广东特支计划"，在全省范围内引育了一批国际一流水平的创新创业团队和领军人才，以及自然科学、工程技术、哲学社会科学和教育等领域的杰出人才、领军人才、青年拔尖人才。从2021年开始，广东省进一步加大对沿海经济带（东西两翼地区）和北部生态发展区资助力度，明确规定同等条件下粤东、粤西、粤北地区入选团队项目的资助额度为珠三角地区的1.5倍。

3. 加强"粤东西北地区人才发展帮扶计划"。积极推动粤港澳大湾区人才一体化，引导人才向沿海经济带（东西两翼地区），北部生态发展区合理流动，加快粤东、粤西、粤北地区振兴发展。截至2019年底，广东共投入省级财政资金2.57亿元，通过竞争性择优扶持38个市级和175个县级重点人才工程项目，引进66个创新创业团队和100名紧缺拔尖人才，培养151名高层次人才，资助165名博士后。[①] 2021年，"一带一区"地区资助力度得到进一步加大。

4. 实施粤东、粤西、粤北地区博士、博士后人才支持项目。广东对在"一带一区"地区的在站博士后给予每人每年20万元资助，吸引海内外博士、博士后到"一带一区"地区全职工作，每人可获20万—40万元不等的资助。

5. 创新柔性引才机制，推进"扬帆计划"人才驿站建设。目前已在粤东、粤西、粤北等13个地级市建成282个人才驿站，延伸到企业、服务基地，与高校、企业深度合作，发挥引才积极作用。2020年各市人才驿站共组织人才活动1113场，柔性引才1693人，促成签约项目226项，合作初始金额超8亿元。[②]

（二）围绕"一核一带一区"定位，实施地方特色引才计划

广州、深圳、珠海等珠三角核心区地市开展各具特色的"羊城人才计划""孔雀计划""珠海英才计划"等引才工程，紧扣当地的经济社会发展需求，突出对"高精尖"人才引进。沿海经济带（东西两翼地区）地市大

[①] 《广东省人力资源和社会保障厅关于省政协十二届三次会议第20200009号提案答复的函》，广东省人力资源和社会保障厅，http://hrss.gd.gov.cn/zwgk/jytabl/tabl/content/post_3025864.html。

[②] 《广东省科学技术厅关于广东省十三届人大四次会议第1430号代表建议答复的函》，广东省科学技术厅，http://gdstc.gd.gov.cn/zwgk_n/jyta/content/post_3330954.html。

力引进海洋领域"高精尖缺"人才。例如，湛江制定《"海洋产业人才振兴计划"重点工程项目清单》《湛江海洋人才开发路线图》等文件，印发了《湛江市海洋产业人才振兴计划实施方案（2020—2023年）》，重点引进培养一批海洋领域研发和工程技术领军人才，孵化一批海洋领域创新创业团队。

二 人才培养的创新举措

（一）紧扣"一核一带一区"发展，重点加强人才培养基础

1. 实现推动地级以上市本科院校全覆盖。广东长期以来存在高等教育发展不平衡不充分的问题，补齐粤东、粤西、粤北地区高等教育发展短板，成为紧扣"一核一带一区"，夯实人才培养基础的重要举措。为此，广东省委省政府、各地级市和各有关部门把推动新建高校（校区）高质量发展作为一项重要政治任务来抓，确保新建高校（校区）顺利起步，于2021年实现了广东21个地级以上市本科高校全覆盖，进一步优化广东省高等教育布局结构，为破解区域协调发展难题、构建"一核一带一区"区域发展格局提供了重要支撑。

2. 实施高技能人才培养项目。从2017年起，实施"扬帆计划"高技能人才培养项目，将每年对粤东、粤西、粤北地区新培养的高级技师一次性资助额度，由1万元提高至2万元，进一步激发当地加快高技能人才培养的积极性，促进全省技能人才队伍建设的区域均衡协调发展。

3. 推动粤东、粤西、粤北地区技工院校均衡发展。实施广东省技工院校百校协作腾飞计划，依托广东48所技师学院、高级技工学校对91所具有一定办学基础的普通技校开展结对帮扶，重点帮扶"一带一区"地区薄弱学校提高办学水平。

4. 扶持建设高技能人才培训基地建设。推动建设高技能人才培训基地，对"一带一区"地区在广东省国家级高技能人才培训基地项目建设给予倾斜扶持。目前，"一带一区"地区共建有12个国家级高技能人才培训基地，占全省总量的35%。

（二）围绕"一核一带一区"定位，突出地方人才培养优势

广东多地政府积极推动本地的人才培养。比如，东莞支持企业人才学历、职称、职业技能提升，对获得相关学历（或学位）、副高以上职称、技师以上职业资格的，给予一定补贴。深圳面向当地重点产业领域企业发放职业技能培训券，支持企业员工参加技能类外部培训或企业内部培训，政府给

予相关补贴。潮州加大高技能人才培养力度，以"潮州菜师傅工程"为载体，培养潮州菜技能人才3482人，打造省"粤菜师傅工程"排头兵。

三 人才评价激励的创新举措
（一）建立健全"一带一区"地区基层专业技术职称评聘倾斜政策

充分发挥职称评价"总牵引"作用，对在沿海经济带中东西两翼地区与粤东、粤西、粤北地区工作的专业技术人才，不作职称外语和计算机要求，淡化或不作论文要求，工作总结、教案、病历、专利成果等可作为专业技术工作业绩，支持基层专业技术人才参与职称评价。有条件的系列、专业可单独建立基层专业技术人才职称评审委员会或评审组实行单独评审，定向评价、定向使用。

（二）支持人才到"一带一区"地区就业创业

广东印发《关于进一步鼓励引导人才向粤东、粤西、粤北地区和基层一线流动的实施意见》，支持专业技术人才"上山下乡"、开展农业科技特派员"千村大对接"。对新引进到粤东、粤西、粤北地区乡镇、签订3年以上工作合同、具有高级职称的专业技术人才，给予岗位补贴。补贴支持高校毕业生到沿海经济带中东西两翼地区与粤东、粤西、粤北地区就业，毕业两年内的高校毕业生到东西两翼地区与粤东、粤西、粤北地区基层就业的补贴标准提高到5000元。进一步完善人才有序流动保障机制，支持人才在粤东、粤西、粤北地区创新创业，对依托粤东、粤西、粤北地区用人单位获得的省级人才称号、人才项目及相应待遇，在支持周期内不得跟随人才向珠三角地区流转。

四 人才服务的创新举措
（一）紧扣"一核一带一区"发展，完善人才服务管理体系

积极构建"一站式"人才服务体系，建成"线下专区+线上专窗"高层次人才一站式服务窗口，为15类高层次人才提供停居留与出入境、落户、子女入学等32项"一站式"服务。目前已设立34个分窗口，并在广州南沙区、江门市、佛山市挂牌设立首批大湾区国际人才"一站式"服务窗口，被广东省政府列为自贸区第六批改革创新经验向全省复制推广。

（二）围绕"一核一带一区"定位，强化地方人才服务水平

广东多地政府通过完善立法、建立基础设施等逐步强化人才服务水

平。深圳市2017年起将每年11月1日定为"深圳人才日"，并写入《深圳经济特区人才工作条例》中，以立法形式予以确定，并建立了全国首个人才主题公园——深圳人才公园。中山积极建设人才港，打造"国际人才服务中心"，建成集中办理全市人才服务审批的综合枢纽，提供政策咨询、人才认定评定、奖补发放、需求匹配、项目对接等"一站式"服务。建设"中山人才云"大数据中心，实时动态显示全市各行业人才分布、流动和发展规律。珠海设立了高层次人才服务窗口，推行珠海"英才卡"制度，加快建设人才信息化系统，所有人才政策待遇全部实现线上申请和兑现。潮州量身定制"优才卡"服务，一揽子推进解决医疗保障、科研服务、配偶安置等问题，解决人才安家安业的后顾之忧。

五 "一核一带一区"建设中的人才发展问题
（一）人才资源配置区域不均衡

第一，人才区域分布不均衡。2020年全省规模以上工业企业从事研发人员数达到911222人，其中，珠三角核心区有856914人，在全省占比高达94.04%，而沿海经济带（东西两翼地区）有34802人，仅占全省的3.81%，北部生态发展区仅有19506人，所占比例极小。从高层次人才数量分布来看，约65.9%的政府特殊津贴专家集中在中直、省直单位，9.3%、8.8%的分别分布在广州市属单位、深圳市属单位，其他地市合计仅占比16.0%。

第二，沿海经济带（东西两翼地区）与北部生态发展区创新平台载体聚才育才的能力较弱。据统计，截至2019年底，沿海经济带（东西两翼地区）与北部生态发展区规模以上工业企业研发投入占地区生产总值比重仅为0.53%，远低于珠三角2.33%的平均水平。规模以上工业企业设立研发机构的比重仅为4.9%，绝大部分企业没有建立研发机构。工业企业仅集聚全省工业企业研发活动人员的7.29%。截至2020年，沿海经济带（东西两翼地区）拥有省重点实验室26个，北部生态发展区仅有12个，两者合计仅占全省总量的9.6%，沿海经济带（东西两翼地区）拥有省级工程技术研究中心530个、北部生态发展区仅拥有391个，两者合计仅占全省总量的15.5%（表1-11）。人才培养能力同样较弱，沿海经济带中东西两翼地区与粤东、粤西、粤北地区12个地市的普通高校、职业院校总量仅占全省的17.53%。

表1-11 2020年广东省"一核一带一区"重大科技创新平台情况①　　（单位：个）

地区	在粤国家重点实验室	省重点实验室	国家级工程技术开发中心	省级工程技术研究中心
珠三角核心区	30	358	21	5023
沿海经济带（东西两翼地区）	0	26	0	530
北部生态发展区	0	12	2	391
全省	30	396	23	5944

（二）区域间人才资源流动率低

在"一核一带一区"的布局中，人才资源向珠三角核心区高度集聚。从户籍人口的省内外迁移情况来看，深圳、广州、东莞、佛山、珠海、惠州、中山等珠三角核心区城市2019年户籍人口的省内、省外净迁移均为正数，来自省内、省外的户籍人口向这几个地市高度聚集，汕头、韶关、河源等沿海经济带中东西两翼地区与粤东、粤西、粤北的地市表现为负增长（见图1-14）。

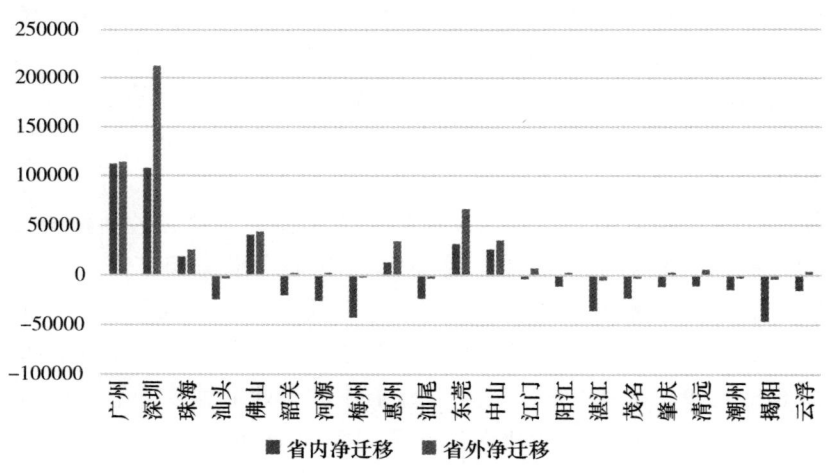

图1-14 2020年广东省各市年末户籍迁移人口数②

---

① 《广东省地市主要科技统计指标》，广东科技统计网，http：//www.sts.gd.cn/detail/9a7eab8a0c0940898b6395020b33765a。

② 数据根据《2021年广东统计年鉴》整理得出。

从省内高校毕业生就业地区流向情况来看，近5年每年均有超过8成的毕业生集中在珠三角核心区就业（见表1-12），流向沿海经济带中东西两翼地区与粤东、粤西、粤北地区的平均占比仅为12.19%。

表1-12　2016—2020年广东省高校毕业生就业地区流向情况[①]　　单位：%

地区	2015	2016	2017	2018	2019
珠三角核心区	82.02	82.18	82.19	82.65	83.07
沿海经济带（东翼）	5.00	6.52	6.48	6.14	5.99
沿海经济带（西翼）	3.36	4.13	4.22	3.89	3.97
北部生态发展区	4.16	1.81	1.82	1.69	1.79
省外地区	5.20	5.36	5.29	5.63	5.18

（三）跨区域人才共享机制尚未制度化

人才向沿海经济带中东西两翼地区与粤东、粤西、粤北地区合理流动的制度性障碍尚未破除。据调查，社会保障、政府管理水平、创新氛围和科技实力、知识产权保护程度、创新创业文化氛围等"软环境"因素是创新人才选择发展区域的重要因素，人才个人事业发展则更加关注发展机会与平台、工资待遇、职称职位晋升及工作环境等。因发展基础和水平的差异性，"一核一带一区"在人才发展所需的创新创业氛围、科技实力、社会保障、薪酬、发展空间等方面都存在较大的差距。以薪酬为例，沿海经济带中东西两翼地区与粤东、粤西、粤北地区人均居民收入不到珠三角核心区的一半，人才的收入差距更大。珠三角核心区对人才的"虹吸"效应依然强大，沿海经济带中东西两翼地区与粤东、粤西、粤北地区人才流向珠三角的趋势没有得到有效缓解。人才共享是破解大湾区人才过度集聚，释放珠三角核心区人才资源正向外溢效应的关键机制，但目前大湾区内跨区域人才共享机制仍处于小规模探索阶段，尚未制度化。

[①] 数据根据《2016—2020年广东省高校毕业生就业质量年度报告》整理得出。

第四节　广东省"一核一带一区"
人才发展的对策建议

2021年9月，习近平总书记在中央人才工作会议上强调，深入实施新时代人才强国战略，加快建设世界重要人才中心和创新高地。广东作为改革开放的排头兵、先行地、实验区，须抓住中央部署在粤港澳大湾区建设高水平人才高地的机遇，扎实推动人才强省建设，开创区域人才开发工作新局面，为广东在新征程中走在全国前列、创造新的辉煌提供强大人才支撑、打好人才基础。

一　大力推动珠三角核心区人才队伍建设

一是分领域制定产业人才开发路线图。坚持围绕珠三角核心区产业发展需求导向，瞄准新一代信息技术、高端装备制造、生物医药、数字经济、新材料、电子信息等重点领域，通过大数据分析搜索，分领域制定产业人才开发路线图。

二是重点引进高层次创新型人才。聚焦广东省科技和产业发展重点领域，引进战略科学家和具有颠覆性技术的创新创业团队，给予全方位资助。赋予战略科学家和团队带头人用人权、用财权、用物权和技术路线决定权、内部机构设置权。建立具有国际竞争力的引才用才制度，支持深圳探索制定外籍"高精尖缺"人才认定标准。探索建立国际通行、灵活高效的议价薪酬、人才双聘、经费包干制等模式聚天下英才。

三是联合港澳推动人才政策服务创新。联合港澳推动国际科技创新中心建设，进一步推动在科技人才交流、科研攻关协同、科研资金流通等方面先行先试。支持港澳高层次人才在珠三角核心区开展前沿技术研发及其产业化、联合创新等服务。支持港澳青年创新创业基地发展，推出全方位服务支持体系，确保港澳青年创业团队可直接受惠于珠三角核心区的各项创业扶持政策。

二　优先支持沿海经济带（东西两翼地区）人才队伍建设

一是完善"扬帆计划"，支持沿海经济带（东西两翼地区）人才与珠三角地区人才的错位发展。立足沿海经济带中东西两翼地区的战略定位，聚焦海洋工程装备制造、海洋生物医药、海水淡化和综合利用、海洋新能源等重点产业，编制《广东省海洋人才引进目录》，面向粤东、粤西涉海市及经济发达县（市、区），依托骨干企业、产业园区和重大项目，重点支持一批紧缺型海洋人才及团队。

二是加大财政支持，在沿海地区部门预算经费中设立海洋人才科目。整合政策、资金、项目等资源，确保一定比例的海洋科技投入用于资助海洋科技创新团队，每年新增省级创新创业团队、高层次人才中有一定比例的海洋创新创业团队及人才。重视欠发达地区及海岛等艰苦边远地区海洋人才培养，在人才投入中适当倾斜。加大对海洋基础学科人才的教育支持，制定并实施减免学费、实行专业补贴和加大奖学金比例等政策。加大对海洋基础科学和应用科学研究，在课题申报、选题方向、项目经费扶持等方面给予倾斜。

三 大力支持北部生态发展区人才队伍发展

一是拓展重点人才计划，增设"生态人才支持项目"。立足北部生态发展区战略定位，围绕生态旅游、生态农业、节能环保等特色产业需求，引进高层次人才及团队。加强生态环境相关学科硕士、博士等高级专门人才的培养，重点对在粤北生态发展区工作的硕士、博士毕业生给予一定支持。定期开办生态环保领域人才研修班，重点加强生态环境监察执法、监测、信息管理、工程技术、生态旅游等领域的专业培训。

二是推进生态发展区乡村振兴人才培养。立足北部生态发展区自然生态环境优越的现实，加强服务乡村振兴人才的选拔与培养，设置乡村首席人才官岗位，在沿海经济带中东西两翼地区与粤东、粤西、粤北地区乡镇和少数民族自治县的教育、医疗卫生、农业科技等重要行业单位设置首席人才官岗位。从珠三角核心区和当地通过竞争择优选拔首席人才官，省财政给予一定的岗位津贴补助。在教育、医疗、农业科技等领域，开展公费定向培养沿海经济带（东西两翼地区）与粤东、粤西、粤北地区乡镇专业技术人员试点工作，学生毕业后回定向计划来源地工作一定年限。推动各地市依托当地院校资源设立农学院，建立乡村振兴人才培训基地。结合地方产业发展，打造涉农特色职业培训项目。支持农民专业合作社、专业技术协会、龙头企业等主体开展定向培训，培育爱农业、懂技术、善经营的新型职业农民。

四 构建"一核一带一区"人才一体化发展格局

一是支持人才向沿海经济带中东西两翼地区与粤东、粤西、粤北地区流动。建立基层专业技术人才补充新机制。创新差异化人才管理机制，打破编制、职称限制，创新人档分离、人户分离等人才管理方式，为紧缺急需人才的引进开通绿色通道。

二是进一步完善柔性引才机制。发挥区域环境优势，错位引进银发人才（退休医生、教师、工程师、教授），修订完善《关于进一步发挥高级老专家作用的意见》，发挥好银龄人才在各领域中的专长和作用。继续在沿海经济带中东西两翼地区与粤东、粤西、粤北地区建立"人才驿站"，以产业、项目为纽带，打造灵活吸纳外来高端人才智慧的柔性引才平台。

三是建立区域人才对口帮扶长效机制。充分发挥粤港澳大湾区人才集聚的辐射带动作用，通过项目投资、产业园区建设、科研攻关，在科技、教育、卫生等领域开展更紧密更深入的合作。

五 建立统一协调的区域人才资源协同开发机制

一是建立"一核一带一区"区域人才资源协同开发机构。建立更加健全的人才资源开发协调组织。一方面，编制区域人才资源发展规划。围绕"一核一带一区"建设进程，立足区域和产业特色，做好区域人才资源协同的顶层设计。另一方面，完善区域人才协同的政策法规体系。以《广东省人才发展条例》等相关文件为指导，各地因地制宜出台具有区域发展特色的人才引进、培育、使用政策，并探索建立区域人才信息共享等制度。

二是构建适应"一核一带一区"现代产业体系发展需要的多层次人才梯队。围绕国家自主创新示范区建设，打造"广深港—广珠澳"科技创新走廊。构建以实体经济为主体、以科技创新为动力、以现代金融为血脉、以人才资源为第一资源的现代产业体系，促进创新链、产业链、资本链和人才链的无缝对接，充分发挥科学家、企业家、投资家的整体创新活力。

总之，本章着重从"一核一带一区"区域发展角度，分析珠三角核心区、沿海经济带（东西两翼地区）、北部生态发展区不同区域的人才发展概况、人才数量与结构特点、人才质量、人才发展经验与探索、存在问题，并围绕"一核一带一区"的功能定位，提出发展建议。针对目前"一核一带一区"人才发展存在的"分布不均衡、区域间人才资源流动率低、跨区域人才共享机制尚未建立"等问题,本章建议统筹推进全省人才工作,一是大力支持珠三角核心区充分发挥其集聚国际国内人才资源的支撑作用,共建粤港澳大湾区国际科技创新中心。二是充分发挥珠三角核心区对"一带一区"的人才"溢出效应",通过对口帮扶、柔性引才等机制,引导人才向"一带一区"良性有序流动,推动各区域内部、区域之间的人才协同。三是鼓励沿海经济带中东西两翼地区、北部生态发展区构建具有区域特色竞争力的人才政策体系,实现差异化人才竞争优势。

第二章

广东省人才开发现状与分析

人才开发是建设人才强省的基础。为了引领与促进广东省各地市的人才开发工作，本章基于人才开发及其作用，构建了一套关于广东省各地市人才开发指数体系，并据此分析广东省人才开发的现状、优势与不足，提出相关建议。

第一节 人才开发及其作用

一 人才开发

人才开发，兼具管理与投资的双重属性，其目的是有计划地实现本区域内人力资本的整体增长。人才开发的常见途径包括教育培训、医疗保健、配置优化、迁移流动、优生优育等。[1] 政府通过制定实施本区域人才开发政策法规，建立健全相关体制机制，为人才发展创造条件和环境。人才开发要顺应区域的经济发展规律，这些规律包括距离衰减规律、点线面体规律、克拉克定律、后发赶超效应规律等。[2] 我们将人才开发定义为：政府为提高本地区人才的数量与质量、促进经济社会发展，对本区域内人口进行教育、培训、调配、使用、保障、迁移等活动，形成足够数量和质量的现实人才资源以及潜在人才资源储备的过程。

二 人才开发对于区域发展的作用

人才开发对于一个地区发展的作用主要体现在政治、经济和社会三个

---

[1] 萧鸣政：《中国政府人力资源开发概论》，北京大学出版社2004年版。
[2] 萧鸣政、戴锡生：《区域人才开发的理论与实践》，中国劳动社会保障出版社2009年版。

方面。在政治方面，人才强国是我国的基本战略之一。实行人才开发有助于控制人口增长速度，提高人口素质水平，实现由粗放型向集约型的转变；对下岗与待业人员实行再就业培训工程、开拓多元化就业格局，能够化解社会矛盾，减轻就业压力，确保社会安定。在经济方面，做好人才开发工作可以为社会经济的协调发展提供最基本的保证。对于一个国家来说，提高人力资源的整体素质是促进经济发展和社会进步的重要措施；学校教育可以使人口转变为可能的劳动力，在职培训可以使可能的劳动力转变为现实的劳动力，而提高性的培训与开发可以保持现实的劳动力并发展其潜在的劳动能力。在社会方面，人才开发具有促进组织发展与社会经济可持续发展的作用。人才开发是协调人口与资源关系的重要措施，是改善人口与生态环境关系的根本途径；人才开发有利于提高自然资源的利用率，以人力资源替代自然资源的不足与贫乏；人才开发可以造就一大批高素质的科技人员队伍，促进科学技术水平的提高与普及，促进社会生产力的发展，还能推动科技水平的发展，进而推动社会产业结构的变化；人才开发能为国家的经济转型与持续发展奠定一个良好的基础，可以提高人力素质与能力，又可以提高国民的收入水平、消费水平与消费需求。

第二节　人才开发现状分析框架

我们试图通过定性与定量相结合的方法，探索构建一套适用于评价中国人才开发水平的指数体系，以此作为广东省人才开发现状的分析框架。我们首先对现有研究成果以及制度文件进行梳理，提取人才开发相关评价指标，经专家评分并剔除低分指标后，进行探索性因子分析，初步构建人才开发指数的内容要素与结构。然后，通过信效度检验以及验证性因子分析，验证该指数体系的合理性与有效性。最后，应用区域人才开发指数依照广东省珠三角、粤东、粤西、粤北的区域划分对广东省21个地级市的人才开发水平进行独立评价与区域分析，并根据结果提出政策改进建议。

一　指标与内容的初步收集

在预备性研究阶段，我们根据"人才开发指数""人力资源开发指数""人才开发指标""人力资源开发指标""人才开发体系""人力资源开发体系""人才开发评价""人力资源开发评价""人才开发绩效""人力资源开发绩效"等关键词进行文献检索,对文献观点和结果进行频次统计,总结了21位学者的实证研究结果。此外,通过对《西部地区人才开发十年规划》《中国农村扶贫开发纲要(2011—2020年)》《关于加强农村实用人才队伍建设和农村人力资源开发的意见》等制度文件的查阅,收集党和国家对于人才开发工作的相关要求,共得到65个人才开发指标项,邀请7位人力资源专业研究人员和处级党政领导干部组成专家组,分别就上述65个指标"能否有效反映人才开发水平"这一问题进行独立评分。1分表示"不能反映",2分表示"不太有效",3分表示"有效性一般",4分表示"较为有效",5分表示"非常有效"。剔除平均得分在3分以下的指标(不含3分),合并相同或相近指标后,得到48个项目的大规模调查问卷,具体请见本章附录2–1。

二 指标体系的探索性研究

本次调查于2021年7月至9月面向广东省、市、县相关部门的工作人员,用人部门管理人员,以及中高端人才本身发放调研问卷,共发放电子版问卷2000份,剔除工作年限3年以下,或作答时间不足200秒,以及作答选项有明显规律的问卷,共获得有效问卷数量1054份,有效率52.70%。然后再次对所有有效问卷进行随机筛选,尽可能平衡政府机关、事业单位、国有企业、私营企业的样本数量,最终得到一个容量为506的样本。基于主成分分析法,采取方差最大化正交旋转,按照特征值大于1的原则对48个初始项目进行删减。经过多次探索性因子分析,我们从所有变量中提取出4个公因子,可以解释原有变量总方差的73.33%,表明探索性因子分析结果包含了原有变量的绝大部分信息,能够较好反映人才开发水平。最终得到的人才开发指数的四因素模型,包含17个项目,结果见表2–1。各因素命名如下:因素一命名为"科技开发",包含"研发机构数量"等5个项目;因素二命名为"配置开发",包含"人才服务机构数量"等4个项目;因素三命名为"教育开发",包含"高校教师数量"等4个项目;因素四命名为"开发效果",包含"人才增长"等3个项目。使用Cronbach's α系数进行信度检验,人才开发指数的总体内部一致性信度为0.939,各因素的信度分别为0.879、0.895、0.893、0.840,均符合测评学科的要求。

表 2-1　　　　　　　　　探索性因子分析结果

项目	因子载荷			
	科技开发	配置开发	教育开发	开发效果
研发机构数量	0.760			
科技财政支出	0.751			
科技产品产值	0.750			
科技企业数量	0.716			
研发人才数量	0.648			
人才服务机构数量		0.872		
就业率		0.859		
劳动力比例		0.850		
劳动生产率		0.507		
高校教师数量			0.843	
高等院校数量			0.828	
教育程度			0.674	
教育财政支出			0.621	
人才增长				0.811
人才数量				0.810
高层次人才比例				0.692

科技开发。科技开发表现为该区域对于科学研究的投入。科技财政支出是一个地区对于科学研究的投资，是指区域内每个公民平均享有的教育财政经费额度，反映了政府对于科技的投入强度、支持力度以及重视程度，权重占比 4.57%[①]。研发机构数量是指县级及以上政府部门属研究与开发机构数量，反映的是一个地区政府方面开展科技研究的硬件条件与规模，权重占比 6.14%。科技企业数量指的是高新技术企业数量，反映的是一个地区企业方面开展科技研究的规模与实力，权重占比 5.81%。科技产品产值指的是高新技术产品产值，反映的是一个地区企业方面开展科技研究的产出与成效，体现了科技成果转化为市场价值的水平，权重占比 6.08%。研发人才数量是指县级及以上政府部门属研究与开发机构科技活

---

① 通过主成分分析得到。其他权重确定方法类似。

动人员数，反映的是一个地区科学技术的劳动投入与从业规模，权重占比5.00%。

配置开发。人才市场是人才资源配置的主渠道，我们选取人力资源服务机构数量作为人才市场建设的衡量指标，反映的是区域人才市场的发展程度，权重占比6.32%。就业是国家关注的重大民生问题，选取高校毕业生就业率作为衡量区域就业情况的指标，反映的是劳动力资源是否得到有效配置，权重占比5.52%。劳动生产率是指特定时间内创造的劳动成果数量，我们选取规模以上工业全员劳动生产率作为衡量指标，即一个地区工业增加值除以当地的劳动力数量，反映的是城市区域人才的利用情况，权重占比6.46%。劳动参与率是指一个地区经济活动人口占全部劳动年龄人口的比重，我们选取农村劳动参与率作为衡量指标，反映的是农村区域人才的利用效率，权重占比6.36%。

教育开发。教育财政支出是指区域内每个公民平均享有的教育财政经费额度，反映了政府对于教育的投入强度、支持力度以及重视程度，权重占比5.95%。高等院校是区域教育开发的重要载体，高等院校数量是指包括普通高等院校及职业高等院校在内的高等院校数量总和，反映的是区域高等教育体系机构的规模，权重占比5.45%。高校教师数量是指普通高等院校及职业高等院校在编师资人数，反映的是区域高等教育体系的实力，体现了地区培养人才的能力，权重占比5.81%。教育程度是指达到劳动年龄的群体接受学历教育年限总和的均值，反映的是一个地区劳动者的素质以及人力资本水平，权重占比6.71%。

开发效果。人才开发的目标是全面、高效、可持续地促进本地区内人力资本增长，开发的效果可以从区域人才资源的数量、增速、结构、成果等方面进行评价。从细分指标来看，人才数量是指本科及以上学历劳动力人数，权重占比6.11%；人才增长指的是人口自然增长率，权重占比6.05%；高层次人才比例是指硕士及以上学历占总人口的比重，权重占比5.77%；人才专利产出是指一个地区本年度内的专利授权量，权重占比5.89%。

综合来看，通过向人才开发领域的专家、广东省内组织人事部门工作者和人才开发工作的参与者收集信息，以及比较科学的质性分析和量化研究，本书初步构建了涵盖四个维度、17项具体指标的广东省人才开发指标体系，经统计学检验具有较高的科学性。经过具体分析，科技开发、配置开发、教育开发、开发效果四个维度能够较完整地覆盖区域人才开发水平的各个方面，17项指标也较为准确和全面。接下来，我们将应用这一指标体系，对广东省内各地市区域进行指数评价与现状分析。

第三节　广东省区域人才开发情况分析

一　人才开发指数评价方法与数据来源

综合指数评价法是一种指标体系综合评价法，通过选取一定的定性指标以及定量指标，经过无量纲化处理，达到统一量化比较的目的，从而得出具体的综合评价指数。我们采用综合指数评价法，基于前文所建构的区域人才开发指标体系，依据相关数据资料，对广东省各地市的人才开发水平进行评价。

考虑到数据的时效性和可获得性，我们基于2019年数据对广东省各地市人才开发水平进行评价。所有评价数据均为客观资料，来自广东省统计年鉴、广东省社会统计年鉴、广东省科技年鉴等统计年鉴，以及广东省委科学技术厅、教育厅、统计局、市场监督管理局等单位提供的年度工作报告。

我们以地市为单位进行分数计算和简单分析，在此基础上，对珠三角、粤东、粤西、粤北四大区域的人才开发状况和发展特征进行研究分析。其中珠三角区域主要包括广州、深圳、佛山、东莞、中山、珠海、江门、肇庆、惠州9个地市，粤东包括汕头、潮州、揭阳、汕尾4个地市，粤西包括湛江、茂名、阳江、云浮4个地市，粤北包括韶关、清远、梅州、河源4个地市。

二　广东省人才开发情况分析

针对上述开发指标体系与综合指数评价法，我们基于所搜集的2019年数据，对广东省各地市的人才开发水平进行了评价。在对原始数据进行标准化处理后，以各指标的因子载荷系数为权重，采用回归法估计因子得分系数矩阵，计算各因子得分。以旋转后的各因子对应的方差贡献率为权数对各因子值进行加权，计算广东省各地市人才开发指数。按照得分0.5分及以上的为A+类，0分到0.5分（不含0.5分）的为A类，-0.5分到0分（不含0分）的为B类，-0.5分以下的为C类进行等级划分。

（一）总体情况

基于上述人才开发指数评价结果见表2-2，从总体情况来看，珠三角地区作为广东省经济发展的龙头，同时也是人才集聚的中心，整体的人才开发指数评级都比较突出，评级为"A"以上的地市7个（广州、深圳、珠海的人才开发指数评级为"A+"，佛山、东莞、中山、惠州紧随其后，评级为"A"），全部属于珠三角区域地市。在省委省政府人才开发政策和人才开发战略规划的引导下，粤西、粤北、粤东的人才开发指数也取得了不错的成绩，其中粤西和粤北区域地市的人才开发指数比较均衡，8个地市（湛江、茂名、阳江、云浮、韶关、清远、梅州、河源）的评级均为"B"，反映出粤西和粤北在人才开发方面取得了一定的成绩，区域人才开发工作初步实现了协调发展。粤东区域的地市中，汕头和揭阳的人才开发指数评级为"B"，潮州和汕尾的指数评级为"C"，反映出在区域的内部经济发展较快的地市，在人才开发工作方面也有一定的先发优势，而粤东地区的人才开发工作，整体仍具有较大的潜力和发展空间，强优势补短板，将成为下一阶段人才开发工作布局的重点。

表2-2　　　　　广东省各地市人才开发指数评级情况

地市	等级	地市	等级
广州	A+	肇庆	B
深圳	A+	茂名	B
珠海	A+	湛江	B
佛山	A	汕头	B
东莞	A	云浮	B
中山	A	阳江	B
惠州	A	揭阳	B
江门	B	梅州	B
韶关	B	潮州	C
清远	B	汕尾	C
河源	B		

（二）人才开发指数中各维度的评价情况与区域分析

从人才开发各维度的情况来看，科技开发方面，以评级"A+"的广州和深圳为引领，珠三角地区在科技开发维度仍然具有显著的优势，粤西、粤东、粤北的评级情况相对比较平均，各区域的地市都取得了"B"以上的评级，这反映出广东省整体人才工作中，科技开发维度的发展状况较好，具有良好的科技开发基础。在科技开发维度值得关注的是，粤北地区整体发展较好，特别是粤北地区的韶关，评级为"A"，在地区内表现突出，在其自身各个维度的评级方面也较为突出，反映了韶关和粤北地区对于人才开发中科技开发的重视，这同当地科技企业的密集和相关战略与政策的支持是密不可分的，值得各个地区学习借鉴。配置开发方面，指标评价的地区状况同人才开发指数的整体状况较为相似，珠三角区域地市包括广州、珠海、中山、深圳、佛山等配置开发水平较高，江门、惠州、东莞等也具有比较高的配置开发评级。而粤东、粤西、粤北地区的配置开发指数相对落后于珠三角地区，配置开发维度的指标主要反映了所评价地区为人才所提供的就业及相关服务的水平，也反映了城乡对于人才的利用情况，从这一角度来看，三个地区在推进就业、提高人才工作中的服务意识方面还有较大发展空间。教育开发方面，珠三角地区地市有着显著的优势，但在珠三角地区内部也存在比较大的差异。粤西和粤北地区的评分反映出两个地区在教育开发方面取得了一定的成果。粤东地区除汕头外，整体的教育开发指数表现一般。分析中发现，不同地市教育开发维度的水平，同其拥有的高等院校数量有一定的相关性，尤其与其高水平院校的集聚程度有较强的关系。开发效果方面，同其他评价维度相比较，区域间开发效果差异和区域内部开发效果差异都更为明显和复杂。地区之间比较，珠三角的人才开发效果优势依然比较明显，粤北地区的开发效果仍然有待进一步加强。区域内部比较，以珠三角地区为例，深圳、广州、珠海的人才开发效果非常显著，均为A+，但其中仍然有评级为"C"的地市。区域间和区域内部的差异说明，虽然经济发展水平对人才的集聚和流动有显著的影响，但从人才开发的行动到人才开发的效果之间，仍然有较大的能动空间。经济欠发达地区，只要因地制宜、充分发挥人才政策和人才战略的指挥棒作用，就能够实现后发优势、促进地区人才开发效果提升。指数评价总体情况及各维度评级排名详见表2-3。

表 2-3　　　　广东省各地市人才开发指数总体及各维度评级

地市	等级	科技开发等级	配置开发等级	教育开发等级	开发效果等级
广州	A+	A+	A+	A+	A+
深圳	A+	A+	A+	A+	A+
珠海	A+	A	A+	A+	A+
佛山	A	A	A+	A	A
东莞	A	A	A	A	A
中山	A	B	A+	B	A
惠州	A	B	A	B	A
江门	B	B	A	B	C
韶关	B	A	B	B	C
清远	B	B	B	B	B
河源	B	B	B	B	C
肇庆	B	B	B	B	B
茂名	B	B	B	B	B
湛江	B	B	C	B	B
汕头	B	B	B	B	B
云浮	B	B	B	B	C
阳江	B	B	B	C	C
揭阳	B	B	C	C	B
梅州	B	B	C	B	C
潮州	C	B	B	C	C
汕尾	C	B	C	C	B

（三）科技开发维度中二级指标评价情况

从人才开发的具体指标来看，科技开发维度中，就科技产品产值和科技财政支出而言，珠三角地区的评级水平较高，粤东、粤西、粤北地区的评级水平不如珠三角地区，但湛江等地市在区域内表现比较突出。就研发机构数量而言，珠三角地区因为省会广州的突出表现继续领跑各区域，但其他各区域，尤其是粤北在这一指标中表现也相当优秀，同当地经济发展状况、人才开发状况相适应的研发机构有力支撑了当地人才开发的战略和水平提升。比较之下，粤西的研发机构数量仍有发展潜力。就科技企业数量而言，粤北和珠三角地区的指数评级水平较高，两个区域各自发展出了适合自身的科技企业人才开发模式与路径。而应该注意到，受到地区内制造业发展的影响，珠三角地区科技企业数量指数也存在较明显的差异。就科技人才数量而言，在省内出现了明显的集聚效应，珠三角区域特别是广州和深圳成为科技人才集聚的中心，而其他区域在吸引科技人才的数量方面基本处于同一个水平线上。具体得分及排名情况详见表2-4。

表2-4　广东省人才开发指数中科技开发维度及要素评级与排名情况

地市	科技开发等级	科技产品产值等级	科技财政支出等级	研发机构数量等级	科技企业数量等级	研发人才数量等级
广州	A+	A+	A+	A+	A+	A+
深圳	A+	A+	A+	B	A+	A
珠海	A+	B	A+	B	B	B
佛山	A	A+	A+	B	B	B
东莞	A	A+	B	B	C	B
中山	A	B	A	C	C	B
惠州	A	A	B	A	B	B
江门	B	B	B	B	C	B
韶关	B	B	B	A	A+	B
清远	B	B	B	B	B	B
河源	B	C	C	A	B	B
肇庆	B	B	B	A	B	B
茂名	B	B	C	B	C	B
湛江	B	B	C	A	C	B
汕头	B	B	C	B	A+	B
云浮	B	C	B	C	C	B
阳江	B	C	B	C	B	B
揭阳	B	C	C	B	C	B

续表

地市	科技开发等级	科技产品产值等级	科技财政支出等级	研发机构数量等级	科技企业数量等级	研发人才数量等级
梅州	B	C	B	A	A	B
潮州	C	C	C	B	B	B
汕尾	C	C	C	B	B	B

（四）配置开发维度中二级指标评价情况

配置开发维度中，就人才服务机构数量而言，省内的人才服务机构明显集中于珠三角地区，而粤东和粤西的人才服务机构仍需要进一步布局和发展。就就业率而言，粤北区域表现突出，粤东和粤西地区的这一指数评级也表现较好，而珠三角地区在就业率上则评级一般，综合其他指标可以看出广东省在人才发展中存在人才资源的集聚和流动问题。就劳动生产率和劳动参与率而言，珠三角地区和粤东地区整体表现较好，而粤西北地区在做好人才配置、调动人才积极性、开发人才资源潜能方面仍有较大发展空间。具体得分及排名情况详见表2-5。

表2-5　广东省人才开发指数中配置开发维度及要素评级与排名情况

地市	配置开发等级	人才服务机构数量等级	就业率等级	劳动生产率等级	劳动参与率等级
广州	A+	A+	B	A+	A+
珠海	A+	B	C	A+	A+
中山	A+	B	A+	A+	A
深圳	A+	A+	C	C	A+
佛山	A+	A	A+	C	A+
江门	A	B	A	A+	B
惠州	A	B	B	A+	A
东莞	A	A+	A	B	A
云浮	B	C	A+	A+	C
阳江	B	C	A+	B	A
清远	B	B	A+	B	C
韶关	B	B	A+	B	A
潮州	B	C	A+	C	B

续表

地市	配置开发等级	人才服务机构数量等级	就业率等级	劳动生产率等级	劳动参与率等级
河源	B	B	A+	B	C
肇庆	B	B	A	C	C
汕头	B	B	A	C	B
茂名	B	B	B	C	B
揭阳	C	B	A	C	B
汕尾	C	C	A	C	C
梅州	C	B	C	A+	C
湛江	C	C	C	B	C

(五) 教育开发维度中二级指标评价情况

教育开发维度中，就教育财政支出而言，珠三角地区教育财政支出评级更好，粤东地区和粤西地区的评级有待提升，当然这同地区的教育基础特别是高等教育、职业教育的基础状况有直接联系，并不能直接据此评价这一地区对于人才教育的关注度。高等院校数量和高校教师数量是一组相关指标，反映了地区高等教育和高等教育人才的存量，珠三角地区和粤西地区在这方面的评级较好，为高端人才开发奠定厚实基础。就教育程度而言，粤东的评级情况弱于其他地区，该地区的人力资本积累有待进一步提升。具体得分及排名情况详见表2-6。

表2-6 广东省人才开发指数中教育开发维度及要素评级与排名情况

地市	教育开发等级	教育财政支出等级	高等院校数量等级	高校教师数量等级	教育程度等级
广州	A+	A+	A+	A+	A+
深圳	A+	A+	B	A	A+
珠海	A+	A+	B	B	A+
佛山	A	B	A	B	A+
东莞	A	B	A	B	A
惠州	B	A	A	B	B
江门	B	B	B	B	A
湛江	B	C	A+	A	B

续表

地市	教育开发等级	教育财政支出等级	高等院校数量等级	高校教师数量等级	教育程度等级
中山	B	B	B	B	A
韶关	B	B	B	B	B
梅州	B	B	B	B	B
河源	B	B	B	B	B
茂名	B	B	B	B	B
肇庆	B	C	B	B	B
清远	B	B	B	B	C
汕头	B	C	B	B	C
云浮	B	B	B	B	C
阳江	C	C	C	C	B
潮州	C	C	C	B	C
揭阳	C	C	B	B	C
汕尾	C	B	B	B	C

（六）开发效果维度中二级指标评价情况

开发效果维度中，就人才数量和高层次人才比例而言，珠三角地区毫无疑问再次集聚了大量的人才，包括高层次人才。就人才增长而言，粤西和粤东地区的人才开发战略和引才政策取得了不错的效果，区域内地市指数评级比较突出。就人才专利产出而言，珠三角地区和粤东地区的名义"人才—成果"转化要强于其他地区。从人才数量和人才增长到成果的产出，开发效果维度的二级指标评价反映出这一过程的时滞性特征，各地区应该关注人才开发战略的长期性和持续性，实现开发效果"质"的提升。具体得分及排名情况详见表2-7。

表2-7 广东省人才开发指数中开发效果维度及要素评级与排名情况

地市	开发效果等级	人才数量等级	人才增长等级	高层次人才比例等级	人才专利产出等级
深圳	A+	A+	A+	A+	A+
广州	A+	A+	B	A+	A+
珠海	A+	B	A+	A+	B

续表

地市	开发效果等级	人才数量等级	人才增长等级	高层次人才比例等级	人才专利产出等级
佛山	A	A	A	A	A+
中山	A	B	A+	A	A
东莞	A	A	C	A+	A+
惠州	A	B	A+	A	B
湛江	B	B	A+	B	C
茂名	B	B	A+	C	C
清远	B	B	A	B	C
揭阳	B	B	A+	C	B
汕尾	B	C	A	C	C
肇庆	B	B	A	C	B
汕头	B	B	C	B	B
韶关	C	B	C	B	C
河源	C	B	B	C	C
云浮	C	C	B	C	C
阳江	C	B	C	C	C
江门	C	B	C	B	B
梅州	C	B	C	C	C
潮州	C	B	C	C	B

第四节 广东省人才开发改进的相关建议

基于广东省各地区人才开发评价结果，我们对各地区人才开发情况进行优势总结与问题分析，并提出改进建议。

一 加快推进科技开发，做好人才引进工作

继续深化人才体制机制改革，实施重大人才工程，遴选引进一批科技人才、领军人才、创新团队，发现培养一批科学家、工程师，引导人才向科研生产一线流动。改进人才激励评价方式，克服"四唯"不良倾向，创新"揭榜挂帅""经费包干""信用承诺"机制，为科技人才提供干事创

业的平台。优化科研经费使用管理办法，在预算调剂、经费使用、资源调动等方面给予科研人员更大的自主决策权。在设计人才引进政策工具时，坚持因地制宜原则，根据本区域发展需要、资源禀赋、产业特点，实现错位引才、精准引才。丰富人才引进渠道，探索"内部推荐""项目引才""柔性引才"等新型人才引进方式。强化配套设施建设，解决好人才在住房、医疗、教育、养老、文娱等方面"关键小事"。

二 持续优化配置开发，做好人才使用工作

拓展就业配置渠道，通过加大政府补助、吸引投资、新建项目、提供小额贷款以鼓励创新创业等方式，扩大就业平台，提供就业岗位，提高人才就业的积极性和参与度。引导人才有序流动，综合考虑社会发展需要与劳动者个体价值观念，兼顾计划配置与市场配置方式，做好宏观统筹规划，合理配比重组优化现有人才资源，鼓励支持引导人才在地区间流动，向重点地区倾斜支持。加强人才市场建设，建立合理的人力资本投资回报机制，健全人才市场规则，进一步完善社会保障、劳动仲裁、就业扶助、失业救助体系，维护人才的合法权益。提高人才配置效率，适应数字经济、灵活就业、平台用工背景下的新型雇佣需求，做好专业领域细分，用好信息通信技术，提高本区域人才配置能力，促进区域间人才配置协同发展。

三 统筹协调教育开发，做好人才培养工作

完善教育筹资方式，明确政府在公共教育经费支出中的主体作用，落实各级政府教育财政支出责任，拓展教育经费筹集渠道，确保教育投入稳定持续增长。优化教育经费投资结构，提高教育资源使用效益，加强教育基础设施建设，促进优质教育资源共享，重点向"老少边穷"等教育欠发达地区倾斜。推进教育载体建设，优化院校结构布局与学科专业设置，做好学校教育与社会教育、学历教育与职业教育、基础教育与高等教育整合协调，推动教育内涵式发展。加强教师队伍建设，提高教师授课水平，保障教师工资待遇，树立良好师德师风，培养一批"四有"好老师。提高教育开发质量，以人的全面发展为核心，明确教育培养适应国家发展与社会需要的高素质、创新型、复合型人才导向，全面推进人才知识、技能、能力、品德培养。

第二章　广东省人才开发现状与分析

四　长期跟踪开发效果，做好人才评价工作

人才开发效果评估是一项复杂且专业性较强的工作，需要投入时间与精力把握长期动态信息，要求不断完善指数评价体系，在实践中优化其评价效用；发挥好人才开发评价指数体系的理论指导作用，建立持续的反馈和建议机制，确保结果的准确性和稳定性；强化全过程人才开发意识，将人才开发放在重要位置，围绕人才引进、人才使用、人才培养、人才评价全过程扎实努力，久久为功。

附录 2-1　广东省人才开发指数调查问卷

尊敬的女士/先生：您好！

　　本问卷是为"广东省人才开发指数课题研究"收集数据，问卷以不记名的方式填写，结果将完全用于本课题的研究。我们会对调查数据进行严格保密，且只做综合性的处理，不做个案研究。

　　您真实全面的回答对本课题研究的价值至关重要，因此需要您的配合，请您务必填答所有项目。我们衷心感谢您对课题的热情支持和无私奉献！

人才发展研究课题组

　　第一部分　基本信息
1. 性别
□男　□女
2. 年龄
□25 岁及以下　□26—35 岁　□36—45 岁　□46—55 岁
□56 岁及以上
3. 最高学历
□中专及以下　□大专　□本科　□硕士及以上
4. 工作年限
□1 年以内　□1—3 年（不含 3 年）　□3—5 年（不含 5 年）
□5—10 年（不含 10 年）　□10 年及以上

5. 单位性质
□国有企业　□民营企业　□外商独资企业　□合资企业
□政府机关　□事业单位　□其他情况_____

6. 职务级别
□无　□科员　□乡科副职　□乡科正职　□县处副职
□县处正职　□厅局副职　□厅局正职　□省部级

7. 职称级别
□无　□初级　□中级　□副高级　□正高级

第二部分　人才开发指标调查（部分内容示例）

下文列举了一系列项目，请对每个项目对于广东省各地市人才开发的重要性和有效性程度进行评价。其中 1 分代表非常不重要，2 分代表不太重要，3 分代表一般，4 分代表比较重要，5 分代表非常重要，并在题项后面有效性程度的相应数字打"√"。请您认真阅读并完成所有题项，不要遗漏！

序号	指标	对于广东省各地市人才开发的重要性					体现广东省各地市人才开发水平的有效性
		1分	2分	3分	4分	5分	
1	人才数量						请从 3 项中选择最能有效反映广东各地市人才开发水平的 2 项
2	人才增长						
3	人才密度						
4	性别结构						请从 8 项中选择最能有效反映广东各地市人才开发水平的 4 项
5	高层次人才比例						
6	研究发展人才规模						
7	专业技术人才规模						
8	经营管理人才规模						
9	高技能人才规模						
10	在校大学生数量						
11	在校研究生数量						
…	……						

再次感谢您的支持与帮助！

第三章

广东省人才发展环境现状与优化

习近平总书记指出,"环境好,则人才聚、事业兴;环境不好,则人才散、事业衰"。良好的人才发展环境是人才集聚的不竭吸引力,更是培育人才的土壤、激发人才潜能的内生动力。人才发展环境,影响着人才开发与利用效能、人才需求满足、人才自我发展与价值实现,良好的环境是吸引凝聚人才的关键因素。

人才发展环境是区域人才综合竞争力评价的核心内容,拥有一流的人才发展环境,才能拥有一流的人才资源。[①] 从条件特性来看,人才发展环境包括人才赖以生存的精神条件和物质条件,是硬环境和软环境的集合;从内容层次来看,人才发展环境是复杂的综合系统,存在不同层面的衡量和评价;从功能的角度来看,人才发展环境体现一个区域对于人才的吸引程度,作用于人才流动、人才培养、人才发展等各个环节。本章首先构建了人才发展环境现状分析的框架,然后以此为依据,对于广东省各区域人才发展环境的情况进行了分析与比较,最后提出了优化人才发展环境的相关建议。

第一节 广东省人才发展环境分析框架

本章对人才发展环境进行研究,主要是基于文献和实证分析建构了一套科学的评价指标体系,其宗旨是为了促进广东省人才发展环境的提升。

[①] 李旭辉、夏万军:《基于五大发展理念的人才发展环境动态评价实证研究——以国家自主创新示范区为例》,《北京理工大学学报》(社会科学版)2020年第2期。

人才发展环境评价指标体系的研究来源于人才发展实践，却高于这种实践活动，是对现实人才发展影响因素的分析与归纳，具体表现在政策、经济、社会、文化、生活、科技等多个方面。本章研究致力于寻求影响区域人才发展的环境因素，基于多维结构系统模型构建地区人才发展环境评价指标体系，进而实现以下三方面的目的：其一可以强化相关管理部门高度重视与积极改进人才发展环境，找准工作定位；其二可以对广东省的21个地市人才发展环境进行综合评价，了解现状；其三可以为广东省各地市进一步优化人才发展环境提供思路与方向并指引未来。

为了有效评价区域人才发展的环境，有必要通过相关研究来建立科学的人才发展环境指标体系。

一 指标体系设计

（一）原则及内容

1. 设计原则

人才发展环境评价指标的设计主要遵循相关性、重要性、完备性、可获得性、可比性等原则。

相关性原则。所有评价指标内容的选择，必须与人才发展环境评价的内容密切相关，否则不考虑列入；

重要性原则。与人才发展环境评价的内容有关联的指标可能比较多，我们必须从众多关联者中选择出那些最为重要的指标；

完备性原则。满足以上条件的指标，可能不一定能够覆盖所有人才发展环境评价内容的各个方面。因此，列入人才环境评价指标体系必须能够弥补其他指标没有涉及的内容，并且最后整个评价指标体系应该基本覆盖人才发展环境的各个维度；

可获得性原则。设计指标内容可能能够满足以上要求，但是如果找不到相关指标数据支持，那么就无法进行评价。因此，被列入的人才发展环境评价指标，其数据应具有可获得性；

可比较性原则。人才发展环境评价本身不是目的，目的在于通过评价引领、激励与促进人才工作的改进与效能提升。各地市人才发展条件不一，差异有别，如果选择的人才环境评价指标缺乏可比性，那么评价活动就无法实现改进与提升人才工作的目的。因此，人才发展环境评价指标必须具备可比较性。

2. 指标清单

根据上述设计原则，我们结合文献研究、头脑风暴、个人访谈与小组讨论等方法，全面搜集了与我们有关的国内外文献，在前人已有研究的基础上，结合广东省的实际情况，构建政策环境、经济环境、文化环境、社会环境、科教环境、生活环境、人才市场环境7个一级指标来考察。在前述7个一级指标下设立若干二级指标，构建广东省人才发展环境评价指标体系，最后形成了62项评价指标内容清单。

基于62项评价指标内容的初步设计，我们征求人力资源管理相关领域的专家，根据专家意见与设计原则进行了修改和完善，最后得到政策环境、经济环境、文化环境、社会环境、教育与科技发展环境、生活环境、人才市场环境7个一级指标共38个二级指标，具体见表3-1。

表3-1　　　　　　　　人才发展环境评价指标清单

一级指标项	二级指标项
政策环境	人才引进政策
	人才创业政策
	人才住房年供应量
	人均人才住房补贴金额
	一次性初始创业补贴
	创业场租补贴总额
	科学技术奖励政策
经济环境	财政总收入
	人均GDP
	GDP年增长率
	居民人均储蓄存款
	第三产业增加值指数
	固定资产投资
	外商直接投资额
文化环境	文化及其相关产业机构数
	公共图书馆数量

续表

一级指标项	二级指标项
社会环境	基本养老保险参保人数
	城镇居民家庭恩格尔系数
	城镇登记失业率
	城镇化率
教育与科技发展环境	专利授权量
	科技活动人员数
	平均每万人口在校大学生数
	教育支出占财政支出比重
	人口受教育程度
生活环境	居民消费指数
	城市人均住房面积
	空气质量
	交通状况
	环境保护投资占GDP比重
	区域环境噪声平均值
	工业固定废物综合利用率
人才市场环境	人力资源服务机构数
	人力资源服务机构从业人数占求职人数的比重
	人才资源服务机构服务人数
	创业园数
	留学人员创立企业数
	博士后流动站和工作站数量

基于以上38个二级指标，我们进行了问卷设计。调查问卷主要由三部分构成，第一部分介绍问卷的调查内容及此次调查的目的；第二部分为受访对象的基本信息，包括性别、年龄、教育程度等基本个人信息，以及所在企业所属类型，以便于统计分析样本特征，保证问卷质量；第三部分是此次调查问卷的具体测评内容，主要是对于政策环境、经济环境、文化环境、社会环境、教育与科技发展环境、生活环境、人才市场环境等指标的重要性评价，以及根据这些指标对广东省人才发展环境进行打分。具体见本章附录3-1。

(二) 量化分析

1. 问卷发放

问卷调查，主要是采用电子问卷的形式。发放的对象包括：A. 省委省政府各职能部门与系统中组织人事部门的负责人或者资深的人才工作干部；B. 各市区委、政府职能部门与系统中负责人才工作的领导与资深干部；C. 高校、企业、科研机构分管人才工作的领导或组织人事部门的负责人、资深干部；D. 在高校、研究机构、高科技企业等工作2年以上的高层次人才代表。问卷发放时间为2021年7月27日至2021年8月16日，共回收2000份问卷。

删除无效问卷后，最终进入分析环节的问卷为1259份。从性别来看，男性735名，占总数的58.4%，女性524名，占总数的41.6%，男性与女性基本平衡。从年龄来看，25岁以下的有22名，占比最低，为1.7%，26—35岁的374名，占比29.7%，36—45岁的545名，占比最高，为43.3%，46—55岁的273名，占比21.7%，56岁以上的45名，占比3.6%。年龄结构比较合理。从学历来看，博士占比16%、硕士45%、本科37%、大专及其他2%。学历为大专、本科及以上的参与者331名，占比达98%。保证了问卷回答中对于问题理解的正确性。从单位性质来看，政府机关的问卷进入分析阶段的有309份，占比24.5%，事业单位的数据有497份，占比39.5%，其他单位的数据有453份，占比36%。单位结构比较合理。从职务级别上来看，县处级及以上的有232人，占18.4%，科员与乡级有673人，占53.5%，无级别的有354人，占28.1%。职务结构显示了基层用人单位为主体。

2. 数据分析

问卷回答质量评估：对调查问卷中涉及的各项指标所得的数据进行独立样本T检验，结果显示，所有指标的P值均在0.001以下，达到非常显著的水平，说明问卷回答质量较好。

指标内容相关性分析：通过对于指标项目之间相关及项目与维度总分之间的相关情况进行分析，经过皮尔逊相关性检验后，结果表明各项目与维度总分之间的相关系数均在0.525—0.773，相关性显著。

指标重要性得分评价：指标的重要性得分反映该指标的重要性程度，对各项指标得分进行均值分析，得出各指标重要性得分情况见表3-2。重要性得分均在4.0以上，即重要性程度都在"比较重要"与"非常重要"之间。

表 3 – 2　　　　　　　　　　各指标重要性得分情况

指标	重要性 平均值	标准偏差
人才引进政策	4.61	0.605
人才创业政策	4.53	0.641
人才住房年供应量	4.45	0.724
人均人才住房补贴金额	4.49	0.670
一次性初始创业补贴	4.29	0.727
创业场租补贴总额	4.23	0.748
科学技术奖励政策	4.45	0.684
财政总收入	4.38	0.722
人均 GDP	4.25	0.802
GDP 年增长率	4.22	0.781
居民人均储蓄存款	4.15	0.836
第三产业增加值指数	4.18	0.776
固定资产投资	4.12	0.788
外商直接投资额	4.01	0.817
文化及其相关产业机构数	4.15	0.763
公共图书馆数量	4.12	0.808
基本养老保险参保人数	4.26	0.792
城镇居民家庭恩格尔系数	4.14	0.808
城镇登记失业率	4.07	0.815
城镇化率	4.09	0.822
专利授权量	4.20	0.765
科技活动人员数	4.32	0.694
平均每万人口在校大学生数	4.26	0.726
教育支出占财政支出比重	4.49	0.643
人口受教育程度	4.50	0.631
居民消费指数	4.28	0.698
城市人均住房面积	4.22	0.758
空气质量	4.49	0.635
交通状况	4.49	0.633

第三章　广东省人才发展环境现状与优化　　53

续表

指标	重要性	
	平均值	标准偏差
环境保护投资占 GDP 比重	4.33	0.714
区域环境噪声平均值	4.28	0.726
工业固定废物综合利用率	4.18	0.768
人力资源服务机构数	4.12	0.785
人力资源服务机构从业人数占求职人数的比重	4.08	0.807
人才资源服务机构服务人数	4.06	0.827
创业园数	4.17	0.757
留学人员创立企业数	4.03	0.818
博士后流动站和工作站数量	4.14	0.785

指标重复性分析与筛选：通过对各项指标相关性分析，可以剔除指标之间重复性较高的项目。通过相关分析可知：工业固定废物综合利用率与区域环境噪声平均值相关性系数为 0.815，人力资源服务机构从业人数占求职人数的比重与人力资源服务机构数的相关性系数为 0.882，人力资源服务机构从业人数占求职人数的比重与人才资源服务机构服务人数相关性系数为 0.879，人力资源服务机构数与人才资源服务机构服务人数相关性系数为 0.846。这几项相关性系数大于 0.8，具有高度相关性，说明指标之间存在一定程度的重叠性，因此按照指标数据的可获得性、指标重要性得分等标准进一步筛选优化，删去区域环境噪声平均值、人力资源服务机构从业人数占求职人数的比重、人才资源服务机构服务人数的得分等指标，最后进入因子分析的指标为 35 项。

3. 维度划分

基于广东省相关样本调查分析可知，人才发展环境指标体系基本由 5 个因子构成，5 个因子特征值分别为 16.18、2.144、1.549、1.213、1，旋转后累计方差贡献率为 69.017%，即 5 个共同因子一共可以解释 35 个评价指标 69.017% 的变异量，接近 70%。同时，所有指标的共同度都超过了 0.5。从总体上看，各指标的共同度比较理想，因子分析的结果是可以接受的。各因子介绍如下：

经济、社会与文化环境因子。在该因子中，包括财政总收入、人均

GDP、GDP年增长率、居民人均储蓄存款、第三产业增加值指数、固定资产投资、外商直接投资额、文化及其相关产业机构数、公共图书馆数量、基本养老保险参保人数、城镇居民家庭恩格尔系数、城镇登记失业率、城镇化率、居民消费指数在第一个因子具有较高的载荷，命名为"经济、社会与文化环境"因子，因子累计方差贡献率为23.415%。

政策环境因子。在该因子中，包括人才引进政策、人才创业政策、人才住房年供应量、人均人才住房补贴金额、一次性初始创业补贴、创业场租补贴总额、科学技术奖励政策在第二个因子上具有较高载荷，命名为"政策环境"因子，因子方差贡献率为13.603%。

人才市场环境因子。在该因子中，包括人力资源服务机构数、创业园数、留学人员创立企业数、博士后流动站和工作站数量在第三个因子上具有较高的载荷，命名为"人才市场环境"因子，因子的方差贡献率为11.813%。

生活环境因子。在该因子中，包括城市人均住房面积、空气质量、交通状况、环境保护投资占GDP比重、工业固定废物综合利用率在第四个因子上具有较高的载荷，命名为"生活环境"因子，因子的方差贡献率为11.394%。

教育与科技发展环境因子。在该因子中，包括专利授权量、科技活动人员数、平均每万人口在校大学生数、教育支出占财政支出比重、人口受教育程度在第五个因子上具有较高的载荷，命名为"教育与科技发展环境"因子，因子的方差贡献率为8.778%。

二 指标体系应用

广东省下辖21个地级市（其中两个副省级市），划分为珠三角地区、粤东、粤西和粤北四个区域：

珠三角地区：广州、深圳、佛山、东莞、中山、珠海、江门、肇庆、惠州；

粤东：汕头、潮州、揭阳、汕尾；

粤西：湛江、茂名、阳江、云浮；

粤北：韶关、清远、梅州、河源。

基于广东省样本构建了人才发展环境指标体系之后，本章将其应用到对广东省各地市人才发展环境指数的评价中，并且分析其变化情况。

第三章　广东省人才发展环境现状与优化

由于统计口径的原因以及数据质量的关系，同时各地市的相关得分是当年与其他地市比较下的相对分数，所以本章研究中按照优异、中上、中中与中下的"零差等"四级分布模型，将 21 个地市按照得分进行等级划分，处于 1—5 名的划定为优异等级，标注"A+"等级；处于 6—21 名的划定为中间等级，其中处于 6—11 名的划定为中上等级，标注"A"等级，处于 12—16 名的划定为中中等级，标注"B"等级，处于 17—21 名的划定为中下等级，标注"C"等级。根据等级可以看出该地区人才发展环境的综合指数评价情况，并根据评价情况提出优化建议。

第二节　广东省人才发展环境现状与变化分析

加强对人才发展环境的关注，建立科学、合理的人才发展环境指数评价体系，不仅有助于发现地区人才环境中存在的问题，而且对于管理、吸引、留住人才和深挖人才潜力具有重要意义。本章借助因子分析方法对广东省 21 个地市的人才发展环境进行分析，展现广东省各地区人才发展环境的差异和趋势。需要注意的是，由于受历史、区位等因素的影响，广东省各地市的社会、经济、政治、文化、教育、科学技术等方面的发展水平不同，不同地市、不同年份数据的简单对比只能体现一定程度的客观现实，需要辩证看待其指征性。在指标体系形成指数以后，即指标体系使用的初始年设为基期，以后各年设为报告期后形成的各年的变化序列后，利用该指数反映的动态变化，就可以比较有效地观察各地市人才发展环境的发展趋势。

按照上述指数评价方法进行计算，2019 年广东省人才发展环境指数及评价结果显示，2019 年广州、深圳、佛山、东莞、珠海处于 A+ 等级，人才发展综合环境相对优异；汕头、惠州、江门、河源、肇庆、茂名处于 A 等级，人才发展综合环境相对优良；清远、湛江、韶关、中山、揭阳处于 B 等级，人才发展综合环境处于中等；梅州、潮州、汕尾、云浮、阳江处于 C 等级，人才发展综合环境存在个别缺陷，需要努力改进，具体见表 3-3。

表 3-3　广东省各地市 2019 年人才发展环境指数及评价结果

地区	经济社会与文化环境等级	人才市场环境等级	生活环境等级	教育与科技发展环境等级	人才发展环境等级
广州	A+	A+	A+	A+	A+
深圳	A+	A+	A+	A+	A+
佛山	A+	A+	A+	A	A+
东莞	A+	A+	B	A+	A+
珠海	A+	A+	C	B	A+
汕头	A	A	A	A+	A
惠州	A	A	A	B	A
江门	A	A	C	A	A
河源	B	B	A+	C	A
肇庆	A	A	B	A	A
茂名	B	B	A	A+	A
清远	B	B	B	B	B
湛江	A	A	C	A	B
韶关	A	B	A	C	B
中山	B	A	C	B	B
揭阳	B	C	C	A	B
梅州	C	B	A+	C	C
潮州	C	C	A	A	C
汕尾	C	C	B	B	C
云浮	C	C	A	C	C
阳江	C	C	B	C	C

一　各地市 2015—2019 年人才发展环境现状与趋势分析

课题组分别计算 2015—2019 年广东省人才发展环境指数，结果见表 3-4，数据显示，"十三五"期间珠三角地区总体人才发展环境在整个广东省属于先进梯队。其中，广州、深圳、佛山、东莞、珠海基本上保持着前五的水平：广州是国家中心城市、中国首批沿海开放城市；深圳为副省级市及计划单列市；深圳、珠海为经济特区；佛山是全国民营经济最为发达地区之一，是国务院确定的中国重要的制造业基地；东莞，是著名的华侨之乡、国家森林城市、国际花园城市、全国文明城市。珠江三角洲是广东省平原面积最大的地区,有全球影响力的先进制造业基地和现代服务业基地,是中国参与经济全球化的主体区域,全国科技创新与技术研发基地,全国经济发展的重要引擎,南方对外开放的门户,辐射带动华南、华中和西南发展的龙头,是中国人口集聚最多、创新能力最强、综合实力最强的三大城市群之一,有"南海明珠"之称。珠三角地区应该进一步发挥区位优势,以良好的基础吸引、培育人才,促进人才质量稳步提升。在珠三角地区,江门市人才发展环境指数稳步上升,其作为粤港澳大湾区的重要节点城市于2019年1月正式发布《关于进一步集聚新时代人才强市的意见》,实行人才政策,人才发展环境不断优化。

表3-4　广东省各地市2015—2019年人才发展环境指数与评价结果

地区	2015年等级	2016年等级	2017年等级	2018年等级	2019年等级
广州	A+	A+	A+	A+	A+
深圳	A+	A+	A+	A+	A+
佛山	A+	A+	A+	A+	A+
东莞	A+	A+	A+	A+	A+
珠海	A+	A+	A+	A	A+
汕头	A	A	A	A	A
惠州	A	A	A	A+	A
江门	A	A	A	A	A
河源	C	B	A	B	A
肇庆	A	B	B	B	A
茂名	B	B	A	A	A
清远	B	A	B	C	B
湛江	B	B	B	A	B
韶关	C	C	C	B	B
中山	A	A	B	A	B
揭阳	B	B	B	B	B
梅州	A	A	A	B	C
潮州	C	C	C	C	C
汕尾	C	C	C	C	C
云浮	B	C	C	C	C
阳江	C	C	C	C	C

粤东地区汕头是领头羊,汕尾、潮州处于发展赶超梯队:汕头《关于我市加快人才发展的实施意见》[①],着力营造"人才生态环境",为人才感受区域产业氛围、建立产业朋友圈搭建平台,更为技术成果、资本信息和人才资源之间的互动整合开辟通道,形成与省域副中心城市更匹配的虹吸能力、辐射能力是其下一步努力方向;汕尾面对机遇和挑战,必须抓住深汕特别合作区建设的良好机遇,坚定不移走人才强市之路;潮州破解人才发展难题,需要激发城市建设活力,以政策创新作为抓手,柔性引进、刚性落实,优化整合各类资源。

粤西地区茂名、湛江人才发展环境具有一定优势,阳江、云浮有较大发展空间:茂名过去几年交通、经济和科技大发展,还是广东常住人口增长的"黑马";湛江《关于深化人才发展体制机制改革打造北部湾人才高地的实施意见》为持续发力打造人才发展广阔前景助力;阳江、云浮需要进一步优化人才成长进步的环境,健全和完善人才政策,加大招才引智和人才培养力度,发挥人才在推动阳江加快发展中的作用。

粤北地区各地市历年人才发展环境变化较大,想要优化城市人才发展环境,就必须针对目前的短板,精准治理,稳步提升,让人才真正感受到环境的温度,一方面要细化人才优惠政策,为人才发展提供坚实制度保障,另一方面也要关注人才发展的实际需求,深化改革。各地市具体排序与等级可见本章附录3-1。

二 人才发展环境不同维度现状与变化分析

(一)经济社会与文化环境分析

经济社会与文化环境包括构成人才生存和发展的社会经济状况、文化水平等,广东省各地市2015—2019年经济社会与文化环境指数及评价结果见表3-5。就经济社会与文化环境而言,深圳市外商直接投资、人均GDP、城镇化率等处于领先地位,广州、佛山、珠海、东莞等地市的经济社会与文化环境也比较好。

江门、汕头、湛江、韶关、河源等地市的经济社会与文化环境有一定程度改善:江门2019年实现地市生产总值(GDP)3147亿元,虽然处于

---

① 《汕头重磅发布"人才新政30条"》,大华网,http://strb.dahuawang.com/content/2018 05/22/c22875.htm。

广东省中上水平，但在珠三角地区排名靠后，对于江门来讲，要优先确定其重点发展的区域和重点发展的产业。结合江门实际情况，其重点发展的区域是沿江产业带（新会—江海—蓬江—鹤山），其重点发展的产业是新材料和旅游及海洋产业；汕头2019年实现地区生产总值（GDP）2694.08亿元，传统工业发展相对健康，但产业规模不大、产值不高，因此需要鼓励企业整合，提高企业层次，引领汕头企业走向规模化。湛江2019年实现地区生产总值（GDP）3064.72亿元，人口稠密，经济基础较好，先进制造业是其主导产业。韶关是广东的重工业城市，工业基础雄厚，农业和第三产业也具相当的规模，近几年来，经济发展加快，增长速度高于全国平均水平。

中山、梅州、阳江等地市的经济社会与文化环境存在一定发展空间：中山市的弱势指标在于第三产业增加值、基本养老保险、文化机构等；梅州市在居民储蓄、第三产业增加值、固定资产投资、外商直接投资、人均GDP、财政总收入等方面表现乏力；阳江在居民储蓄、固定资产投资、外商直接投资、图书馆数等方面与先进地市有较大差距。

表3-5 广东省各地市2015—2019年经济社会与文化环境指数及评价结果

地区	2015年等级	2016年等级	2017年等级	2018年等级	2019年等级
深圳	A+	A+	A+	A+	A+
广州	A+	A+	A+	A+	A+
佛山	A+	A+	A+	A+	A+
珠海	A+	A+	A+	A+	A+
东莞	A+	A+	A+	A+	A+
汕头	A	A	A	A	A
江门	A	A	A	A	A
惠州	A	A	A	A	A
湛江	B	B	B	A	A
韶关	C	B	B	B	A
肇庆	A	B	B	A	A
河源	C	C	B	B	B
清远	B	A	C	C	B
揭阳	B	A	C	B	B

续表

地区	2015 年等级	2016 年等级	2017 年等级	2018 年等级	2019 年等级
中山	A	B	A	A	B
茂名	C	C	A	B	B
汕尾	C	C	B	B	C
云浮	B	B	C	C	C
潮州	B	C	C	C	C
梅州	A	A	A	C	C
阳江	C	C	C	C	C

（二）人才市场环境分析

人才市场环境反映人才资源配置的市场化程度。人才市场的发展为人才成长提供了良好的机遇和环境，促进尊重劳动、尊重知识、尊重人才、尊重创造的社会风尚形成。广东省各地市 2015—2019 年人才市场环境指数及评价结果见表 3-6，就人才市场环境而言，珠三角地区依然保持领先地位。其中，深圳居于领先位置，博士后流动站、创业园数量等指标表现强势，其优势地位离不开其积极推动人才服务的市场化、社会化、规模化发展，培育国际性、专业化、服务型的各类机构为人才提供专业服务，加大人力资源服务市场开放力度等方面的努力。近年来深圳着力帮助企业稳预期、稳信心，通过立法设立"深圳企业家日"，大力弘扬优秀企业家精神，出台一系列惠企政策措施，千方百计帮助企业减轻负担，坚持政策性与市场化兼顾。广州人才市场竞争力强劲，实施高校毕业生、退役军人等就业帮扶政策，推进"广东技工""粤菜师傅""南粤家政"培训工程，新增就业 33.73 万人。

佛山也保持前列地位，2019 年更是不断突破，仙湖实验室等一批创新平台落户，季华实验室建设居省实验室前列，实现引进全职院士零的突破，大众创业万众创新深入开展，新登记市场主体 18.5 万户，增长 17.8%，总数达 82.1 万户。

比较之下，粤西、粤东地区的人才市场环境指数表现一般。需要注意的是云浮、汕尾、潮州、阳江等地，要补短板、求进步，应该着力深入推进人才服务市场化，通过简政放权、成立多个培育机构、引进外部人才，加快市场发展，充分发挥社会力量的重要作用，提高社会组织人才服务参与积极性。同时，要建立全面开放的人才市场体系，成立多个专业社会组织、提供多种形式的人才中介服务，打造国家级人力资源服务产业园、扩大人才培养力度，使人才适应国际社会发展，保证人才资源得到合理利用。

表3-6　广东省各地市2015—2019年人才市场环境指数及评价结果

地区	2015年等级	2016年等级	2017年等级	2018年等级	2019年等级
深圳	A+	A+	A+	A+	A+
广州	A+	A+	A+	A+	A+
佛山	A+	A+	A+	A+	A+
东莞	A	A+	A+	A+	A+
珠海	A+	A+	A+	A+	A+
中山	A	A	A	A	A
惠州	A	A	A	A	A
江门	A	A	A	A	A
汕头	A+	B	A	A	A
湛江	B	B	B	A	A
肇庆	A	A	A	A	A
茂名	B	B	B	B	B
清远	B	A	B	B	B
河源	A	A	A	B	B
梅州	C	B	B	B	B
韶关	B	B	B	B	B
揭阳	C	C	C	C	C
阳江	C	C	C	C	C
潮州	C	C	C	C	C
云浮	C	C	C	C	C
汕尾	B	C	C	C	C

（三）生活环境分析

生活环境是与人才生活密切相关的各种自然条件和社会条件的总体，由自然环境和社会环境中的物质环境构成，反映了生活便利程度。便利、舒适的生活是人们的普遍向往，生活环境好有利于吸引人才。广东省各地市 2015—2019 年生活环境指数及评价结果见表 3-7，从数据结果来看，珠三角地区一如既往表现强势，值得一提的是佛山、惠州。其中佛山位于珠三角区域腹地，东邻广州、西接肇庆、南连中山珠海、北通清远，毗邻港澳，地理位置和自然条件十分优越，且将生态建设放在极其重要位置，生产生活融洽和谐；惠州作为"宜居城市"的后起之秀，道路四通八达、城市包容性强、空气清新、环境优美，是"中国最具幸福感城市"之一。

除了珠三角地区之外，梅州、河源、韶关、茂名、汕头等地市的生活环境也表现较为良好，具备优越的自然和城市环境：如果梅州想进一步提高生活环境指数，应该突出加大改进生活垃圾无害化处理率。其之所以排位靠前，主要是城区空气质量优良率 98.9%，2016—2019 年连续四年居全省第一。但是其生活垃圾无害化处理率比较靠后。近一年来，该市有了明显改进，全面规范畜禽养殖禁养区划定和管理，全市畜禽粪污综合利用率达 68% 以上。5 个县（市、区）基本建成病死畜禽无害化处理中心，河（湖）长制全面落实，"五清""清四乱"专项行动成效明显，丙雁大堤景观提升工程入选万里碧道省级试点。

河源加快实施"百街千巷"综合整治工程，改造提升 258 条背街小巷。启动垃圾分类管理，推进智慧城管二期建设。韶关 2019 年市区空气质量优良达标率达 92.6%，在全省前进 3 位，改善幅度在全省最大。"三城同创"扎实开展，阅丹公路、莲花大道、铜鼓大道和韶南大道纵贯城区，产城融合、人城融合、景城融合迈出新步伐。茂名 2019 年圆满完成"四好农村路"建设年度任务，新购进和投放 80 辆新能源公交车，新开通 11 条城际公交线路，进一步加快同城化发展步伐。市区生活垃圾无害化处理率 100%，完成农贸市场升级改造 28 个，新建改建城市公厕 100 座。创建全国文明城市"八大提升行动"有序推进。

汕头对城市面貌进行改造提升，城市展现出干净整洁、满眼见绿、四季花开、平安有序的新景象。市容环境不断改善，完成海滨路环境品质提升示范项目，规范设置道路交通标志、路面标线，优化路口红绿灯配，城市宜居度不断提升。

相对而言，揭阳等地市的生活环境有待进一步改善，为人才提供一个放心、舒心、宜居的生活环境，为他们创造能安心发展事业的良好条件是应尽之责。

表3-7　广东省各地市2015—2019年生活环境指数及评价结果

地区	2015年等级	2016年等级	2017年等级	2018年等级	2019年等级
广州	A+	A+	A+	A+	A+
深圳	A+	A+	A+	A+	A+
佛山	A+	A+	A+	A+	A+
梅州	A+	A+	A+	A+	A+
河源	A+	A	A	A+	A+
惠州	A	A+	A+	A	A
韶关	A	B	C	A	A
茂名	A	A	A	A	A
汕头	A	A	B	C	A
潮州	B	C	C	B	A
云浮	A	B	B	B	A
汕尾	C	B	C	C	B
清远	B	C	B	C	B
肇庆	B	A	A	B	B
东莞	B	A	A	A	B
阳江	B	B	B	B	B
珠海	A	A	A	A	C
江门	B	C	C	C	C
中山	C	C	C	B	C
揭阳	C	C	B	C	C
湛江	C	B	A	A	C

（四）教育与科技发展环境分析

教育与科技发展环境指区域人才发展的教育水平、教育程度、教育投入产出状况以及区域原创性科学研究、技术创新的整体水平。广东省各地市2015—2019年教育与科技发展环境指数及评价结果见表3-8，在教育与科技发展环境方面，广州、东莞、深圳、茂名、汕头、湛江、佛山、揭阳、江门、肇庆等地有着相对优势：2019年广州高新技术企业突破1.2万家。入库科技型中小企业9283家，连续两年居全国城市第一。高技术制造业增加值增长21%，现代服务业增加值增长9.3%。广州全球创新集群百强排名由上年的32位提升到21位。2019年深圳市本级财政科技专项资金增长近一倍，其中30%以上投向基础研究和应用基础研究。组建人工智能与数字经济省实验室、超滑技术研究所等研发机构，实施50个关键核心技术攻关项目，PCT国际专利申请量、有效发明专利五年以上维持率稳居全国城市首位，全年获中国专利金奖5项，创新能力稳步增强。深圳与东莞等地，创办与筹建了包括香港中文大学（深圳）分校、大湾区大学不少新的高校。而河源、梅州、阳江、韶关等地存在一定的开发潜力，需要坚持教育发展的战略地位，均衡配置教育资源。

表3-8 广东省各地市2015—2019年教育与科技发展环境指数及评价结果

地区	2015年等级	2016年等级	2017年等级	2018年等级	2019年等级
广州	A+	A+	A+	A+	A+
深圳	A+	A+	A+	A+	A+
茂名	A	A+	A+	A+	A+
东莞	A+	A+	A+	A+	A+
汕头	A+	A	A	A+	A+
湛江	A+	A+	A	B	A
佛山	A	A	A+	A	A
揭阳	A	A	A	A	A
江门	A	A	A	A	A
肇庆	B	A	A	A	A
潮州	B	A	A	B	A
惠州	A	B	B	A	B
清远	B	B	B	B	B
中山	A	B	C	C	B
珠海	C	C	B	C	B
汕尾	C	B	C	A	B
云浮	B	B	C	C	C
河源	C	C	B	B	C
梅州	B	B	B	B	C
阳江	C	C	C	C	C
韶关	C	C	C	C	C

第三节 优化人才发展环境的相关建议

区域人才发展环境是区域人才综合竞争力评价的核心内容，影响着人才引进、培养、用好的全方面全流程，"新发展阶段、新发展理念、新发展格局"对人才发展环境也提出了新的要求。2021年11月1日，广东省委人才工作会议召开，强调要以在粤港澳大湾区建设高水平人才高地为牵引，实施战略人才锻造工程、人才培养强基工程、人才引进提质工程、人才体制改革工程、人才生态优化工程，"五大工程"精准发力，奋力开创新时代人才强省建设新局面。新时代人才强省新局面的建设与人才发展环境优化是相辅相成、相互促进的。针对五大发展工程、针对人才发展环境的五大影响因子，优化人才发展环境可以从以下几个方面入手。

一 引进提质，使用提效，加强体制机制系统化建设

好的环境的形成需要以政府为主导，形成全社会共同促进的局面，营造出人才各展其才的氛围。好的环境要靠好的人才制度来创设，而好的人才制度需要好的人才机制来保证。人才发展的第一步是"有人"，因此要进行"育才""引才""留才"等。可以从制度层面出发，降低人才进来门槛，提高人才留下补贴。对于区域外的人才，打好吸引牌；对于区域内的人才，增强环境黏度。人才发展应该是一个全周期、多方面的综合成长体系，要从制度设计上为人才的培养、使用、激励等做出保障。根据人才和企业的需要，根据当地的实际，打造制度优势，灵活引才留才用才，在合理竞争中选拔和配置优秀人才。

二 经济促能，文明创建，持续优化经济社会文化环境

人才发展环境体系中，经济社会文化环境重要性占比最大，是土壤之养料，基础之基础。各地市都要重视发挥消费对经济发展的基础性作用、投资对优化供给结构的关键性作用，促进形成强大的内需市场，为经济平稳运行提供有力支撑；追求以重大产业项目建设带动工业投资；积极促进就业创业，大力发展各项社会事业，加快构建多层次社会保障体系；深入开展群众性精神文明创建活动，传承红色基因，推进省级重大标志性文化

设施建设等。

三 要素涌动，活力激发，重点改善人才市场环境

合理配置人才资源，让人才要素充分涌流，最重要的途径就是将人才引到市场中去，充分发挥市场作用。改善人才市场环境，需要加大对团队和产业的扶持，帮助用人主体解决在建设一流人才集聚平台方面遇到的困难。此外，各部门、各企业积极合作建立广东省人才数据库，建立与完善区域性人才市场，通过人才流动和市场配置机制，可以有效激活人才的活力。

四 生态优化，厚植沃土，提升城市适宜度和生活幸福感

作为社会中的人，人才的需求不仅在于获得感，也在于生活适宜感。提升温度，一方面在于不断提升公共服务的优质度，提升人才的归属感和认同感，比如优化基础设施环境，在诸如能源设施、供排水设施、交通设施、邮电通信设施、环保设施和防灾设施方面加大投资力度，进行合理优化，从而夯实人才发展环境，增加地市人才集聚程度。另一方面在于改善自然环境，提升生活的舒适度和城市宜居度。

五 教育强基，创新引领，更好实现高水平科技自立自强

人才是城市发展的智力支持，反过来，城市需要最大限度发挥好智之力，甚至寻求打破限度。一方面，广东全省100多个地市和县区政府在各级各类教育协调发展、教育财政投入与保障、教师队伍管理和建设等方面都取得了一定的工作成效。当然，也存在着一定的问题，如基础教育资源供给不足、教师管理改革有待深化、部分地市未完全落实教育投入政策、教学改革力度仍需加大等。教育水平较高的地市应进一步充分发挥区位优势，加大对基础、传统、特色产业人才的教育培训力度，通过产业来培育人才，促进人才质量稳步提升。另外，全省都应健全继续教育机制，构建多元化、终身化教育培训体系，积极引导和鼓励广大社会组织、团体参与职业教育培训机构的设立，形成公办、民办相结合的教育培训格局。另一方面，推动区域创新驱动发展与协调发展也应该作为各地市发展的重点战略，充分利用全省各地积极融入大湾区建设的大好局面，进一步发挥广州、深圳两个龙头城市的主引擎作用，联结珠江两岸城市群，加快打造

"广—深—港""广—珠—澳"两大科技创新走廊，推动珠三角各市科技创新深度融合，加快打造全国领先、带动能力强的创新发展极。

附录3-1　关于广东省人才发展环境指数评价指标体系的设计问卷

尊敬的女士/先生：

您好！感谢您在百忙之中抽出时间填写本问卷！

我们希望通过问卷了解广东省人才发展与创新的相关情况，调查目的在于为研究广东省人才发展战略与工作创新收集资料。本问卷是匿名调查，您填写的内容将严格保密。

衷心感谢您的热情参与！

祝您工作顺利、万事如意！

人才发展研究课题组

一、个人信息

1. 您的性别
A. 男　B. 女
2. 您的年龄
A. 25岁以下　B. 26—35岁　C. 36—45岁　D. 46—55岁
E. 56岁以上
3. 您的最高学历
A. 大专　B. 本科　C. 硕士研究生　D. 博士研究生
E. 其他（请具体说明）
4. 单位性质
A. 国有企业　B. 民营企业　C. 外商独资企业　D. 合资企业
E. 政府机关　F. 事业单位　G. 其他（请具体说明）
5. 职务级别
A. 科员　B. 乡科副职　C. 乡科正职　D. 县处副职　E. 县处正职
F. 厅局副职　G. 厅局正职　H. 省部级　I. 无

6. 职称级别

A. 初级　　B. 中级　　C. 副高级　　D. 正高级　　E. 无

7. 您选择在广东省发展的原因（多选题）

A. 政府吸引鼓励　　B. 政策条件优越　　C. 市场前景广阔

D. 投资环境良好　　E. 产业集群效应　　F. 居住在本区

G. 工作单位在本区　　H. 其他（请具体说明）

二、问卷部分（节选）

（一）请您对以下影响广东省人才发展的环境指标的重要性做出相应选择。

指标	重要等级				
	1	2	3	4	5
人才引进政策					
人才创业政策					
人才住房年供应量					
人均人才住房补贴金额					
一次性初始创业补贴					
创业场租补贴总额					
科学技术奖励政策					
财政总收入					
人均 GDP					
GDP 年增长率					
居民人均储蓄存款					
第三产业增加值指数					
固定资产投资					
博士后流动站和工作站数量					
……					

第四章

广东省人才政策与分析

人才政策是指与发挥人的才能和作用相关的一系列政策与法规，是政府为了发挥人才的作用，对人才的培养、开发、利用等活动做出的规定和采取的措施与行动。[①] 在实践中，人才政策主要包括教育政策、就业政策、激励政策等，内容涉及人才培养、选拔、使用、考核、奖惩、工资福利、流动、退休等方面。人才政策制定和实施旨在通过人才发展及管理来推动产业发展和经济增长，同时解决人力资本利用问题。

科学的、系统的、合理的人才政策能增强区域内人才的自主创新能力，同时有利于区域提升对人才的吸引力。人才政策在人才工作中具有重要意义：一是从人才政策作用于人才的方式和手段来看，通过明确人才的使用、流动、培养、安全、激励、保障、评价、管理等政策，实现人才的有效开发与管理；二是从人才政策作用于不同人才类别来看，综合高层次人才、专业技术人才、技能人才等各类人才所从事的不同职业领域和发展阶段的特点，提出推动地区发展的有效措施；三是从人才政策实施的行政范围看，地方人才政策涉及省、地市、县等不同层次的管理举措，形成一个多截面交叉的政策体系。本章主要围绕广东省人才政策实施效果评价，人才政策特征及地方经验，人才政策实施面临的问题、原因以及发展建议进行阐述。

[①] 萧鸣政、韩溪：《改革开放 30 年中国人才政策回顾与分析》，《中国人才》2009 年第 1 期。

第一节 人才政策概述与分类

一 国家层面政策概述及分类

（一）政策概述

伴随我国人才队伍的建设和完善，人才政策在不断摸索中创新和发展。我国人才政策一般可划分为四个阶段：恢复调整时期（1978—1984）、深入改革时期（1985—1994）、战略导向时期（1995—2005）以及创新发展时期（2006年至今）[①]。为更好地实施人才强国战略，2010年6月，中共中央国务院印发《国家中长期人才发展规划纲要（2010—2020年）》，该规划纲要着眼于为实现全面建设小康社会奋斗目标提供人才保证，对国家近十年的人才工作提出了发展要求和行动指南。党的十八大以来，习近平总书记站在党和国家事业全局的高度，着眼于实现"两个一百年"奋斗目标和中华民族伟大复兴的中国梦提供人才支撑，对人才工作做出了一系列重要指示：一是从新的历史高度阐明了人才的重要性；二是揭示了人才发展的规律性；三是强调人才引领创新驱动的根本性；四是突显人才发展体制机制改革的创新性；五是重视人才吸纳的开放性；六是明确人才工作的系统性。近五年来，关于人才方面的全国性政策不断涌现（见图 4-1，政策文本详见本章附录 4-1），充分体现了党对人才规律的深刻把握和对人才工作的高度重视。

（二）政策分类

2012年9月，中共中央国务院颁布《关于深化科技体制改革加快国家创新体系建设的意见》，启动了国家高层次人才特殊计划（简称"国家特支计划"或"万人计划"）。由此，我国人才政策进入了一个全新的发展阶段。近五年来，我国在人才培养使用、人才激励、人才安全、人才市场和人才流动、人才管理、职称和工资福利等方面都出台了系列政策。

在建立科学的人才评价机制、充分调动人才创新创业积极性方面，中共中央办公厅、国务院办公厅先后印发了《关于分类推进人才评价机制改

---

① 李燕萍、刘金璐、洪江鹏等：《我国改革开放 40 年来科技人才政策演变、趋势与展望——基于共词分析法》，《科技进步与对策》2019 年第 10 期。

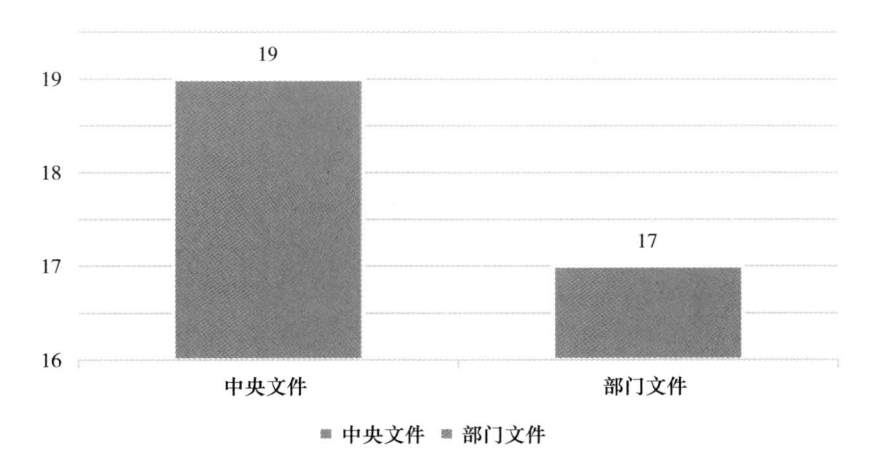

图 4-1　中共中央、国务院及各部委出台的人才政策

革的指导意见》《关于深化项目评审、人才评价、机构评估改革的意见》《关于优化科研管理提升科研绩效若干措施的通知》，深入推进"三评"改革，建立科学的评价机制，精简人才"帽子"，建立以创新质量和贡献为导向的绩效评价体系。此外，科技部、财政部、人力资源和社会保障部、教育部、工业和信息化部等部委也出台相关政策，改革职称评审，优化机构绩效评价，完善奖励制度。

在加强基础研究及加快基础研究成果向产业技术转化方面，2017年底，国务院相继出台了深化产教整合、推动军民融合相关文件，支持高等学校与企业、军工单位加强产学研用合作和人才培养，加快重大科技成果转化。2018年初，为进一步加强基础科学研究，大幅提升原始创新能力，夯实建设创新型国家和世界科技强国的基础，国务院印发《关于全面加强基础科学研究的若干意见》《积极牵头组织国际大科学计划和大科学工程方案》，探索建立与国际接轨的人才制度，实施更加积极开放的高层次人才引进培养政策。

在营造良好的科研环境方面，中共中央办公厅、国务院办公厅于2018年5月底印发了《关于进一步加强科研诚信建设的若干意见》，就完善科研诚信管理工作机制和责任体系、切实加强科研诚信的教育和宣传、进一步推进科研诚信制度化建设、切实加强科研诚信的教育和宣传、加快推进科研诚信信息化建设等做了具体部署，明确加强科研活动全流程诚信管理，对严重违背科研诚信要求的行为"零容忍"，严肃查处严重违背科研诚信要求的行为。

二 省级层面政策概述与分类

（一）政策概述

广东始终坚持以习近平新时代中国特色社会主义思想为指导，紧跟党的十九大对人才工作的新部署、新要求，大力推进人才强省战略，着眼于打造创新人才高地，增强人才国际竞争新优势，引领广东经济社会高质量发展。早在2008年，广东省便出台了《关于加快吸引培养高层次人才的意见》，由此掀起了新一轮高层次人才引进与培养的高潮。本章收集了2016年至今广东省出台的人才政策共45条（见图4-2，政策文本详见本章附录4-2），统计结果表明，发文单位共有12个，发文集中在以下4个单位，分别是省人力资源和社会保障厅单独发文3份及联合发文3份，省人大常委会单独发文3份，省外国专家局单独发文3份，省财政厅联合发文3份。在45份政策文本中，53%的政策涉及人才引进和人才培养，政府主要通过各项人才引进计划，为人才提供物质、精神激励等政策性优惠，达到吸引人才的目的，以及通过加大资金投入、完善教育平台建设、依托产学研联合培养的方式培养高层次人才；40%的政策涉及人才激励，通过促进科技成果转化、改革高层次人才分配制度、税收优惠、加强基础设施建设等措施激发人才创新性；34%的政策涉及人才服务保障，政府主要通过完善人才服务体系、优化创新创业环境、发展人力资源服务业、完善人才发展政策法规体系等措施营造国际一流人才发展环境；政策中对人才流动、人才评价的关注较少，占比仅为26%，主要通过改革人才流动、人才评价机制，充分调动高层次人才积极性，促进人才在广东的可持续发展。省人才政策注重技能人才培养，如学徒制等方式，目前政策对象不断扩大，以稳定区域整体的就业率。通过颁布《广东省全面推行企业新型学徒制实施方案》《关于在工程技术领域实现高技能人才与工程技术人才职业发展贯通的实施方案》等政策，鼓励校企合作，促进高校毕业生就业，充分发挥市场作用促进人才有序流动。

第四章 广东省人才政策与分析

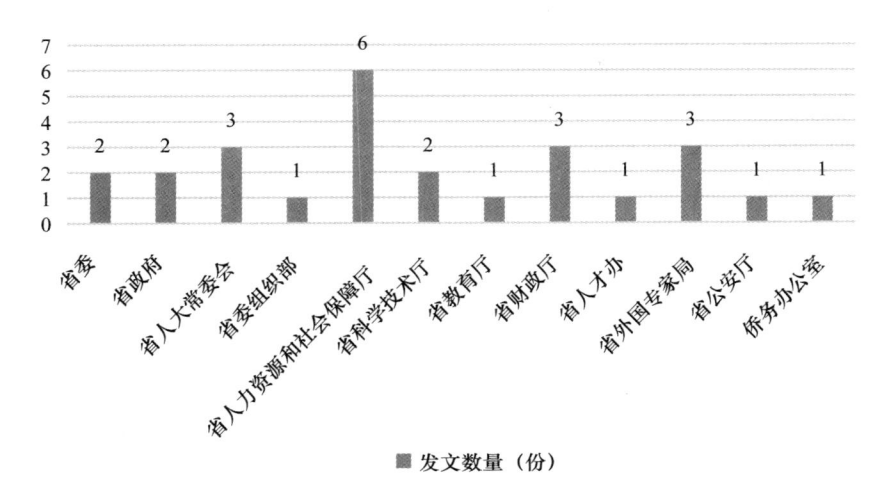

图4-2 广东省人才政策发文部门及数量（2016年至今）

（二）政策分类

广东省人才政策分为两类，第一类是纲领性的文件，第二类是专项政策。纲领性政策是在2011年初全省人才工作会议上颁布的《广东省中长期人才发展规划纲要（2010—2020年）》，这是广东省编制的首个中长期人才发展规划纲要，该省级规划纲要是根据国家中长期人才发展规划纲要进行制定的。结合广东省经济社会发展和人才工作实际制定的规划纲要，广东省颁布的专项人才政策大致分为：高层次人才政策、专业技术人才政策和技能人才政策。

在高层次人才政策方面，广东省大力推进人才强省战略，打造"珠江人才计划""扬帆计划""广东特支计划"三大特色鲜明且成效明显的人才开发品牌，推动了人才工作的深入发展。"珠江人才计划"聚焦于珠三角地区引进先进科研团队和领军人才，"广东扬帆计划"聚焦于促进粤东西北地区，"广东特支计划"强调自然科学等领域的杰出人才、领军人才和青年拔尖人才。各项计划均有不同侧重，这些人才专项计划为科技人才的培养和发展提供了重要平台，吸引国内外创新人才集聚广东，为广东加快产业转型升级、抢占经济发展制高点发挥了引领支撑作用。

在专业技术人才方面，广东省出台了《广东省专业技术人员继续教育条例》《广东省专业技术人才队伍建设中长期发展规划（2011—2020）》

《关于突出贡献人员专业技术资格评定的暂行办法》等相关文件，紧紧围绕专业技术人才素质能力提升，推进继续教育工作的改革发展。2019年9月，广东省委办公厅、广东省人民政府办公厅发布《关于加强新时代专业技术人才队伍建设的通知》，这是党的十九大以来首个省级专门面向专业技术人才队伍建设的综合性指导文件，也是现阶段广东省加强专业技术人才队伍建设的系统文件。

在技能人才方面，广东省先后出台了技能人才队伍建设和职业培训工作的创新政策，构建了较完善的技能人才政策体系。具体政策包括《关于进一步加强高技能人才队伍建设的若干意见》《关于推动"粤菜师傅"工程高质量发展的意见》《广东省推进"实施十项重点群体职业技能提升工程"的工作方案》《关于印发广东省战略性产业集群百万工人技能培训实施方案的通知》《关于印发广东省百万农民技能培训实施方案的通知》《广东省职业技能培训合格证书管理办法》，都取得了较好的政策效果。

三 各地市级层面政策概述与分类

（一）政策概述

纵观近五年广东21个地级市出台的人才政策，本章收集了142份政策（见图4-3，政策文本详见本章附录4-3）。在这些政策中，人才引进培养类政策占比较大，各地级市通过开放落户限制、给予高额项目经费、住房补贴等措施，大力引进培养人才，做好人才支撑新旧动能转换工作。随着人才强省战略的推进，粤东西北地区人才振兴发展迫在眉睫，亟须以人才结构的优化升级，推动粤东西北地区产业结构转型升级。与此同时，广东虽拥有毗邻港澳的先天优势，但受制于种种人为壁垒，人才协同优势尚未得到充分发挥，在粤港澳大湾区一体化发展的时代背景下，破除阻碍湾区人才流动的壁垒，促进湾区人才协同发展势在必行。在粤港澳大湾区人才发展制度建设上，以2008年广东省委、省政府颁布的《关于加快吸引培养高层次人才的意见》为开端，南粤大地掀起了新一轮吸引培养高层次人才的热潮，提出多项人才发展新举措，带动全省形成了一股浓厚的重才、识才、揽才、用才氛围；在粤东西北地区，按照"提升珠三角、带动东西北"的战略规划，为帮助粤东西北地区突破人才短缺的"软瓶颈"，推动粤东西北地区振兴发展，广东省在人才引进、人才培养、资金投入等方面实行了一系列针对粤东西北地区的优惠政策。

第四章 广东省人才政策与分析

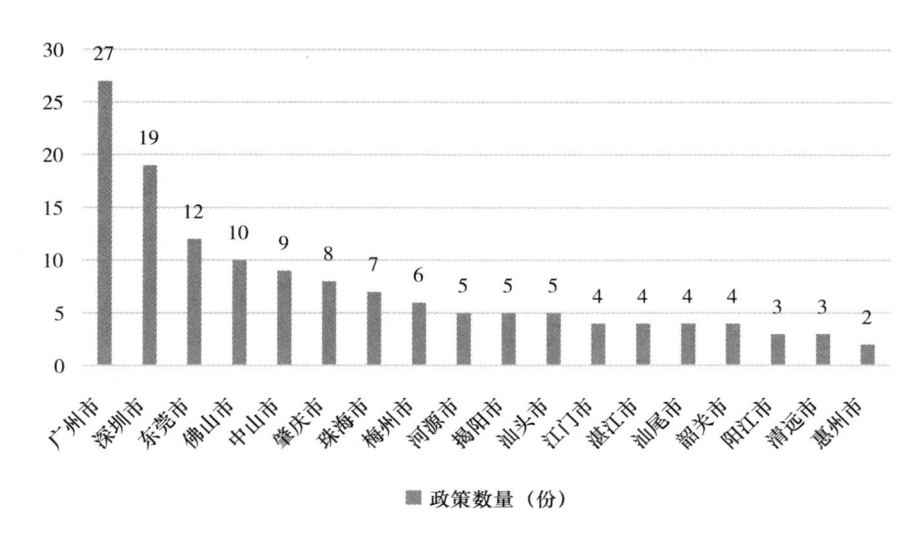

图4-3 广东省21个地级市出台人才政策数量（2016年至今）

数据（从左至右）：广州市27、深圳市19、东莞市12、佛山市10、中山市9、肇庆市8、珠海市7、梅州市6、河源市5、揭阳市5、汕头市5、江门市4、湛江市4、汕尾市4、韶关市4、阳江市3、清远市3、惠州市2。

（二）政策分类

通过梳理广东省21个地级市出台的人才政策，大致可以分为两类：一类是转发省政府及相关部门出台的纲领性文件，配合省的人才规划开展人才工作；另一类是地级市根据自己的地区优势以及紧缺人才目录出台的专项人才政策，专项人才政策在不同地区有着不同的政策重点。

第一，珠三角地区的专项人才政策。珠三角九市人力资源层次丰富，引进人才的主要目标集中在高端人才上，例如广州市出台了《2019年度海珠区产业精英（创业人才）评定申报指南》。广东省在促进粤港澳人才交流合作方面进行了有益的探索。2012年12月，中央人才工作协调小组批复同意将广州南沙、深圳前海、珠海横琴"粤港澳人才合作示范区"列为全国人才管理改革试验区，在"一国两制"框架下，指导制定支持粤港澳人才合作示范区的特殊政策和灵活措施。2016年5月，《关于促进中国（广东）自由贸易试验区人才发展的意见》从体制机制创新、发展创业支持、综合服务3个方面提出了20多条促进自贸区人才发展的政策措施。其中，出境的签证与居留、创新创业激励政策、知识产权保护、住房保障、子女就学、交通出行便利等内容都是广东自贸区为促进高层次人才和企业创新创业而推出的系列政策举措。

第二，粤东西北地区的专项人才政策。"扬帆计划"为粤东地区、西北地区人才工作的开展提供了政策指导，粤东西北各地级市虽没有珠三角地区各地级市天然的产业优势，但积极结合本地优势，纷纷出台了系列人才政策文件，财政投入积极性不断提高，在人才队伍建设方面取得了一定成效。例如，清远市从 2013 年开始，每两年发布一次《引进培养紧缺适用人才导向目录》，为人才引进精准的产业导向；湛江市制定了《湛江市高层次人才认定办法（试行）》及相关配套政策，形成了"1+3"的高层次人才工作模式；2018 年 3 月，湛江市印发《关于深化人才发展体制机制改革，打造北部湾人才高地的实施意见》，在人才引进培养、使用激励、平台打造、服务保障、管理体制等方面进行了一系列的创新与突破；汕头市坚持人才优先发展，推动创新发展，从 2014 年开始，先后制定了"1+10"人才政策体系，包含 1 项综合政策和 10 项配套政策；2018 年 5 月，汕头市委又印发了《关于我市加快人才发展的实施意见》，明确规定市级每年至少投入 1 亿元，各区县每年至少投入 1000 万元用于人才发展专项资金，为人才工作的顺利实施提供资金保障。

第二节　人才政策实施效果评价

广东正着力建设具有全球影响力的人才高地，有效的人才政策是实现这一目标的重要保障。基于此，考虑到人才政策实施效果评估的可行性和有效性，本章以省级和市级典型人才政策为评估对象，对广东省人才政策实施效果开展评估。

一　指标体系的设计原则和方法
（一）设计原则

评估方法与评估指标体系是对研究对象进行价值判断的两个相互关联但又相互区别的范畴，评估方法是共性的，而评估指标体系则是个性的。人才政策的产生，往往会牵连多种参数的变动，这些变动的参数从不同侧面反映其效果，从而可以作为评估指标。一系列关联的评估指标形成了更为有效的评估指标体系。为保证指标体系这一度量工具的科学性、有效性和可信度，本章主要遵循以下设计原则：一是目的性原则，根据人才政策测评的目的、对象、情境的不同，设计不同类型的指标体系和不同复杂程度的计量方法；二是科学性原则，处于同一个标准体系中的各种指标相互配合，在总体上能够科学地反映人才政策实施所需具备的因素及功能的主要特征；三是突出重点原则，人才政策实施评价指标的设计尽量简单、简练，每一指标具有明确的定义；四是明确具体化原则，设立的人才政策评价标准在同一层次上互相独立、没有交叉，设立的标准可辨别、比较和测评，为每个指标确定测评标度时，能用数量化的形式表示。另外，特别要注意作为评判依据的相关数据的权威性和可获得性。

（二）设计方法

人才政策效果评估指标是指政策评估要考察的变量，它将政策实施目标进行具体化，是进行政策调查和数据获取的基础。但是，由于人才政策自身是一个复杂且难以准确界定的政策体系，且有些指标的数据难以获取，所以，要做到全面反映政策各方面的效果是比较困难的。本章主要通过尝试总结借鉴前人经验，结合研究实际，构建本章的指标体系，尽可能挑选出最有效的评价指标构成评估指标体系。

首先，在人才政策发展战略的指导下，界定人才政策实施效果评估的内涵、目标及对象。其次，在大量查阅国内外人才政策及启示、人才政策方面的相关理论研究和实践成果的基础上，以人力资本理论、政策过程及政策评估理论、利益相关者理论等为依据，深入分析科技人才政策实施效果形成机制及综合因素等，依据以下逻辑框架设计评估指标体系。

依据以上逻辑框架，首先设计出指标体系的层次结构及初步的二级指标，再通过专家访谈和问卷调查进行修正并细化到三级指标。对初步构建的指标体系进行检验和修正的方法如下：一是专家检验。将指标体系制成专家咨询表和访谈提纲，采用电子邮件、电话咨询、现场访谈等方式，邀请相关专家进行筛选，删除隶属度偏低的指标，综合专家修改意见完善指标。二是实证检验。运用指标体系进行试评估，检验指标体系和评估方法的科学性及可行性。根据试评估中发现的问题进一步修正指标体系，最终确定评估的指标体系。

二 指标体系建立和指标权重确定

（一）指标体系建立

根据广东省人才政策的实际情况，按照系统性、易理解性、数据易得性的原则，采用专家座谈会及调查分析方法，借鉴目前较为成熟的指标体系[①]，

---

① 顾玲琍、王建平、杨小玲：《科技人才政策实施效果评估指标体系构建及其应用研究》，《中国人力资源开发》2019 年第 4 期。

考虑人才政策实施效果评估的质量要求，采用三级树状式指标体系结构。首先，根据设计目的，目标层为"广东省人才政策实施效果"。其次，确定人才政策实施效果评估的基本维度和要素（一级指标），即第一级指标反映广东省人才政策实施效果的主要评估要素，包括人才政策知晓度、人才政策认可度、人才政策执行度、人才政策受益度四个一级指标。在此基础上再细化分解出 10 个二级指标、26 个三级指标，形成结构合理的递阶指标体系结构。

第一，人才政策知晓度，主要评估政策对象对于政策的了解广度及知晓程度。该指标下设政策知晓程度和政策知晓途径两个二级指标，具体考察政策名称知晓度、政策受益范围知晓度以及政策要点知晓度等内容。

第二，人才政策认可度，主要评估政策对象对于政策内容、手段、主要内容及对政策目标受益的认可程度。该指标下设对政策内容的认可和对政策目标受益的认可两个二级指标，具体考察政策内容的易理解性、政策手段的有效性、政策的延续一致性以及政策的公平性等内容。

第三，人才政策执行度，主要评估政策实施过程中，政策执行的实际操作流程、程序的贯彻落实情况以及政策实施后的直接绩效表现。该指标下设政策贯彻落实和政策直接产出两个二级指标，具体考察政策落实部门责任明晰度、部门协调性，政策执行中的可操作性和流程复杂性，以及政策受益人才数量等方面情况。

第四，人才政策受益度，主要评估人才政策对受益主体及其所属组织和全社会成果产出和经济效益等的效果显现。该指标下设目标群体受益、单位人才结构变化、单位效益成果增加、社会综合效益提高 4 个二级指标，具体考察政策执行之后受益主体的生活保障、待遇、学术、科研和社会地位的受益情况，受益主体所在组织通过人才政策的实施产生的人才结构变化，由此带来的利润、税收和收入的增长，以及人才政策执行后对全社会产生的产业发展、环境营造等综合影响。

（二）评估指标权重的确定

综合考虑到权重设计的科学性和可操作性，对以上构建的评估指标体系，采用专家评定法确定三级指标的权重。首先拟订各个指标重要性评价表，请来自高校、科研院所、企业的专家做出评价。每个指标按照重要性分为 A 很重要、B 比较重要、C 一般重要、D 不太重要、E 完全不需要五个级别。将对照结果进行 t 检验及 χ^2 检验，取平均值并检查误差，并对平均值取整处理。将全部专家评价累加求平均值，并对平均值取整处理得出二级指标体系和三级指标体系的权重（见表4-1）。

表4-1　　　　　人才政策实施效果评估指标体系及权重

一级指标	二级指标	三级指标
知晓度（10%）	政策的知晓度（5%）	人才引进政策名称和政策受益范围知晓度（3.5%）；人才引进政策要点知晓度（1.5%）
	政策的知晓途径（5%）	人才引进政策的知晓途径（5%）
认可度（15%）	对政策内容的认可（7%）	政策的易理解性（2%）；政策手段的有效性（2%）；政策的公平性（1.5%）；政策的一致性（1.5%）
	对政策目标受益的认可（8%）	政策目标受益认可度（8%）
执行度（25%）	政策贯彻落实（10%）	政策落实主管部门责任明晰度（2%）；受益主体所需准备材料复杂性（3%）；政策落实程序可操作性（3%）；政策涉及相关部门协调性（2%）
	政策直接产出（15%）	政策引进人才数量（15%）
受益度（50%）	目标群体受益（13%）	基本生活保障、待遇受益度（5%）；学术、科研、工作平台受益度（5%）；政治社会地位受益度（3%）
	单位人才结构变化（12%）	引进人才年龄结构和学历结构变化（12%）
	单位效益成果增加（15%）	引进人才获科研奖励所占比例变化（3.5%）；引进人才申请发明专利数变化（3%）；科技成果转化变化（1.5%）；利润变化（2%）；税收变化（2%）；收入变化（3%）
	社会综合效益提高（10%）	对尊重知识、尊重人才意识的影响（3%）；对综合竞争力的影响（3%）；对高新技术产业发展的影响（4%）

资料来源：根据课题组调查问卷的数据整理得到。

三　人才政策实施效果评价结果

（一）评价方法

本章采用文献收集法、专家会议法、问卷调查法等对广东省人才政策实施效果进行评估。邀请人才政策的制定者进行座谈，了解政策制定的背景、目的及预期达到的效果；邀请人才政策的目标群体进行座谈，了解他们对政策的认可度，征求对政策实施的意见；邀请与人才政策有关的单位管理人员进行座谈，了解政策的执行情况及对政策实施的效果评价等。评估组根据评估目标需要，认真设计了调查问卷，将指标体系中涵盖的评估指标都纳入调查问卷中，向与广东省人才政策有关的单位、企业和个人开展广泛的问卷调查。调查对象主要是政府的人才管理机构、高新技术企业、研究型组织和学校中的高层次人才、骨干科技人才、人力资源管理者以及有关社会组织的高层管理人员等。调查对象工作单位（机构）所在区域为珠三角地区和粤东西北地区，其单位（机构）性质包含高校、科研院所、国有企业、外资企业、民营企业及其他。

问卷调查历时一个月获取 4851 份有效问卷。问卷中对评估指标制定了详细的五级评分标准，对因素的判断分为：效果很好 95 分，效果较好 85 分，效果一般 75 分，效果有限 65 分，效果不好 55 分。问卷调查结束后进行统计分析，从而获取所需的评估数据。最后，对收集到的信息和问卷调查结果进行综合分析，经加权汇总后得到最终的评估结果。

（二）省级层面分析

评价结果显示，广东省人才政策的总体实施效果良好，总评分为 70.12 分，但是仍然存在一些需要改进的地方。前二级指标的得分如表 4-2 所示。

表 4-2　　　　　　广东省人才政策实施效果评价结果

一级指标	评分	二级指标	评分
A1 知晓度（10%）	72.86	B1 政策的知晓度（5%）	72.61
		B2 政策的知晓途径（5%）	73.10
A2 认可度（15%）	70.47	B3 对政策内容的认可（7%）	70.78
		B4 对政策目标受益的认可（8%）	70.19
A3 执行度（25%）	69.54	B5 政策贯彻落实（10%）	70.35
		B6 政策直接产出（15%）	69.00
A4 受益度（50%）	69.76	B7 目标群体受益（13%）	70.46
		B8 单位人才结构变化（12%）	69.09
		B9 单位效益成果增加（15%）	70.44
		B10 社会综合效益提高（10%）	68.63

资料来源：根据课题组调查问卷的数据整理得到。

第一，对广东省人才政策知晓度的评价，该项指标的评分为 72.86 分。其中政策的知晓途径评价相对高，目前政策对象及其单位对人才政策的了解途径主要通过互联网、传统媒体以及相关部门政策培训、政策介绍或宣讲等,在政策的宣传上,各类媒体和传播手段已经得到广泛应用并取得了较好的效果,但是仍需要加强对政策的宣传介绍。对政策知晓度的评价结果说明,政策对象对于人才政策的知晓程度也较好,人才政策措施的宣传普及工作取得了一定成效,但深度、广度还有待加强。调查结果显示,对广东省市出台的一系列人才政策,相关单位及政策对象都苦于没有统一、畅通、固定、及时的知晓途径和渠道。对重点政策知晓度的评估结果显示,政策对象较为熟悉的是《广东省人才发展条例》《关于院士工作站建设的管理办法》《"珠江人才计划"引进创新创业团队管理服务办法》,而对其他政策的知晓率有待提高。

第二,对广东省人才政策认可度的评价,该项指标的评分为70.47分。对政策内容的认可度、对政策目标受益的认可和评价结果相似,政策对象对现行人才政策的有效性给予了充分的认可,在对近年来人才政策目标是否得到有效实现的评价问题上,对政策目标受益的认可这一指标评分说明调查对象对人才政策措施总体上是认可的,超过半数的被调查者对此评价较高。但有部分对象对政策还有更高的期望,需要在充分了解其需求的基础上不断完善。

第三,对广东省人才政策执行度的评价,人才政策的执行过程及效果直接关系到政策的实施绩效,该项指标的评分为69.54分。调查结果表明,人才政策总体执行情况基本得到肯定,但评估结果也反映出此项指标有上升空间,执行力度需进一步加大,同时在执行过程中还需注意各项政策之间的协调平衡。调查表明,政策执行中的主要问题是资料准备过于繁复、审批周期过长、审批手续过于烦琐。体现出企业和人才对简化手续、畅通流程有着较为迫切和集中的要求。现行的人才政策措施或多或少存在着缺位、错位、落实不到位等现象,致使政策措施整体功能的发挥受到影响。此外,人才政策与企业的需求吻合度不高,一方面,引进的人才往往集中于高校、科研机构及大型国企;另一方面,人才政策鲜少考虑中小企业的科技发展需求,这既是延伸政策制定的前端科学性评价反馈,又可为后续政策出台提供思路方向。

第四,对广东省人才政策受益度的评价,此项指标是权重最大的评估要素,评分为69.76分。4项二级指标评分都在70分左右,单位人才结构变化69.09分,在引进人才对优化单位人才结构作用方面,最主要体现在"增加高层次人才数量",人才政策确实对企事业单位的发展起到了积极作用，有助于促进人才结构优化、科技成果数量增加和质量提高以及科技成果转化。此外，单位效益成果增加指标70.44分的评价结果说明，人才政策对全社会尊重人才意识的强化、社会综合竞争力的提升以及创新氛围的营造等都起到了良好的促进作用。对于政策对象群体的受益度评估，生活保障方面最大的受益是户籍和配偶子女安置，科研工作方面受益最多的是政府资金支持，这两方面受到了较多的关注，对引进人才作用的发挥起到了较大的促进作用，政策对象已经从人才政策中获得了一定收益，但受益面有待拓展，软环境需进一步优化。

（三）区域层面分析

评价结果显示，珠三角地区政策的总体实施效果较好，珠三角地区在知晓度（73.14）、认可度（70.82）、执行度（69.74）、受益度（69.99）四个方面的评分均高于全省平均水平；而粤东地区的四个指标均低于全省平均水平，但相对来说，粤东地区的指标得分更接近全省平均水平，其次是粤西地区和粤北地区。广东省各地区人才政策实施效果评价结果如图4-4所示。

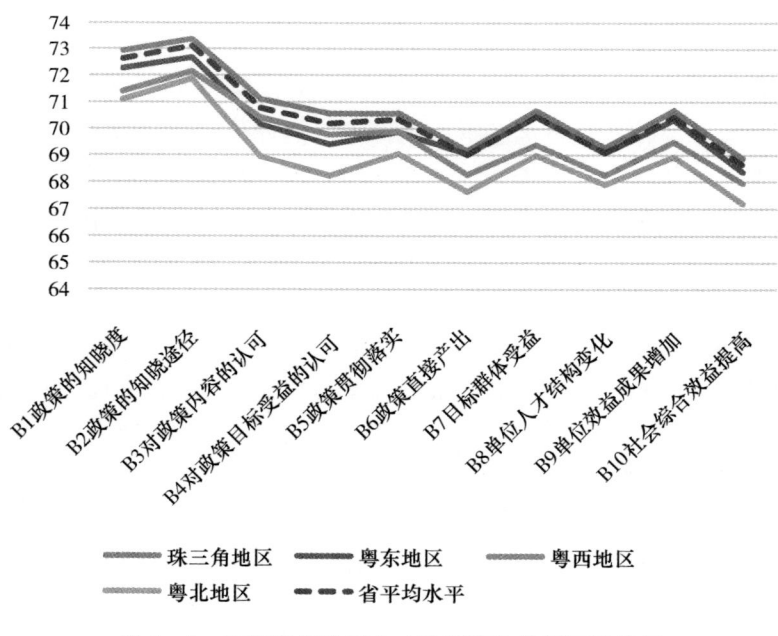

图4-4 广东省各地区人才政策实施效果评价结果

第一,珠三角地区的人才规模优势明显,人才投入大幅增长。人才发展制度建设方面,以 2008 年广东省委、省政府《关于加快吸引培养高层次人才的意见》为开端,珠三角地区掀起了新一轮吸引和培养高层次人才的热潮,提出多项人才发展新举措,带动全省形成重才、识才、揽才、用才的浓厚氛围。如佛山人才新政 23 条指出,创新创业团队的平均资助额为 800 万元,最高可达 1 亿元;领军人才最高的住房补贴为 400 万元,博士和博士后在 20 万至 30 万元,硕士本科每年补贴 6000—9000 元。珠三角各地市均在人才引进集聚上发力,其中广州、深圳、珠海等地市推出含金量满满的人才新政招揽四方英才。

第二,粤东地区的人才政策认可度有待增强。从省级层面看,近年来对粤东地区人才帮扶力度逐渐加大,但相对于珠三角地区,甚至相对于粤西地区,粤东地区的人才政策认可度仍有一定差距。以三大人才工程为例,"珠江人才计划""广东特支计划"虽面向全省各地市人才进行资助,但粤东地区的入选人才数量与发展需求相比仍然不足。"扬帆计划"虽专门针对粤东西北地区开设,但其资助力度远不及其他两大人才工程,如紧缺拔尖人才项目将兼职来粤东西北地区工作的高层次人才排除在外,受惠面较窄。

第三,粤西地区的人才政策知晓度不高,招才引智信心不足。通过对部分地市人才工作的具体负责人员进行调查发现,部分地市对人才工作信心不足、重视不够,对省市人才政策的宣传推介力度不够大,多是在政府部门的网站上发布信息,未能深入当地企业、园区乃至珠三角地区、省外去宣传相关人才政策及本地产业优势与特色,导致人才工作进展缓慢、政策知晓度较低。有些地市的受访者甚至对相关人才政策一知半解,使得高层次人才未能充分有效了解当地政策,很大程度上限制了人才政策的宣传普及。

第四,粤北地区的人才政策整体效应有待加强。粤东、粤西、粤北地区 12 个地级市中仅清远(粤北)、河源(粤北)、汕头(粤东)、湛江(粤西)、茂名(粤西)5 市的高新区被认定为国家级高新区,且高等院校、科研机构、新型研发机构、孵化器、众创空间等创新平台载体数量与珠三角地区差距大。粤北地区的清远正打造"广东省职教城",为广东高质量发展培养输送高技能人才。但当地产业承接高层次人才能力较弱,人才引进后从事创新研发的支撑条件不足,个人发展的空间小,导致人才引不进、留不住。加之粤北地区就业机会较少,本地走出去的大部分大学生不愿意回乡工作,而是留在了珠三角等发达地区,使粤北地区成为人才净流出的大户。

第三节 人才政策特征与实践经验

一 政策特征

（一）人才工作机制的灵活性

人才工作机制的灵活性体现在以下方面：一是注重政策统筹，2013年，广东省出台了《关于进一步加强广东省党管人才工作的意见》，强调完善党委统一领导，组织部门牵头抓总，职能部门各司其职、密切配合，社会力量广泛参与，注重发挥用人单位主体作用的人才工作格局。二是注重政策推进，每年不定期召开省人才工作领导小组会议，主要研究审议全省人才工作重大决策、重大事项，听取有关部门人才工作汇报，部署安排重大人才工作。三是注重政策落实，制定了《广东省人才工作领导小组成员单位工作责任制》，明确各成员单位工作职责，建立年度述职制度和科学决策机制、联络协调机制和督办落实机制，加强全省人才工作的统筹协调，提升人才工作合力。四是完善组织架构，明确要求各市、县人才工作领导小组组长由同级党委书记担任，将人才工作列为落实党建工作责任制情况述职的重要内容，推动全省21个地市组织部成立人才工作处（局、科）或人才办公室，落实机构、岗位和人员，其中，中山市成立人才工作局，东莞市、佛山市南海区等地成立了较高规格的人才办，并配备较强的工作力量。

（二）体制机制改革的先进性

体制机制改革的先进性体现在以下两方面：一是在顶层设计方面，以省委、省政府的名义先后印发了《关于加快吸引培养高层次人才的意见》《关于印发〈广东省中长期人才发展规划纲要（2010—2020年）〉的通知》《关于广东省深化人才发展体制机制改革的实施意见》等重要文件，明确了广东省人才发展的思路、目标、任务和政策举措。二是在重点领域、重点工作出台了一系列制度和规定，各地市也相继出台了配套政策，形成了上下衔接、多层次、立体化的人才政策体系，在人才引进、培养、评价、激励、服务等各个环节大胆突破创新。例如，2015年，开展高水平大学建设人事制度改革试点，在全国率先下放岗位设置权、公开招聘权、职称评审权、薪酬分配权、人员调配权，放权范围和力度全国领先。2016年，争得公安部同意后，出台了支持广东自贸区建设及创新驱动发展出入境政策和相关配套文件，解决海外人才出入境和停留居留不够便利的问题。2017年，深圳颁布实施了《深圳经济特区人才工作条例》，将人才工作实践上升到法律层面。

（三）重点工程实施的系统性

近年来，广东省积极推进落实国家重大人才工程，并围绕广东省创新驱动发展战略、粤东西北振兴发展战略，组织实施了包括"珠江人才计划""广东特支计划""扬帆计划"在内的省三大人才工程，持续加大引进培养力度，打造人才工作品牌，集聚一批高层次人才来粤创新创业。重点人才工程实施的持续性体现在：一是实施"珠江人才计划"，大力引进创新创业团队和领军人才。从2009年开始，广东省启动实施"珠江人才计划"，在全国率先开展"团队"引才，聚焦重点产业、核心技术，突出高精尖缺，面向海内外引进国际一流水平的创新创业团队和领军人才。2016年以来，"珠江人才计划"又增加"海外专家来粤短期工作资助计划""海外青年人才引进计划（博士后资助项目）"两个子项目。同时，将领军人才范围扩大到涵盖科技创新领军人才、高端经营管理人才、金融人才、青年拔尖人才等。目前，"珠江人才计划"已成功引进一大批海内外高层次人才团队来粤创新创业，引才成效显著。二是实施"广东特支计划"，大力培养本土人才。为形成与"珠江人才计划"引进人才相衔接的高层次人才培育体系，对应"国家特支计划"（即"万人计划"），广东省于2014年启动实施"广东特支计划"，面向自然科学、工程技术和哲学社会科学领域，遴选支持一批杰出人才、领军人才、青年拔尖人才。2017年，"广东特支计划"加大资金支持力度，将资助金额提升至每人50万至100万元，并将经费用途由科研工作经费调整为生活补贴，让广大人才有更大的获得感。其中，杰出人才（原"南粤百杰"）共有4人成功当选中国工程院院士。三是实施"扬帆计划"，助推粤东西北人才发展。2012年，广东省围绕加快粤东西北地区振兴发展战略，启动实施"粤东西北地区人才发展帮扶计划"（简称"扬帆计划"），下设竞争性扶持市县重点人才工程、引进创新创业团队、引进紧缺拔尖人才、培养高层次人才、培养高技能人才、博士后扶持等8个子项目。

（四）服务保障体系的全面性

近年来，广东省积极构建主体多元、功能齐全、运转高效、服务便捷的人才综合服务体系，致力于打造吸引人才新优势，搭建培养人才新平台，汇聚各方精英，构筑人才高地。人才综合服务保障体系的全面性，体现在：一是优化升级高层次人才服务。设立高层次人才服务专区，实现高层次人才引进随报随批并及时办结调动手续，享受户籍居民同等待遇。打造网上"一站式"服务平台，实行"一条龙"服务模式，高层次人才足不出户便可快速办理落户、出入境、子女入学等26项业务。与相关的18个省直和中央驻穗部门网站进行对接，建设网上审批服务"高速公路"，实现单项联网审批。加强院士专家医疗保健服务，定期组织院士专家休养考察活动。二是整合人才公共服务机构。推动出台《关于加强广东省人力资源市场管理工作的意见》，修订《广东省人才市场管理条例》和《广东省职业介绍管理条例》，并整合省人力资源服务机构，实行统一管理、统一监督、统一许可。截至2017年底，全省共发放人力资源服务许可证3400余个。在财政投入和人员编制方面对公共就业和人才服务机构予以倾斜，积极构建省、市、县（区）、乡镇（街道）四级公共就业服务体系。三是搭建国际人才供需对接平台。搭建广州"留交会"[1]、深圳"高交会"和"国际人才交流大会"等国家级高端人才交流合作平台，打造"中山人才节""东莞人才周"等在全国有一定影响力的人才交流平台，吸引海外高层次人才。四是加强人才政治引领和政治吸纳。制定《关于进一步加强联系服务高层次人才工作的实施意见》，领导带头联系服务高层次人才，加强对人才的团结教育引导，充分发挥人才决策咨询作用，推进联系服务高层次人才工作制度化、科学化、常态化。举办高层次人才和优秀企业家研修班，大力宣传党的路线方针政策和国情党史，增强党对人才的感召力、凝聚力和向心力。

二 地方经验

（一）珠三角地区：以品牌项目打造人才工程

第一，多措并举引进专业技术人才，代表城市是广州。针对职教人才不足的问题，2019年9月，广州市教育局等五部门印发《广州市职业教育高层次人才引进办法（试行）》，该办法为广州市"广聚英才计划"子项目"羊城工匠计划"的配套实施文件，目的是加快发展现代职业教育，开辟引进人才的绿色通道，满足职业教育事业单位对高层次人才的迫切需求。在引进对象上，政策覆盖"拥有丰富行业经验，且在用人单位开设的专业相关领域掌握先进核心技术的大中型企业（工厂）技术带头人"；在引进方式上，开通

---

[1] 2016年改名为"中国海外人才交流大会暨第18届中国留学人员广州科技交流会"。

引进高层次人才的"绿色通道",实行一事一议、随时受理、限时办结。

第二,灵活多样开展引才品牌活动,代表城市是东莞。东莞围绕"引进来"与"走出去"并举的思路,逐步完善品牌活动体系。2014年以来,东莞市委组织部联合有关市直部门每年举办"海内外高层次人才东莞行""东莞高层次人才活动周"等活动,每年邀请近200名海外高层次人才来莞,通过创新创业环境推介、项目路演、市情考察等活动形式,以及"一对一"经纪人对接服务,为人才搭建项目交流、落地服务、资本对接平台;2016年起,东莞依托松山湖高新区,每年举办创新创业大赛,其中包括在欧洲、美国、中国台湾、香港等地设立境外分赛场,得到当地人才积极响应和参与。

(二)粤东地区:以专项工作推进人才工作

第一,结合疫情防控工作实际提供人才服务,代表城市是潮州。新冠肺炎疫情暴发期间,潮州市第一时间引导人才投身抗疫,发布《潮州市人才专家疫情防控服务指引》,通过国际潮籍博士联合会发出《倡议书》,发动海外潮籍人才参与抗击国内疫情。重点联系服务生物医药人才,推动应急技术攻关。组建心理专家团队,开通"护心热线",开展一线医护和执勤人员"护心行动"。落实省委省政府对医务防疫人员激励措施,开通公共卫生人才职称评审、岗位推荐"绿色通道"。多平台宣传推广省"战疫人才贷",助力科研攻关和复工复产。

第二,以侨引才的方式形成雁阵效应,代表城市是汕头。汕头充分利用海内外潮团资源广泛宣传发动,借力美国硅谷、洛杉矶和英国伦敦、加拿大温哥华4个海外人才工作联络站,以及在北京、广州、杭州、青岛建成4个国内人才工作联络站、潮籍博士联谊会、中科协海智计划汕头工作站海外分站等机构团体,做到以侨引才、以潮引才、以才引才。

(三)粤西地区:以产业发展引领人才工作

第一,推动海洋产业人才振兴计划,代表城市是湛江。湛江以涉海平台建设推动涉海人才集聚,打造高水平海洋领域科研平台,比如国家中药现代化工程技术研究中心海洋中药分中心、湛江市海洋经济创新发展促进会、湛江湾实验室等,为促进海洋产业人才发展提供高质量平台。

第二,延伸人才链,做强产业链,加速产业集群成链发展,代表城市是阳江。阳江市坚持产业发展需求导向,积极推行"师带徒""传帮带"等人才培育模式,形成人才培养与重点产业发展互融共进的良好局面。2020年,广东广青金属科技公司与阳江技师学院合作举办新型学徒制电工班，形成"导师带师傅、师傅教徒弟"人才培养链条，全面提升技能人才的综合素质。

（四）粤北地区：以特色项目开展人才工作

第一，打造有地方特色的职教城，代表城市是清远。清远将省职教城作为城市建设的主战场，着力打造一座可容纳25万名高素质人口的新城，以职业教育加快"入珠融湾"步伐，为广东高质量发展提供人才支撑和智力保障。立足战略性新兴产业，广东南华工商职业学院和清远高新技术产业开发区于2020年底建立了战略合作关系，双方将共建新材料应用创新研发平台、产教融合协同创新基地以及就业创业平台，并成立广东工匠学院清远高新区分院、现代学徒制学院。

第二，大力实施数学小镇人才计划，代表城市是梅州。梅州市坚持高端引领、突出创新发展，发挥丘成桐院士的影响力和资源优势，紧扣推动数学基础研究、倡导国际交流合作、致力数学人才成长三大任务，大力实施数学小镇人才计划。2020年11月，梅州召开"卡拉比—丘"数学大会，国内外一流数学家共赏大宇之形，共探数理之源，举行了多场数学研讨会，多位一流数学家作最新研究成果分享；挂牌成立"粤港澳国家应用数学中心梅州分中心办公室"，打造世界各地一流学者聚智交流的重要平台。

第四节　人才政策问题分析

一　人才管理体制机制仍需完善

一是在力量配置方面，人才工作统筹协调力度不强，管理服务深度不足，资源配置手段不全，省、市、县三级组织部门人才工作机构的人员编制数量在全国处于偏下水平，与日趋繁重的工作任务要求不适应。有关部门抓人才工作的职能在"三定方案"里没有明确，省人才工作领导小组部分成员单位还没有专门机构及专职人员负责人才工作。二是在工作推进方面，广东省不少市县的人才工作还存在诸多不相适应的地方，人才工作存在多头管理、缺乏协调、力量分散等问题，缺乏人才工作统筹规划、协调发展的运行机制。三是由于部分重要政策细化不够、操作性不强、宣传培训不足且督促检查不到位，也导致了政策难以落实落地，许多人才服务止步于"最后一公里"，无法最大限度释放政策红利。

第四章　广东省人才政策与分析

二　人才培养模式体系仍需优化

一是财政科研项目人才培养方式相对单一，目前广东省对人才创新创业的支持仍主要限于财政资金扶持，对国际交流、资本对接、创业辅导、风险投资、法律和知识产权等服务支持明显不足。二是财政科研经费投入多是"见物多，见人少"，且科研项目的支持方式相对单一，缺少弹性，未能根据基础和前沿研究、技术创新、试验开发、成果转化这一创新链条实行差异化支持模式，更是无法突出对基础研究人才智力投入的支持力度，对其长期稳定支持更是无从谈起。三是青年人才支持力度不够。青年人才培养方面，受限于学术资历等原因，青年人才在申请课题、申报高层次人才项目、加入高水平团队等方面竞争力不足。加上现有青年人才项目多为拔高性项目，定位雷同，重复人选现象严重，而项目入选与科研资源分配、职务晋升、评奖及生活待遇等密切挂钩，直接导致学术资源两极分化现象严重。

三　人才激励力度范围仍需扩大

一是人才分享创新成果收益制度不健全，分享成果转化收益的政策规定难以落地，容易造成部分科研人员以评职称争取科研经费为导向，轻视科技成果的转化应用，促进科技成果转化的动力严重不足。二是人才评价尚未形成以代表性创新成果为核心导向，在现有年度定量考核制度下，大量科研人员被引导到"短平快"项目上。科技评价和人才评价功利性过强，创新失败容错机制不够，影响人才对创新、冒险的兴趣和内驱力，阻碍对新领域的探索。在有可能取得重大突破、同时风险度较高的关键研究"点位"上，科技人员由于担心失败，或在现有职称评价制度中"等不起""耗不起"，而不敢恋战或绕道而行。三是科研人员财税制度不完善，部分高校、科研院所科研人员的科技成果转化收入并不是直接发放到科研人员手中，而是转到科研人员项目经费账户上，烦琐的项目经费报销流程，一定程度上影响了科研人员推动成果转化的积极性。

四　人才服务保障能力仍需提升

一是尚未真正形成崇尚创新、宽容失败的环境氛围，由于传统经济对资源的依赖性，形成了重物质资源开发、轻人才开发的惯性思维，更多地强调项目、资金等有形条件，轻视甚至忽视人才智力等无形资源，鼓励创新、宽容失败的社会氛围和法治环境尚未形成，人才、机构、平台、资金等创新要素没有充分活跃起来。二是人才发展的法治环境仍待加强，目前广东省的人才制度建设仍以政策规范为主，没有上升到法律规范的高度，人才工作体制机制方面的不足和弊端仍然缺少强有力的法律保障。三是确保人才安心工作的生活环境问题仍未完全解决，包括住房问题、国际人才子女教育问题、外籍人才参加社会保险问题等。

第五节　人才政策发展的对策建议

一　构建多层次人才培养机制

一是发挥高校优势，培育创新人才。基于创新驱动发展战略和经济社会发展需求，广东要培养具有创新精神与国际视野的创新型综合人才、专业人才和领军人才，以推动创新产业的发展和传统产业的转型升级。加强与港澳地区知名高校的交流与合作，充分利用地缘优势加强与港澳高校的师生交流，配合区域发展需求，打造多层次新工科拔尖人才培养体系。二是以企业为主导，创新培养模式。深入推进新一轮省部院产学研合作，鼓励企业与高校、科研院所开展产学研合作，建设更多的院士工作站、科技特派员工作站、博士后科研工作站、博士工作站、工程技术研究中心等科研平台，为企业培育人才筑巢搭台。三是依托科研平台，加快集聚人才。充分发挥重点实验室的高端引领作用，支持重点实验室探索符合科研规律和市场经济规律的新型管理体制和运行机制，面向海内外选好建设带头人，大胆挑战世界科学前沿和重大科学问题，培养集聚一批具有重大创新潜力的基础研究人才和战略科学家。

二　打造灵活的人才使用模式

一是尊重市场规律，合理配置人才。充分发挥市场在人才资源配置中的作用，促使政府对人才市场的管办分离。加快发展广东高级人才市场、专业市场和无形市场，积极创造有利于人才自由流动的条件。打破人才流动的体制性壁垒和障碍，鼓励人才在不同产业、行业地域、职务间有序流动，把人才配置到最合理、最能创造价值、最有效率的地方，实现人才资源的优化配置。二是紧贴产业需求，鼓励自主研发。根据广东产学研深度结合的协同创新要求，围绕生物医药、高端装备制造、新材料、信息与软件服务等产业基地建设，引入社会资本，推行"人才+项目""人才+产业""人才+课题"等多样化、项目化、协同化的人才开发使用模式。三是完善分配制度，激发人才活力。进一步完善科技成果处置、收益和分配有关的制度，下放科技成果转让、许可或者作价投资等权力，加大对成果完成人和转化工作做出重要贡献人员的激励力度，激发人才创新创业的活力。

三 稳步推进人才激励多样化

一是规范成果收益，增强物质激励。建立绩效工资总额增长与绩效考评挂钩制度，高校、科研院所超额完成考核指标的，可按一定比例增加绩效工资总额。建立健全符合国际规则和国情需要的创新产品和服务采购政策体系，落实和完善政府采购促进中小企业创新发展的相关措施。二是突显人才荣誉，丰富精神激励。建立广东人才荣誉制度体系，坚持"物质利益和精神激励相结合、突出精神激励"原则，加强对创新人才的精神激励，鼓励高层次人才积极申报粤港澳三地科学技术奖等重大奖项，增强创新人才的荣誉感和使命感。三是注重成果转化，完善激励制度。创新广东科研成果转化收益分配机制，授予高校、院所研发团队研发成果的使用权、经营权和处置权。

四 优化和创新人才评价制度

一是明确评价标准，注重德才兼备。广东探索实行分类评价，突出品德评价，科学设置评价标准，注重依靠实践和贡献评价人才，改变重学历轻能力、重资历轻业绩、重论文数量轻科研成果质量的倾向。改进"珠江人才计划"等重大人才工程及创新人才评价和考核方式。二是创新评价方式，优化职称评审。发挥政府、市场、专业组织、用人单位等多元评价主体作用、建立多维度人才评价标准，建立高层次人才积分制认定办法，对人才进行综合量化评价。试点采取市场化方式，由天使投资、风险投资等投资管理机构推荐有发展潜力的青年创新人才，且投资机构投资须向青年创新人才创办企业投入一定规模的资金。三是推进评价改革，开展动态考评。建立健全以科研诚信为基础，以创新能力、质量、贡献、绩效为导向的创新人才评价体系。实行代表性成果评价，突出评价研究成果质量、原创价值和对经济社会发展的实际贡献。

五　全方位完善人才保障体系

一是加强人才合作，深化国际交流。建立高度国际化的人才合作机制，借助广东地缘优势、出入境便利政策和已有合作基础，充分发挥社会组织的枢纽和桥梁作用，进一步加强与港澳商会、行业协会、法定机构、国际组织和社会团体的紧密联系，推动建立政府与社会良性互动的"粤港澳人才工作联盟"，促进粤港澳各阶层、各行业、各领域开展跨境人才交流合作。二是做好精细服务，提供全面保障。建立高度精细化的人才服务保障机制，依托前海企业公馆、深港青年梦工场、南沙科创中心、粤港文化创业园等载体，在企业注册、办公场地、创业辅导、创业融资等方面为港澳创业人才提供专业服务。三是以法治促发展，设立服务机构。建立高度法治化的人才发展环境，在与港澳开展人才合作和紧密互动过程中，充分借鉴港澳及国际先进人才立法经验，利用深圳、珠海特区立法权和广州较大市立法权，率先建立与港澳相仿、与国际接轨的人才法律法规政策体系。

总之，科学系统有效的人才政策是推动科技人才队伍建设，激发人才活力动力的制度保障。本章介绍了构建指标体系的原则和逻辑框架，运用专家访谈、问卷调查等方法，构建了包括 4 个一级指标、10 个二级指标、28 个三级指标的科技人才政策实施效果的评估指标体系，并且运用这一指标体系对广东科技人才引进政策开展了实施效果评估。总体来看，广东省人才政策取得了较好的实施效果，下一阶段政策制定和实施过程中的着力点包括：一是更新理念，完善人才工作机制，包括人才的发现、引进与评价机制，人才工作的组织、服务、监督、评估机制等；二是加大政策宣传力度，提高政策知晓度；三是完善人才引进政策服务体系，加快政策配套细则的出台；四是增强政策操作过程的规范性和便捷性；五是加大重点引进人才政策的支持力度，探索针对重点行业和领域人才的持续性政策支持；六是在人才全面发展的政策内容与方式上提升广东自身的特点与亮点。

人才政策的制定、出台、落实和反馈是一个复杂多元的系统，不同发展地区的科技人才政策取向、目标和内容也会存在较大的差别，即便相同的政策需求和手段在不同的政策实施主体和实施环境中也可能呈现差异较大的政策效果。因此，建议广东省未来应该围绕创新驱动发展战略、人才强省战略，出台一系列政策举措，着力培养和引进高层次与高技能人才，打造国际人才新高地。

附录 4-1　中共中央、国务院及各部委出台的人才政策（2016 年至今）

性质	发文单位	时间	政策文件
中央文件	中共中央	2016.3	《关于深化人才发展体制机制改革的意见》
	国务院办公厅	2016.3	《全民科学素质行动计划纲要实施方案（2016—2020年）》
	中共中央办公厅 国务院办公厅	2016.5	《关于进一步引导和鼓励高校毕业生到基层工作的意见》
	国务院办公厅	2016.11	《关于支持返乡下乡人员创业创新促进农村一二三产业融合发展的意见》
	国务院	2017.7	《关于强化实施创新驱动发展战略　进一步推进大众创业万众创新深入发展的意见》
	国务院办公厅	2017.12	《关于深化产教融合的若干意见》
	国务院办公厅	2017.12	《关于推动国防科技工业军民融合深度发展的意见》
	国务院	2018.1	《关于全面加强基础科学研究的若干意见》
	中共中央办公厅 国务院办公厅	2018.2	《关于分类推进人才评价机制改革的指导意见》
	国务院	2018.3	《积极牵头组织国际大科学计划和大科学工程方案》
	中共中央办公厅 国务院办公厅	2018.3	《关于提高技术工人待遇的意见》
	中共中央 国务院	2018.4	《关于支持海南全面深化改革开放的指导意见》
	中共中央办公厅 国务院办公厅	2018.5	《关于进一步加强科研诚信建设的若干意见》
	中共中央办公厅 国务院办公厅	2018.7	《关于深化项目评审、人才评价、机构评估改革的意见》
	国务院	2018.7	《关于优化科研管理提升科研绩效若干措施的通知》
	中共中央 国务院	2019.2	《中国教育现代化 2035》
	国务院办公厅	2020.7	《关于支持多渠道灵活就业的意见》
	中共中央 国务院	2020.10	《深化新时代教育评价改革总体方案》
	中共中央办公厅 国务院办公厅	2021.2	《关于加快推进乡村人才振兴的意见》

续表

性质	发文单位	时间	政策文件
部门文件	科技部、财政部、人力资源和社会保障部	2017.10	《中央级科研事业单位绩效评价暂行办法》
	教育部、人力资源和社会保障部	2017.10	《高校教师职称评审监管暂行办法》
	科技部	2017.11	《国家技术创新中心建设工作指引》
	中共中央组织部、人力资源和社会保障部、教育部等	2017.11	《高校毕业生基层成长计划》
	人力资源和社会保障部办公厅	2017.11	《关于在部分系列设置正高级职称有关问题的通知》
	工业和信息化部、国防科工局	2018.1	《国防科学技术奖励制度改革方案》
	中共中央组织部办公厅、人力资源和社会保障部办公厅等九部门	2019.12	《关于做好2019年高校毕业生"三支一扶"计划实施工作的通知》
	人力资源和社会保障部、财政部、农业农村部	2019.12	《关于进一步推动返乡入乡创业工作的意见》
	人力资源和社会保障部、国家统计局	2020.3	《深化统计专业人员职称制度改革》
	人力资源和社会保障部、财政部、国务院扶贫办	2020.6	《关于进一步做好就业扶贫工作的通知》
	人力资源和社会保障部、教育部、国务院扶贫办	2020.7	《关于进一步加强贫困家庭高校毕业生就业帮扶工作的通知》
	人力资源和社会保障部、教育部、财政部、商务部、国务院国有资产监督管理委员会、共青团中央、全国工商联	2020.7	《全国工商联关于进一步加强就业见习工作的通知》
	人力资源和社会保障部	2020.7	《关于开展人力资源服务行业促就业行动的通知》
	中共中央组织部、人力资源和社会保障部、教育部、科技部、民政部、财政部、共青团中央	2020.8	《关于实施高校毕业生就业创业推进行动的通知》
	人力资源和社会保障部办公厅	2020.9	《关于做好共享用工指导和服务的通知》
	人力资源和社会保障部、工业和信息化部	2021.2	《关于深化工艺美术专业人员职称制度改革的指导意见》
	人力资源和社会保障部、司法部	2021.7	《关于深化公共法律服务专业人员职称制度改革的指导意见》

附录4-2　广东省人才政策汇总表（2016年至今）

序号	政策名称	颁布时间
1	《广东省促进科技成果转化条例》	2016
2	《关于进一步促进科技成果转移转化的实施意见》	
3	《广东省南粤突出贡献奖和南粤创新奖评选奖励办法（试行）》	
4	《广东省外籍高层次人才认定办法》	
5	《广东省自主创新促进条例》	
6	《"珠江人才计划"引进创新创业团队管理服务办法（试行）》	2017
7	《关于加快新时代博士和博士后人才创新发展的若干意见》	
8	《关于开展外籍和港澳台高层次人才认定工作的通知》	
9	《关于我省深化人才发展体制机制改革的实施意见》	
10	《广东省人民政府关于表彰第44届世界技能大赛我省获奖选手和为参赛工作作出突出工作的单位及个人的通报》	
11	《广东省人才发展条例》	2018
12	《关于华侨回国定居办理工作的实施办法（试行）》	
13	《广东高校优秀青年创新人才培养计划项目管理办法》	
14	《关于院士工作站建设的管理办法》	
15	《关于印发新时期产业工人队伍建设改革实施方案等三个文件通知》	
16	《关于分类推进人才评价机制改革的实施方案》	
17	《协同推进科技创新人才发展行动方案》	
18	《关于深化职称制度改革的实施意见》	
19	《关于进一步加强职业资格监管服务工作的通知》	
20	《关于加快新时代博士和博士后人才创新发展的若干意见》	
21	《关于进一步做好我省专业技术人员继续教育工作的通知》	

续表

序号	政策名称	颁布时间
22	《广东省全面推行企业新型学徒制实施方案》	2019
23	《关于在工程技术领域实现高技能人才与工程技术人才职业发展贯通的实施方案》	
24	《广东省职业技能提升培训补贴申领管理办法》	
25	《广东省人民政府办公厅关于印发广东省职业技能提升行动实施方案（2019—2021年）的通知》	
26	《广东省推进"实施十项重点群体职业技能提升工程"的工作方案》	
27	《广东省人民政府关于表彰第45届世界技能大赛我省获奖选手和为参赛工作作出突出贡献的单位以及个人的通报》	
28	《中共广东省委办公厅、广东省人民政府办公厅关于加强新时代专业技术人才队伍建设的通知》	
29	《关于加快新时代博士和博士后创新发展的意见》	2020
30	《关于充分发挥市场作用促进人才顺畅有序流动的实施意见》	
31	《广东省进一步稳定和促进就业若干政策措施》	
32	《关于推动"粤菜师傅"工程高质量发展的意见》	
33	《广东省职业技能培训合格证书管理办法》	
34	《广东省职称评审管理服务实施办法》	
35	《广东省农业农村专业人才职称评价改革实施方案》	
36	《广东省专业技术人员继续教育学时登记认定办法》	
37	《广东省人力资源和社会保障厅、广东省工业信息化厅关于印发广东省战略产业集群百万工人技能培训实施方案的通知》	2021
38	《广东省人力资源和社会保障厅、广东省农业农村厅关于印发广东省百万农民技能培训实施方案的通知》	
39	《关于印发广东省参加中华人民共和国第一届职业技能大赛奖励办法的通知》	
40	《广东省人民政府关于表扬中华人民共和国第一届职业技能大赛我省获奖选手和为办赛参赛工作做出突出贡献的单位以及个人的通报》	
41	《关于印发中华人民共和国第一届职业技能大赛经费管理办法的通知》	
42	《关于印发中华人民共和国第一届职业技能大赛竞赛设备设施支持单位遴选办法的通知》	

附录4-3　广东省各地人才政策汇总表（2016年至今）

序号	所属市级	政策名称	出台年份
1	广州市	《关于加快集聚产业领军人才的意见》	2016
2		《关于开展2016年广州市产业领军人才集聚工程各项目申报及"人才绿卡"申领工作的通知》	
3		《中共广州市番禺区委、广州市番禺区人民政府〈关于加快集聚产业领军人才的实施意见〉》	
4		《中共广州市番禺区委组织部等三部门印发〈番禺区高层次人才服务保障制度〉的通知》	
5		《广州市教育局关于遴选推荐广州市基础教育系统新一轮"百千万人才培养工程"第三批名校（园）长培养对象的通知》	2017
6		《广州市黄埔区广州开发区聚集"黄埔人才"实施办法实施细则》	
7		《广州市人才绿卡申领指南》	
8		《广州市黄埔区广州开发区聚集"黄埔人才"实施办法》	
9		《广州市高层次人才认定标准》	
10		《广州市高层次人才认定申报指南》	
11		《番禺区基础教育高层次人才引进办法》	2018
12		《广州市"岭南英杰工程"后备人才培养计划书》	
13		《广州市人力资源和社会保障局关于开展第七批广州市博士后创新实践基地申报工作的通知》	
14		《"红棉计划"项目评审工作指引》	
15		《关于实施减证便民优化广州市引进人才入户申报材料的通知》	
16		《中共广州市委、广州市人民政府关于实施"广聚英才计划"的意见》	2019
17		《2019年度海珠区产业精英（创业人才）评定申报指南》	
18		《花都区公立医疗卫生机构高层次卫生人才队伍建设及管理的实施办法》	
19		《关于开展2019年度荔湾区高层次人才认定工作的通知》	
20		《广州市海珠区支持创新人才集聚实施细则》	
21		《广州市越秀区集聚高端人才暂行办法》	
22		《2019年度海珠区产业领军人才（杰出领军人才）评定申报指南》	
23		《广州市高层次金融人才支持项目实施办法》	
24		《关于印发〈广州市贯彻落实《关于加快新时代博士和博士后人才创新发展的若干意见》的实施意见〉的通知》	
25		《广州市引进人才入户管理办法实施细则》	
26		《关于评选2020年至2022年享受区政府特殊津贴人员的通知》	2020
27		《广州市引进人才入户管理办法》	

续表

序号	所属市级	政策名称	出台年份
28	深圳市	《深圳市人民政府关于印发深圳市产业发展与创新人才奖实施办法的通知》	2016
29		《深圳市龙岗区深龙教育英才计划实施办法》	
30		《深圳市龙岗区深龙社工英才计划实施办法》	
31		《深圳市龙岗区深龙文化创意产业英才计划实施办法》	
32		《大鹏新区综合办公室关于印发深圳市大鹏新区"鹏程计划"人才政策相关配套文件的通知》	
33		《深圳市龙岗区深龙文体旅游英才计划实施办法》	
34		《深圳市龙岗区深龙高技能英才计划实施办法》	
35		《深圳市人才引进实施办法》	
36		《盐田区人力资源局关于落实〈关于实施人才强区战略 打造"梧桐人才"高地的若干措施〉的实施细则（试行）》	2017
37		《关于进一步做好享受市政府特殊津贴人员选拔工作的通知》	
38		《深圳市技能菁英遴选及资助管理办法》	
39		《关于促进人才优先发展全力打造"龙聚坪山"人才高地的实施意见》	2018
40		《关于印发深圳市事业单位岗位管理办法的通知》	
41		《深圳市海外高层次人才确认办法（试行）》	
42		《关于做好我市2019年人才引进工作有关事项的通知》	
43		《福田英才荟高层次人才引进支持申报指南》	2019
44		《深圳市人力资源服务机构场租补贴实施办法》	
45		《关于印发深圳市人力资源服务机构监管办法的通知》	
46		《关于印发深圳市企业员工适岗培训补贴办法的通知》	2020

续表

序号	所属市级	政策名称	出台年份
47	东莞市	《东莞市引进创新创业领军人才专项资金管理办法》	2016
48	东莞市	《东莞市引进创新创业领军人才管理实施细则》	2017
49	东莞市	《东莞市产业发展与科技创新人才经济贡献奖励实施办法》	2018
50	东莞市	《东莞市"十百千万百万"人才工程行动方案》	2018
51	东莞市	《东莞市特色人才特殊政策实施办法》	2018
52	东莞市	《东莞市特色人才认定评定实施细则》	2018
53	东莞市	《东莞市新时代创新人才引进培养实施方案》	2018
54	东莞市	《东莞市培养高层次人才特殊支持计划》	2018
55	东莞市	《东莞市境外高端人才和紧缺人才认定及个人所得税财政补贴暂行办法》	2019
56	东莞市	《关于开展东莞市引进创新创业领军人才项目验收、终止结题等工作规程（试行）》	2019
57	东莞市	《东莞市加强研发人才引进培养暂行办法》	2020
58	东莞市	《技能人才引进培养资助方法》	2020
59	佛山市	《佛山市重点产业人才引进培育暂行办法》	2016
60	佛山市	《佛山高新技术产业开发区2017年"智造之星"评选活动方案》	2017
61	佛山市	《关于开展2018年度高明区高层次人才认定评定申报工作的通知》	2018
62	佛山市	《佛山市人才发展体制机制改革实施意见》	2018
63	佛山市	《关于组织开展2019年佛山市突出贡献高技能人才选拔认定活动的通知》	2019
64	佛山市	《关于申报佛山市南海区2019年度"蓝海人才计划"创新创业团队（第十批）的通知》	2019
65	佛山市	《佛山市人才发展体制机制改革实施意见》	2019
66	佛山市	《关于新冠肺炎疫情期间优化优粤佛山卡T卡申领工作的通知》	2020
67	佛山市	《优粤佛山卡A卡、B卡人才免费健康体检服务实施办法》	2021

续表

序号	所属市级	政策名称	出台年份
68	中山市	《关于加强人才政策支持和服务保障的具体措施》	2017
69		《中山市企业人才评定管理办法》	2020
70		《关于印发中山博士和博士后扶持资金管理办法的通知》	2021
71		《中山市调整实施紧缺适用技能人才晋升补贴政策试点方案》	
72		《中山市高技能人才培训基地建设实施办法》	
73		《关于落实全日制本科毕业生落户中山津贴有关工作实施细则》	
74		《关于落实关于加强人才政策支持和服务保障的具体措施有关工作实施细则》	
75		《关于加强人才政策 支持和服务保障的具体措施》	
76	珠海市	《关于实施"珠海英才计划"加快集聚新时代创新创业人才的若干措施（试行）》	2018
77		《珠海市产业发展与创新人才奖励办法的通知》	
78		《珠海市产业青年优秀人才培养计划实施办法》	
79		《珠海市高层次人才支持计划实施办法》	
80		《珠海市高层次人才评价规程》	
81		《珠海市"英才卡"实施办法（试行）》	2019
82	河源市	《关于开展河源市第一批专业技术拔尖人才选拔工作的通知》	2017
83		《河源市专业技术拔尖人才选拔管理办法》	
84		《河源市2017年急需紧缺人才岗位需求目录》	
85		《关于促进人才优先发展的实施意见》	2018
86	惠州市	《关于开展惠州市第二批"东江学者"和第九批市管拔尖人才申报评选工作的通知（惠市组传〔2017〕54号）》	2017
87		《惠州市鼓励引导人才向基层流动十条措施》	2020

续表

序号	所属市级	政策名称	出台年份
88	江门市	《江门市实施高层次人才"绿卡"制度暂行办法》	2016
89		《江门市关于应届高校毕业生社会保险个人缴费补贴实施办法》	2018
90		《关于进一步集聚新时代人才建设人才强市的意见》	2019
91	肇庆市	《中共肇庆市委、肇庆市人民政府关于实施西江人才计划的意见》	2016
92		《肇庆市人才工作领导小组办公室关于开展引进西江创新创业团队与领军人才组织申报工作的通知》	2016
93		《肇庆市"百千万"人才引育工程实施方案（试行）》	2018
94		《关于选拔韶关市第二期享受市政府特殊津贴人才的通知》	2019
95		《肇庆市"人才绿卡"实施办法（试行）》	
96		《肇庆市关于进一步规范和优化就业补助资金使用管理的通知（肇人社规〔2020〕3号）》	2020
97		《关于明确肇庆市"百千万"人才引育工程执行中有关问题的通知》	
98		《肇庆市贯彻落实广东省人力资源和社会保障厅、广东省医疗保障局、广东省财政厅、国家税务总局广东省税务局关于阶段性减免企业社会保险费的实施意见的工作方案》	
99	茂名市	《茂名市深化人才发展体制机制改革的实施意见》	2018
100		《茂名市高层次人才引进实施细则》	
101	梅州市	《关于加快人才发展的意见（梅市发〔2017〕5号）》	
102		《梅州市引进急需紧缺人才公告》	
103	阳江市	《广东省阳江市引进高层次人才公告》	2020
104		《广东省阳江市引进教育系统高层次人才预公告》	2021
105		《阳江应用型本科院校（筹）高层次人才引进公告》	
106	湛江市	《关于深化人才发展体制机制改革打造北部湾人才高地的实施意见》	2018
107		《湛江市高层次人才认定及人才卡服务实施办法（试行）》	

续表

序号	所属市级	政策名称	出台年份
108	揭阳市	《揭阳市实施引进和使用好中高级人才三年行动计划（2018—2020年）》	2018
109		《关于开展2018年揭阳市中高级人才认定工作的通知》	2020
110		《揭阳市创业担保贷款担保基金和贴息资金管理实施办法》	2021
111		《揭阳市集聚人才创新发展若干措施实施细则》	
112	清远市	《清远市企业高端核心技术和技能人才认定实施细则》	2016
113		《清远市引进国外人才智力行动计划（试行）》	2016
114		《清远市激励科技创新十条政策》	2018
115	汕头市	《汕头市人才工作联络站建设管理办法》	2016
116		《汕头市促进科技创新发展若干措施》	2017
117		《汕头市高层次人才"一站式"服务实施方案》	2017
118		《关于我市加快人才发展的实施意见》	2018
119		《汕头市人力资源和社会保障局关于印发汕头市高层次人才认定办法的通知》	
120	汕尾市	《关于印发汕尾市"红海扬帆人才计划"的通知》	2017
121		《关于加快实施创新驱动发展战略的若干意见（试行）》	2020
122		《关于进一步加大放管服力度做好人才引进服务的工作意见》	
123	韶关市	《韶关市引进百名紧缺适用人才实施意见（试行）》	2016
124		《韶关市扶持产业科技人才实施意见（试行）》	2017
125		《韶关市人才资源开发专项资金管理实施意见（试行）》	2019
126		《韶关市人才公寓分配办法》	
127	云浮市	《云浮市"云浮工匠"认定管理暂行办法》	2020
128	潮州市	《潮州市高层次人才认定办法（试行）》	2018
129		《潮州市中小学"十百千人才培养工程"实施方案》	

附录4-4　人才政策实施效果评价的调查问卷

尊敬的先生/女士：

您好！首先对您百忙之中抽出时间接受本问卷调查，对您的支持和理解表示衷心的感谢！这是一份无记名调查问卷，答案无对错之分，旨在调查了解您对广东省人才政策的实施情况。您所填的问卷仅供学术探讨使用，不会对您个人有任何负面影响，可能需要占用您约5分钟的时间。请您务必不要遗漏任何一个问题，以保证此调查问卷的完整性，恳切期待您根据实际情况尽量轻松翔实作答。

祝您工作顺利，事业蒸蒸日上！

广东省人才发展研究报告（蓝皮书）研究课题组

一、基本情况

1. 您的性别：（　　）

A. 男　B. 女

2. 您的年龄：（　　）

A. 30岁以下　B. 30—40岁　C. 41—50岁　D. 51岁及以上

3. 您的最高学位或学历：（　　）

A. 博士　B. 硕士　C. 本科　D. 专科及以下

4. 您来自哪里：（　　）

A. 国外　B. 港澳台　C. 外省　D. 本省

二、人才政策评价

请您根据真实情况对人才政策的实施情况进行打分，最低分为1分，最高分为5分

题项	1	2	3	4	5
1. 您对我省人才引进政策名称和受益范围的了解程度					
2. 您对我省人才引进政策内容及要点的了解程度					
3. 您对我省人才引进政策的途径的了解程度					

续表

题项	1	2	3	4	5
4. 您认为我省政策容易理解的程度					
5. 您认为我省政策手段的有效性程度					
6. 您认为我省政策的公平性程度					
7. 您认为我省政策的一致性程度					
8. 您认为我省政策目标受益的认可度程度					
9. 您认为我省政策落实主管部门责任明晰程度					
10. 您认为我省政策中受益主体所需准备材料复杂的程度					
11. 您认为我省政策落实程序的可操作性程度					
12. 您认为我省政策涉及相关部门协调性程度					
13. 您认为我省政策对引进人才数量的影响程度					
14. 您认为我省政策对您的基本生活保障、待遇受益的影响程度					
15. 您认为我省政策对您的学术、科研、工作平台的影响程度					
16. 您认为我省政策对您的政治社会地位的影响程度					
17. 您认为我省政策对引进人才年龄结构、学历结构变化的影响程度					
18. 您认为我省政策对引进人才获科研奖励所占比例变化的影响程度					
19. 您认为我省人才政策对引进人才申请发明专利数变化的影响程度					
20. 您认为我省人才政策对科技成果转化变化的影响程度					
21. 您认为我省人才政策对您利润变化的影响程度					
22. 您认为我省人才政策对您税收变化的影响程度					
23. 您认为我省人才政策对您收入变化的影响程度					
24. 您认为我省人才政策对尊重知识、尊重人才意识的影响程度					
25. 您认为我省人才政策对综合竞争力的影响程度					
26. 您认为我省科技人才政策对高新技术产业发展的影响程度					

第五章

广东省科技创新人才队伍现状和发展对策

科技创新人才是具有专业知识和技能，且具有原创性科学研究和技术创新能力，长期从事科学研究和技术创新活动，为相关学科建设、科技发展和社会进步做出一定贡献的各类、各层次人才。科技创新人才是广东人才队伍建设主体之一，围绕科技创新人才的"引、育、用、留"，发挥好人才的实力，挖掘出人才的潜力，是广东人才工作的重中之重。目前，广东是多项国家重大发展战略部署的核心区域和关键平台。科技创新人才队伍的充实和壮大是广东紧追美、欧等发达国家科技水平的关键要素，也是广东引领粤港澳大湾区高水平人才高地建设，加快推进高水平科技创新强省建设，以及加快建成国际科学创新中心、国家科学中心的必要保障。在广东省"十四五规划"和"2035年远景目标"的实现进程中，科技创新人才将"挑大梁""担重任"。目前而言，广东科技创新人才队伍建设既面临多重国际和国内的不确定性，又面临着新的问题和新的挑战，亟须对广东科技创新人才队伍的现状和问题进行深入分析与研究。本章着重分析广东省科技创新人才队伍建设与发展的整体现状、主要举措和经验、存在问题，并提出科技创新人才进一步发展的对策建议。

第一节 科技创新人才队伍建设现状

近年来，广东省在科技创新人才队伍的建设上取得了较好的成绩和成效，特别是在新冠肺炎疫情防控战役中充分展现了我省科技创新的综合实力。根据2015—2020年《中国区域创新能力评价报告》，广东创新能力综合排名连续多年蝉联首位，在2019年度的报告中，广东在企业创新、创新环境、创新绩效3个指标上继续位居全国第一位。其中,企业创新能力连续三年第一。根据《中国城市科技创新发展报告2020》,广东21个城市的科技创新发展指数排名依次为:深圳(第2位)、广州(第6位)、珠海(第13位)、东莞、佛山、中山、江门、惠州、肇庆、汕头、韶关、湛江、茂名、梅州、潮州、河源、阳江、清远、揭阳、汕尾和云浮。排名靠前的10个城市的指数均高于全国平均值0.3325,然而,排名靠后的11个城市低于全国平均值,这反映出广东在科技创新人才队伍建设上既有明显成效,也存在着一些深层次问题需要解决。

一 科技创新人才的内涵与外延

(一)科技创新人才的概念

关于科技创新人才,目前在国际上的提法各有不同,采用较多的提法有科技人力资源、科技活动人员、研究与发展人员等概念。国内长期使用专业技术人员,来泛指科技创新人才,近年也逐步采用研究与发展人员的概念。但相关概念仍未能较好地界定科技创新人才。本章在大量文献研究基础上,综合理论、政策、实践三个维度,将"科技创新人才"界定为具有专业知识和技能,且具有原创性科学研究和技术创新能力,长期从事科学研究和技术创新活动,为相关学科建设、科技发展和社会进步做出贡献的各类、各层次人才。

(二)科技创新人才的外延分类

2021年9月,习近平总书记在中央人才工作会议上的重要讲话,提出了"战略科学家、一流科技领军人才和创新团队、青年科技人才队伍、卓越工程师"等重要人才队伍。国家中长期科技人才发展规划也列明了重要的人才队伍,包括科学家、优秀科技创新团队、工程技术人才队伍、中青年科技创新领军人才、科技创新创业人才、科技管理与科技服务和科普等人才。《广东省中长期科技人才发展规划纲要(2010—2020)》则进一步具体化为"高层次创新型科技人才、创新型科技人才、专业技术人才"等人才队伍(见表5-1)。可见,科技创新人才概念外延广泛,且具有多层次性,队伍之间具有一定梯队差异。

表 5-1　　　　　　　　　　科技创新人才的外延分类

序号	分类来源	具体种类
1	《习近平总书记在中央人才工作会议上的重要讲话》	战略科学家、一流科技领军人才和创新团队、青年科技人才队伍、卓越工程师
2	《国家中长期科技人才发展规划（2010—2020年）》	科学家、优秀科技创新团队、工程技术人才队伍、中青年科技创新领军人才、科技创新创业人才、科技管理与科技服务和科普等人才
3	《"十三五"国家科技创新规划》	战略科技人才、科技领军人才、创新型企业家、高技能人才、青年科技人才
4	《广东省中长期科技人才发展规划纲要（2010—2020）》	高层次创新型科技人才、创新型科技人才、专业技术人才

资料来源：根据相关文件资料整理得到。

目前，我国在科技创新人才的统计口径上，常用的统计指标主要包括"科技活动人员""科学家与工程师""研究与试验发展（R&D）人员""专业技术人员"等，这些指标的数据主要来源于科技、人社、统计等部门的统计年鉴、统计公报等。根据科技创新人才的内涵和分类，我国有关科技创新人才的统计数据，R&D 人员数据是主要数据，而关于高层次科技创新人才、创新团队等方面的数据出现较少。基于此，本章节科技创新人才数据采用研究与试验发展（R&D）人员和博士博士后人才的两项数据，由相关省级政府部门提供。其他数据则来自《中国科技统计年鉴2020》《2020年广东科技统计数据》《中国统计年鉴2020》《广东统计年鉴2020》以及国内其他相关省市的统计年鉴。

二　科技创新人才建设现状与分析

本节从人才资源、投入、产出、平台建设、政策服务、职称评价六方面对广东科技创新人才进行分析，具体发现如下。

（一）人才总量不断扩大，但地区差异较为明显

在科技创新人才资源的总量中，截至2020年底，广东省有两院院士133人，专业技术人员730万人（其中，取得职称的有350万人，高、中、初级人员比例为14.2∶43.5∶42.3），高层次人才83万人（其中，享受政府特殊津贴专家4962人，百千万人才工程国家级人选169人，在站博士后10280人），持有效的"外国人工作许可证"的外籍专家超过4万人（其

中，A类高端人才超过1万人，约占全国的1/5)①。广东省科技创新人才资源各项数据指标位居全国前列，其中多项指标居全国第一。同时，据统计（见表5-2），广东省研究与试验发展（R&D）人员数量持续增加，从事R&D活动人员从2015年的68.02万人，增长到2019年的109.15万人；工业企业从事R&D活动人员从2015年的53.43万人，发展到2019年的83.89万人。总体来看，广东省科技创新人才队伍的规模在不断扩大。

1. 各地市科技创新人才受社会经济发展水平的影响显著

据统计（见表5-2），珠三角区域是广东省R&D活动人员主要聚集区，占全省总量的90%以上。其中，深圳、广州、佛山、东莞等地R&D人员和工业企业R&D人员较多，增速较快；珠海、惠州、江门、中山、肇庆等地R&D人员及工业企业R&D人员的数量则相对较少，增速较慢。从区域来看，粤东、粤西、粤北12个地级市的R&D人员数量偏少，增速较慢。考虑到各地市的社会经济发展水平的差异，从事R&D活动的人员变化受到本市社会经济发展水平的影响较为显著。

表5-2　　　　　　2015—2019年广东各地市R&D活动人员

地市	从事R&D活动的人员（万人）					工业企业从事R&D活动的人员（万人）				
	2015	2016	2017	2018	2019	2015	2016	2017	2018	2019
全省	68.02	73.52	87.99	102.31	109.15	53.43	58.51	69.64	80.64	83.89
广州	16.57	16.27	19.57	20.36	22.90	8.26	8.05	9.79	9.56	10.00
深圳	20.63	23.78	28.14	35.66	37.79	17.50	20.27	23.24	28.94	30.20
珠海	1.85	2.12	2.78	3.63	4.11	1.62	1.67	2.32	3.08	3.42
佛山	7.14	7.76	10.06	10.11	10.01	6.82	7.44	9.61	9.33	9.20
惠州	2.63	3.67	4.59	5.28	5.92	2.44	3.49	4.33	5.02	5.63
东莞	6.82	7.31	8.21	11.81	13.34	5.95	6.50	7.36	11.20	12.45
江门	1.89	1.86	2.45	3.30	3.52	1.76	1.71	2.29	3.01	3.32
中山	3.98	4.01	4.67	3.79	3.33	3.85	3.90	4.53	3.66	3.12
肇庆	1.26	1.34	1.31	1.42	1.23	1.15	1.21	1.16	1.25	1.06
汕头	0.94	0.97	1.16	1.48	1.55	0.77	0.77	0.99	1.26	1.28
潮州	0.38	0.41	0.47	0.51	0.41	0.33	0.36	0.42	0.47	0.35

① 相关数据由广东省人力资源和社会保障厅与广东省科技厅提供。

续表

地市	从事R&D活动的人员（万人）					工业企业从事R&D活动的人员（万人）				
	2015	2016	2017	2018	2019	2015	2016	2017	2018	2019
揭阳	0.47	0.45	0.61	0.69	0.74	0.42	0.40	0.57	0.66	0.70
汕尾	0.30	0.24	0.28	0.22	0.16	0.30	0.23	0.26	0.20	0.15
湛江	0.64	0.68	0.71	0.86	0.74	0.26	0.31	0.31	0.40	0.27
茂名	0.60	0.61	0.78	0.85	0.81	0.50	0.50	0.66	0.69	0.65
阳江	0.22	0.20	0.22	0.22	0.19	0.19	0.17	0.18	0.18	0.15
韶关	0.64	0.75	0.67	0.76	0.86	0.53	0.61	0.52	0.58	0.63
梅州	0.25	0.30	0.33	0.32	0.31	0.14	0.20	0.22	0.21	0.19
清远	0.39	0.38	0.51	0.60	0.80	0.38	0.37	0.50	0.59	0.76
河源	0.13	0.16	0.23	0.22	0.25	0.13	0.15	0.21	0.20	0.23
云浮	0.28	0.26	0.25	0.23	0.20	0.15	0.20	0.18	0.17	0.12

资料来源：数据由广东省科技厅提供。

2. 各地科技创新人才存在着显著的区域差异性

据统计（见表5-3），珠三角地区9市的每百万从业人员中R&D人员均超过1万人以上，其中，深圳、珠海、广州是每百万从业人员中R&D人员数量较多的地级市。在粤东、粤西、粤北地区中，基于相关地市的区域产业布局特点，汕头、潮州、揭阳、茂名、韶关、清远等地级市每百万从业人员中R&D人员在区域内相对较高。

表5-3　2015—2019年广东各地市每百万从业人员中R&D人员

地市	每百万从业人员中R&D人员（人）				
	2015	2016	2017	2018	2019
广州	17855.73	16603.68	18867.32	18469.47	20338.24
深圳	18743.34	20402.37	22889.26	27617.39	29448.75
珠海	13618.03	14741.70	18080.78	22057.58	25480.52
佛山	14441.68	15326.31	19443.65	19062.15	18830.54
惠州	8784.64	11951.75	14615.13	16444.68	18602.07
东莞	10029.67	10674.42	11805.32	16745.15	18758.47
江门	7212.42	6905.04	8909.97	11756.42	12910.07

续表

地市	每百万从业人员中 R&D 人员（人）				
	2015	2016	2017	2018	2019
中山	17526.89	17223.50	19891.30	15894.21	14046.66
肇庆	5574.97	5850.61	5668.10	6011.58	5310.85
汕头	3869.39	3935.69	4699.29	5990.17	6232.54
潮州	3249.38	3610.12	4165.41	4714.86	3729.50
揭阳	2177.89	2167.64	3102.54	3687.50	3729.05
汕尾	2480.71	1970.05	2263.28	1742.16	1310.70
湛江	1707.69	1782.72	1829.77	2174.11	1880.14
茂名	1947.32	1942.42	2441.19	2593.73	2512.41
阳江	1858.72	1741.64	1908.67	1981.10	1687.44
韶关	4652.99	5490.47	4962.87	5678.95	6413.90
梅州	1365.15	1671.55	1874.61	1912.85	1853.68
清远	1884.99	1874.35	2566.66	2997.24	3970.56
河源	988.93	1141.31	1662.36	1586.16	1747.64
云浮	2240.36	2023.23	1959.88	1852.87	1573.71

资料来源：数据由广东省科技厅提供。

（二）经费投入显著增长，但培养供给有待提升

1. 科技创新人才经费投入显著增长，各地市投入情况各有差异

根据 2015—2019 年全省和各地市的地方财政科技拨款[①]，从 2015 年的 569.55 亿元，占地方财政总支出的比重为 4.44%，增加到 2019 年的 1168.79 亿元，占地方财政总支出的比重为 6.76%。以 2019 年为例，各地市的地方财政科技拨款中，珠三角地区 9 市支出的比重较大，占全省的 89.61%，其中，深圳（46.92%）和广州（20.87%）的支出居前两位，而粤东、粤西和粤北等区域内的地级市支出较少。

根据 2015—2019 年广东省研究与试验发展（R&D）经费[②]，从 2015 年的 1798.17 亿元增长到 2019 年 3098.49 亿元，R&D 经费占本省生产总值的比重从 2015 年的 2.41% 增长到 2019 年的 2.88%。以 2019 年为例，

---

① 数据来自《2020 年广东科技统计数据》。
② 数据来自《2020 年广东科技统计数据》。

各地市的研究与试验发展（R&D）经费中，支出超过100亿元的地级市主要集中于珠三角地区，分别是深圳1328.28亿元、广州677.74亿元、东莞289.96亿元、佛山287.41亿元、惠州109.35亿元、珠海108.31亿元。而在粤东、粤西、粤北地区，经费支出较多的地级市分别是汕头28.32亿元、茂名14.60亿元、韶关19.10亿元。

2. 科技创新人才培养机构数量众多，创新能力有待提升

目前广东省具有博士培养资格的高校18所，具有硕士培养资格的高校32所，主要集中在广州、深圳、佛山、东莞、江门、汕头、湛江6个地级市。截至2021年3月，广东省省内高校的在校学术型研究生人数约14.9万人[①]，其中，广州培养了约85%的研究生。同时，清华、北大、中科院等高校在广东设立的校区、研究生院和各类研究机构也培养了大批科技创新人才。

（三）科技成果显著增加，但成果质量有待提高

广东科技创新成果，主要体现在专利申请受理量及授权量、重大科技成果登记、科技成果获奖、技术市场成交合同数及成交合同金额四个方面。

1. 专利申请受理量及授权量逐年增加，但发明专利偏少

2019年全省的专利申请受理量807700件，同比2015年的355939件增长了127%。其中，发明专利从103941件增长到203311件，实用新型专利从135717件增长到369143件，外观设计专利从116281件增长到235246件。全省的专利授权量由2015年的241176件，增长到2019年的527389件。其中，发明专利从33477件增长到59742件，实用新型专利从105254件增长到282740件，外观设计专利从102445件增长到184907件。

从申请人的构成来看，2015—2019年间全省专利申请受理量和全省专利授权量中，企业的比重较大，大专院校和科研单位的比重较小。而在各地市2019年的数据中，仅有9个地级市的专利申请受理量和授权量达到1万件以上（见表5-4）。

---

① 数据来自广东省教育厅。

表5-4 2019年度专利申请受理量及授权量达万件以上的地级市

城市	专利申请受理量	排名	城市	专利授权量	排名
深圳	261502	1	深圳	166609	1
广州	177223	2	广州	104811	2
东莞	83217	3	东莞	60421	3
佛山	81016	4	佛山	58752	4
中山	43066	5	中山	33395	5
珠海	33137	6	珠海	18967	6
惠州	22701	7	汕头	14809	7
江门	20475	8	惠州	14577	8
汕头	20024	9	江门	13282	9

资料来源：《2020年广东科技统计数据》。

2. 重大科技成果数量稳步增加，企业成为科技创新主体

重大科技成果登记数量稳步增加，企业成为科技创新主体。根据2015—2019年广东省的重大科技成果登记情况（见表5-5），2019年全省重大科技成果登记2755项，同比2015年增加29.16%。从成果登记单位来看，企业是成果登记的主体，成为广东科技创新的主要推动力量。2019年登记1049项，占总量的65.17%，其次是科研院所、高等院校。

表5-5 2015—2019年广东省重大科技成果登记情况

	年份	2015	2016	2017	2018	2019
全省重大科技成果登记	总数	2133	1963	2511	2473	2755
	企业	1390	1151	1465	1094	1049
	科研院所	180	248	272	72	711
	大专院校	158	173	298	440	571
	医疗机构	304	298	347	344	289
	其他	101	93	129	123	135

资料来源：《2020年广东科技统计数据》。

科技成果奖获奖数有所增加，部分奖项存在波动。根据2015—2019年全省的科技成果奖（见表5-6），国家级科技奖励成果从2015年的32项，增长到2019年50项。其中，国家科技进步奖近五年的增长趋势较为明显，但国家发明奖和国家自然科学奖在近五年的波动比较大。省级科技奖励成果的波动也比较大，从 2015 年的 237 项，先增长到 2017 年的 246 项，随后降到 2019 年的 173 项。

表 5-6　2015—2019 年广东省各级科技成果获奖情况

	年份	2015	2016	2017	2018	2019
全省科技成果获奖情况	国家级科技奖励成果	32	33	38	45	50
	国家发明奖	5	6	10	7	8
	国家自然科学奖	5	4	0	2	3
	国家科技进步奖	22	23	28	36	39
	省级科技奖励成果	237	239	246	171	173

资料来源：《2020 年广东科技统计数据》。

技术市场成交合同数量和成交合同金额逐年提升。据统计（见表 5-7），近三年广东省技术市场成交合同数及成交合同金额呈现出逐年增长的趋势，其中，成交合同数从 2017 年的 17423 项，增长到 2019 年的 33796 项；成交合同金额从 2017 年的 949.48 亿元，增长到 2019 年的 2272.28 亿元。

表 5-7　2017—2019 年全省技术市场成交合同数及成交合同金额

	年份	2017	2018	2019
成交合同数（项）	合计	17423	23930	33796
	技术开发	13065	15242	17891
	技术咨询	389	1942	1223
	技术转让	1405	1406	1320
	技术服务	2564	5340	13362
成交合同金额（万元）	合计	9494789	13870024	227227781
	技术开发	5277277	7174560	10684636
	技术咨询	8617	86169	107875
	技术转让	2619466	3076777	3060817
	技术服务	1589429	3532518	8874452

资料来源：《广东统计年鉴 2020》数据。

（四）平台建设不断推进，但聚才作用有待加强

高新区、高新技术企业、科技创新平台、博士博士后创新平台是广东主要的科技创新人才平台，承担引才、聚才和育才的重要功能。

在高新区方面，2015—2019 年广东的国家高新区数量达到 14 个，区内的企业数从 2015 年的 6820 个，发展到 2019 年的 18842 个[①]，五年间的年末从业人员、总收入、工业总产值、净利润等各项指标均是逐年增加的；而省级高新区数量则由 2015 年的 12 个下降到 2019 年的 9 个，区内的企业数从 2015 年的 3069 个，增长到 2019 年的 4775 个[②]，但五年间的年末从业人员、总收入、工业总产值、净利润均呈现出不同程度的波动。

在高新技术企业方面，五年间广东入统高新技术企业从 2015 年的 10649 个，增加到 2019 年的 49991 个；工业总产值从 2015 年的 30202.44 亿元，增长到 2019 年的 64785.06 亿元；出口额从 2015 年的 1114.74 亿元，增长到 2019 年的 2221.22 亿元[③]。

在科技创新平台方面，据统计[④]，2019 年广东拥有在粤国家重点实验室 30 个，省重点实验室 378 个，国家级工程技术开发中心 23 个，省级工程技术开发中心 6143 个，省实验室 10 个，省级新型研发机构 251 个。其中，在粤国家重点实验室分布于广州、深圳、珠海、东莞、肇庆；国家级工程技术开发中心分布于广州、深圳、珠海、东莞、肇庆、清远、云浮；省重点实验室、省级工程技术开发中心和省级新型研发机构三类平台均分布于 21 个地级市，珠三角地区相关创新平台分布较为密集，粤东、粤西、粤北地区分布的相对较少；省实验室主要分布在广州、深圳，并分布在 13 个地级市。

在博士博士后创新平台方面，广东近年来针对博士博士后人才的支持力度空前，相关工作成效得到国家人社部领导高度肯定。据统计，截至 2020 年底，广东省博士后科研流动站 178 家，博士后科研工作站 417 家，博士后创新实践基地 386 家，2020 年新增博士后 4215 人，在站博士后达 10280 人。[⑤] 2018 年首创博士工作站制度，截至 2020 年，全省博士工作站

---

① 数据来自《2020 年广东科技统计数据》。
② 数据来自《2020 年广东科技统计数据》。
③ 数据来自《2020 年广东科技统计数据》。
④ 数据来自《2020 年广东科技统计数据》。
⑤ 数据来自广东省人力资源和社会保障厅。

达 656 家。[①] 我省各项指标位居全国前列，多项指标居全国第一。博士、博士后平台主要分布于高校、医院、科研院所及各类企业，且在各地市均有分布，这类人才平台为博士博士后提供各类资助和国际交流机会，对科技创新人才培养起重要支撑作用。据统计，2020 年广东获得第 68 批中国博士后科学基金面上项目资助的博士后有 632 人[②]，占总量的（3614 名）的 17.5%，较上一批增长了 1.5%。

（五）政策体系持续完善，服务保障有效提升

政策体系不断完善为科技创新人才发展提供坚实的制度支持。广东省为支持科技创新人才发展，出台了《广东省自主创新促进条例》《广东省促进科技成果转化条例》《广东省科技计划项目监督规定》等地方性法规、规章，出台《关于进一步促进科技创新的若干政策措施》等 50 余项政策举措，改革完善支撑高质量发展的新型业务管理体系，形成以"基础与应用基础研究""重点领域研发计划""实验室体系建设""粤港澳大湾区国际科技创新中心建设及区域创新能力提升"为主体的省级科技计划体系。同时，出台《关于加强基础与应用基础研究的若干意见》，组建省基础与应用基础研究基金委员会，建立多元化基础研究投入体系。开展职务科技成果所有权和长期使用权改革试点，优化科技创新券管理服务，深入推行普惠性科技金融，完善科技奖励体系，实施科技型企业家职称评审直通车制度，加强科研诚信和科技伦理规范管理，产生良好社会效应。全面实施各项人才计划，下放外国人来华工作许可制度权限至地级以上市，畅通外国人才来粤创新创业渠道。

公共服务不断优化为科技创新人才提供可靠的组织保障。2018 年，广东在全国首推《广东省人才优粤卡实施办法（试行）》，2018—2021 年，累计申请人数 5537 人，共发卡 3452 张，其中，国内人才 2045 人，港澳台 803 人，外籍 604 人。[③] 人才优粤卡有效地为高层次科技创新人才在粤全身心地投入科技创新事业提供全方位的保障服务。同时，在人才公共服务方面，人社部门通过平台建设，将科技创新人才涉及的相关服务工作和事项进行网上办理，实现人才服务的"即来即办"，为科技创新人才节约了更多宝贵的时间，提高了办事效率。

---

① 数据来自广东省人力资源和社会保障厅。
② 数据来自广东省人力资源和社会保障厅。
③ 数据来自广东省人力资源和社会保障厅。

社会宣传持续扩大为科技创新人才砥砺奋进提供良好社会氛围。广东自从1992年开始连续举办"科技活动进步月",至2021年已有29年,这成为了广东省参与面最广、社会效益最显著的科普品牌之一。这个活动集中记录和呈现了广东科技创新事业从无到有的各个阶段情况,各项重大科技成果的不断涌现,企业创新活力竞相迸发,也见证了广东省近年来具有里程碑意义的科技创新成就,以及科技成果科普化的优越成绩,充分体现了广东人"勇立潮头,敢为人先"的创新精神。在这种创新精神影响下,人们的价值观导向能够在社会文化氛围中产生共鸣,创造鼓励科技创新人才砥砺奋进的良好社会氛围。

(六)人才评价促进发展,但科技评价有待细分

人才评价促进科技创新人才发展。近年来,广东在创新人才队伍评价机制、深化职称制度改革的工作中下足功夫,制定改革实施方案,推进27个职称系列的改革;加快新业态专业和非公领域人才职称评审工作,并进一步加快职称简政放权,向部分地市、省内高校、科研院所、部分企事业单位下放相关职称的评审权,在很大程度上解决了各行各业中科技创新人才的职称难题。同时,推动职称制度与职业资格制度的有效衔接。建立了人才评价的绿色通道,实施了科技型企业家高级职称评审直通车制度。截至2020年底,已有175人获得高级职称[①],持续激发科技企业家的创新活力。

科技评价激励科技创新人才成长。在科技创新人才的评价中,科技评价也是一个重要的组成部分。在重大人才工程、重大科技计划及国家级和省级基金项目中都会涉及科技评价。据访谈,近年来相关科技项目评价较为看重结果和成果,忽视了科技创新过程的阶段性和周期性特点,不利于维护科技创新人才的积极性。根据科技创新的特点,对评价对象开展分类评价。通过合理的分类评价,方能更好地激励科技创新人才发展。

第二节 科技创新人才工作的主要举措与创新经验

从2008年以来,广东各级政府及相关部门在科技创新人才工作中积

---

① 数据来自广东省人力资源和社会保障厅。

极作为，形成了一些重要举措和经验。本节主要从举措和典型经验两方面对广东科技创新人才工作的特点和亮点进行总结概括。

一 主要举措

（一）坚持党管人才，健全人才工作管理树体制

广东科技创新人才工作长期坚持党管人才的原则，在广东省人才工作领导小组统筹指导下，形成了省、市两级较为完善的党管人才体系。在省级层面，省人社厅和省科技厅分设人才服务局和外国专家局等服务部门；在相关业务部门指导下，成立了广东院士联合会、广东省博士博士后人才发展促进会、广东博士创新发展促进会、广东省博士后成果应用促进会等科技创新人才团体，为科技创新人才发展提供支持和服务。在地市层面，21个地级市均成立了市级人才工作领导小组及其人才工作机构，如江门市专门成立了人才工作局，深圳市、广州市在近年相继成立了人才集团。目前来看，广东各地市正逐渐形成"党委政府+社会组织+市场主体"的人才工作机制，为科技创新人才管理工作确定了重要的体制机制框架。

（二）坚持政策创新，推进人才评价机制改革

2008年以来，广东省大力推进政策创新，在国家相关人才政策指引下，制定了省级层面的科技创新人才引育政策、科技创新项目与创新创业项目支持政策等，大力支持海内外的科技创新人才来广东发展。在人才评价方面，广东深化职称制度改革、拓宽专业技术人员职称评价等工作受到社会各界肯定，有利于青年科技创新人才、优秀科技型企业家在广东的发展和壮大。同时，积极推动粤港澳大湾区人才的职称评价与职业资格互认工作，提升广东科技创新人才的国际化水平。

（三）坚持引育并举，实施多维引才引智显效果

广东在科技创新人才工作方面长期坚持引育并举。一方面引进国内外顶尖人才、高层次人才等，另一方面积极培育一批优秀的青年创新型科技人才。近年来受国际不确定因素影响，人才引进效果不佳，广东转而积极推动青年创新型科技人才培育的支持力度。同时，转变人才引进策略，淡化行政色彩，改变以往通过人才项目引人的单一途径，突出科技型（高新技术）企业、研发平台（研究院等）等的市场化、社会化力量的引才育才主体作用。

（四）推进平台建设，协同各类优秀人才出成果

在过去的十多年间，广东通过推动新型研发机构、国家级实验室、省级实验室等各类科技研发平台，以及博士博士后的各类人才平台建设，不仅有效地吸引了一批国际、国内高层次人才来广东投身科技创新事业，产生了不少较有代表性的国家级和省级科技成果，培育了一批优秀的博士博士后储备人才。同时，积极推动各层级、各类型创新创业孵化平台建设，为博士博士后、港澳青年科技人才留在广东创新创业提供了一个很好的平台，做出了一些较为突出的科技发明成果，有些科技人才在现有政策支持下，为科技成果转化开设了科技型公司，促进相关成果的推广和落地。因此，这些平台对各类科技创新人才具有显著的吸引力。

（五）筹办竞赛活动，转化科技创新成果能落地

广东省围绕科技创新人才的建设和发展，长期坚持筹办大型的科技创新交流活动，如中国海外人才交流大会暨中国留学人员广州科技交流会、中国国际人才交流大会、中国国际高新技术成果交易会等全国性活动。近年来，各地市也积极主办各类高层次人才交流洽谈会、人才活动周等活动。在不同层次的活动中吸引了大量海内外科技创新人才和科技企业，并推动一批又一批的科技创新成果在广东落地。近年来，广东省高度重视博士、博士后青年人才的发展，举办广东"众创杯"博士博士后创新赛、广东（佛山）博士博士后人才交流与科技项目对接会，为博士、博士后青年科技创新人才在广东省和粤港澳大湾区创新创业和成果转化搭建平台，通过对科技创新人才的创新成果进行竞赛、路演等多种形式，促进青年科技创新人才的相关创新成果实现对接、转化与落地。

（六）优化人才服务，打造综合保障体系扩影响

近年来，广东积极优化高层次科技创新人才服务，开启了"一卡、一站、一网"的服务新模式。一是"一卡通"解决人才后顾之忧。高层次科技创新人才可以申请"优粤卡"，此卡为科技创新人才的安家落户、子女入学、交通出行等多个方面提供了便利，提供"管家式"的"一条龙"服务。二是"一站式"构建网格化服务体系。围绕高层次人才服务工作，在省内设立 34 个分窗口，并在广州南沙、江门、佛山等地设立国际人才"一站式"服务窗口。2020 年各级窗口服务人才 8.6 万人次，服务办结率达 99%。[①] 三是"一张网"打造服务数字化平台。运营"广东人才网"，基本实现了"按需打包、一次申请、一次办好、线上办结"，受到科技创

---

① 数据来自广东省人力资源和社会保障厅。

新人才的"好评"。同时,积极推动"人才港"的建设,扩大广东科技创新人才工作的影响力。

二 创新经验

(一) 地市经验

近年来,广东省21个地级市在科技创新人才队伍建设过程中,采取了一系列重要举措,形成了一些创新经验。本节从广佛肇、深莞惠、珠中江三大都市圈,以及粤东、粤西、粤北等六个区域进行总结归纳。

1. 广佛肇地区

广佛肇科技创新人才的突出特点是,紧扣本地产业链和创新链,进行人才链布局。具体经验概括如表5-8所示。

表5-8 广佛肇地区科技创新人才工作典型经验

地区	经验
广州	1. 构建"1+4+4+N"战略创新平台体系,打造战略科技人才创新载体 2. 围绕产业链布局创新链、人才链,推动产业高质量发展 3. 拓宽科技人才引进渠道,构建高水平对外开放新格局 4. 深化"放管服"改革,优化提升科技人才服务效能
佛山	1. 全力打造创新"三龙湾"高端创新集聚区 2. 围绕本市产业布局,积极组织融合"扬帆计划" 3. 以各类载体育才,服务留才
肇庆	1. 围绕产业发展需求,坚持注重各所长、好中选优和效益为先,大力推动实施"西江产业人才项目",以人才工程的高质量实施助推产业高质量发展 2. 以"人才节"为抓手,打造招才引智大平台 3. 精准引才、科学育才、大胆用才、真诚留才,破解人才引育留用难题

资料来源:整理自广东省各地市提交的报告资料。

2. 深莞惠地区

深莞惠地区的科技创新人才建设,更为重视平台建设和人才交流。其具体经验概括如表5-9所示。

表 5-9　　　　　深莞惠地区科技创新人才工作典型经验

地区	经验
深圳	1. 坚持全球视野，加快建设高水平人才平台载体 2. 坚持注重实效，国际人才交流合作更加深入广泛 3. 依托综合性国家科学中心建设攻坚关键核心技术。聚焦"卡脖子"关键核心技术，以科学中心形成人才"集聚效应"
东莞	1. 开展名校研究生联合培养 2. 强化省市引进创新创业团队的项目实施 3. 加强院士成果转化项目的落地实施 4. 承接外国专家来华服务对接
惠州	实施"梧桐引凤工程"：一是既注重实物保障，又注重货币补贴；二是既注重奖励顶尖人才，又注重保障中高端人才；三是既注重市级带头，又注重县区联动

资料来源：整理自广东省各地市提交的报告资料。

3. 珠中江地区

珠中江地区科技创新人才建设，特别注重人才引育机制和平台载体建设。具体经验如表 5-10 所示。

表 5-10　　　　　珠中江地区科技创新人才工作典型经验

地区	经验
珠海	1. 全面落实"珠海英才计划"，加强顶层设计，推动创新创业团队成为珠海市创新驱动战略实施的主力军 2. 推动建设市院士工作站，建立与两院院士产学研长效合作机制 3. 推荐珠海市科技创新人才积极参与国家、省高端人才和团队支持计划
中山	1. 实施"雏鹰归巢"育才计划，挖掘本地人才潜力 2. 保持发展定力，走出中山特色人才之路
江门	1. 建设高端人才引育平台，打造博士后"双创"高地，建设全国博士后创新（江门）示范中心 2. 全方位推动，构建"1+7+N"体系新布局 3. 全链条支持，打造博士后双创新高地 4. 全流程发力，探索博士后引聚新模式

资料来源：整理自广东省各地市提交的报告资料。

4. 粤东地区

粤东地区科技创新人才建设，注重精准施策，探索和运用各类引才育才模式（见表 5-11）。

表 5-11　　　　粤东地区科技创新人才工作典型经验

地区	经验
汕头	1. 坚持精准施策，探索"环境+平台+服务"的留才新模式，着力解决人才难留、作用难发挥的问题 2. 打造法制化营商环境、高端化创业平台、精准化服务品牌 3. 注重扬长避短，探索"侨+潮+才"的引才新模式，着力解决引才路径单一的问题 4. 瞄准"弯道超车"，探索"国外建站+国内搭台"的人才竞争新模式，着力解决区域人才竞争乏力的问题
揭阳	1. 推进人才引育载体建设，积极引进高层次人才 2. 聚焦揭阳市特色产业，积极组织申报"扬帆计划"项目 3. 出台《揭阳市集聚人才创新发展若干措施》等文件
潮州	1. 多途径多层次灵活引才 2. 创新事业编制"周转池"制度，设立市级"人才储备中心"，打造人才集聚平台 3. 人才驿站发挥柔性引才的作用，靶向引进区域外科技专家、企业家等各类人才 4. 校地合作
汕尾	1. 全方位聚才：活动引才、柔性引才（电子科技大学）、项目聚才（"扬帆计划"）、企业纳才 2. 华师大汕尾校区 3. "店小二"式服务，设立人才服务专线，开通引才绿色通道

资料来源：整理自广东省各地市提交的报告资料。

5. 粤西地区

粤西地区科技创新人才建设，注重柔性用才和服务配套，以及与高层次人才的联系（见表 5-12）。

表 5-12　　　　粤西地区科技创新人才工作典型经验

地区	经验
湛江	1. 完善服务配套措施，优化引才育才生态环境（湛江人才卡、人才驿站） 2. 加强人才项目建设，释放创新发展新动力 3. 抓好"扬帆计划"申报，打造高质量海洋产业人才队伍
阳江	1. 延伸院士团队高端人才链，"最强大脑"加入阳江"朋友圈" 2. 延伸省科技专家团队人才链，"智囊团"服务阳江"永不离开" 3. 延伸市管拔尖人才创新平台链，助推实现产业发展"弯道超车" 4. 项目招才、环境引才、感情留才
茂名	1. 市人才活动周招才引智 2. 加强校企合作，产教融合 3. 加强科技创新平台建设

资料来源：整理自广东省各地市提交的报告资料。

6. 粤北地区

粤北地区科技创新人才建设，注重政策创新，且以需求为导向，积极加强校地合作（见表 5-13）。

表 5-13　　粤北地区科技创新人才工作典型经验

地区	经验
清远	1. 实施人才工程促人才引育 2. 持续推进创新科研与人才培育平台建设，支持深化校地合作 3. 大力开展柔性引才推动人才服务基层
韶关	1. 成立市招才引智工作队，设立"丹霞英才"公寓人才驿站 2. 刚性引才为主，柔性引才为辅的方式，大力招引高端人才，夯实中低端人才基础 3. 开展人才引育合作 4. 实施产业科技人才扶持计划
梅州	1. 实施引进急需紧缺人才计划，借力省人才工程引智 2. 柔性引才引智，借力推动振兴发展 3. 建设平台载体，搭建创新创业舞台 4. 实施数学小镇人才计划
河源	1. 以才兴业，以业聚才。依托产业发展，入选国家级省级重点人才项目不断增加 2. 探索与"双区"共建平台"引"人才，与深圳市签订全省首个地市间人才发展战略合作意向书 3. 大力引进"双区"资源，共建高端平台，引进鹏城实验室、岭南现代农业科学与技术广东省实验室、南方科技大学等共建项目 4. 与腾讯共建"腾讯智慧农业实验室河源基地""腾讯（河源）乡村振兴中心"
云浮	1. 创新人才政策，引才机制重在"接地气、见实效" 2. 突出需求导向，基层紧缺急需人才"引得进、下得去" 3. 完善激励机制，确保人才"用得好、留得住"

资料来源：整理自广东省各地市提交的报告资料

（二）机构经验

1. 企业需求多维引人，促进产学研用融合发展

（1）引进专家团队。以大疆公司为例，公司创始人汪滔先生引进了他的导师李泽湘教授，李教授为大疆公司带来了迫切需要的资金支持和源源不断的人才支持，使得大疆公司的人才问题逐渐得到改善，产品研发顺利，做出了第一款成熟产品。在李教授的大力支持下，大疆公司的竞争力日渐壮大，已经能够高效地整合产业集群和学术资源优势，在无人机领域中推动形成科技创新的全新人才生态圈。在海外，大疆从美国硅谷到德国、荷兰、日本的范围内，不断吸引全球人才的加盟。

（2）引进优秀科技创新青年人才。以华为科技有限公司为例，从2019年开始，华为因频频遭到欧美国家和企业的不法排挤打压，开启了"天才少年"培养计划，利用超高年薪在世界范围内招揽优质人才。据不完全统计，2019年至今，华为"天才计划"已招募到17人，大部分为应届博士毕业生。

2. 校地共建平台引人，搭建创新创业合作纽带

（1）产业导向引人。以肇庆华南师范大学光电产业研究院（以下简称"产研院"）为例，产研院是由肇庆市人民政府与华师大校地合作共建的非营利性研发机构，于2016年8月注册。华师大产研院自成立以来，以其平台和设备优势，有效引进了一批优秀的海外高层次人才，成功获批省级创新创业团队、省级领军人才、"西江人才计划"创新创业团队等多个新材料、新能源研发团队，并获批粤港合作专项、广东省自然科学基金等项目。目前，产研院申请专利共210件，其中获授权13件，科研论文66篇，平台项目11个。同时，积极引进初创型科技团队及初创企业，成功孵化的企业达15家。产研院作为一个综合性的新型研发平台，在科技创新人才队伍建设中，有效地起到了"搭桥架路"的作用。

（2）协同发展育人。以广东工业大学为例（以下简称"广工大"），近年来，广工大与佛山、惠州、河源、汕头、广州番禺等地合作共建新型研发机构和科技孵化基地，开展协同育人。如广州国家IC基地已累计孵化企业/（项目）140余家/（项），培育新三板上市企业2家、国家高新技术企业15家，为社会培养集成电路专业技术人才2000余人；佛山市南海区广工大数控装备协同创新研究院建成7大公共服务平台、4大创新创业平台和3大实验室，引进280多名国内外高端人才，培育180多个高端创业团队，孵化168家技术研发型企业（其中24家获高企认定，7家广东金融高新区股权交易中心挂牌，3家新三板筹备挂牌），研发新产品240多件，获授权专利1600余项，其中发明专利400余项，培养创新人才超过3000人。

第三节 科技创新人才队伍的问题分析

近年来，广东科技创新人才队伍取得了一系列优异的成绩，但我们也深刻地认识到广东科技创新人才存在的问题，以及与京津冀、江浙沪等区

域的差距。本节将结合京津冀、江浙沪等区域的数据资料，对广东科技创新人才存在的问题进行比较分析。

一 科技创新人才队伍结构分析方面的问题

（一）人才队伍资源分布不均衡问题突出

广东科技创新人才资源区域分布不均衡的问题比较突出。据统计（见表 5 - 14）[1]，深圳、广州、东莞、佛山是广东省科技创新人才的主要聚集区，核心区沿着粤港澳大湾区的东、西两岸和北部山区这三个方向的人才密度逐步变得稀少，并呈现出中心向外围递减的分布格局。区域人才分布的不均衡势必会导致粤东、粤西和粤北的科技创新事业发展缓慢、产业转型升级迟缓等问题。同时，对于科技创新人才的吸引力也大大降低，进一步加剧了区域科技创新人才资源的不均衡。

表 5 - 14　　　　　　2019 年广东各地市 R&D 活动人员

地市	从事 R&D 活动的人员（万人）	工业企业从事 R&D 活动的人员（万人）	每百万从业人员中 R&D 人员（人）
广州	22.90	10.00	20338.24
深圳	37.79	30.20	29448.75
珠海	4.11	3.42	25480.52
佛山	10.01	9.20	18830.54
惠州	5.92	5.63	18602.07
东莞	13.34	12.45	18758.47
江门	3.52	3.32	12910.07
中山	3.33	3.12	14046.66
肇庆	1.23	1.06	5310.85
汕头	1.55	1.28	6232.54
潮州	0.41	0.35	3729.50
揭阳	0.74	0.70	3729.05
汕尾	0.16	0.15	1310.70
湛江	0.74	0.27	1880.14

---

[1] 数据来自广东省科技厅。

续表

地市	从事 R&D 活动的人员（万人）	工业企业从事 R&D 活动的人员（万人）	每百万从业人员中 R&D 人员（人）
茂名	0.81	0.65	2512.41
阳江	0.19	0.15	1687.44
韶关	0.86	0.63	6413.90
梅州	0.31	0.19	1853.68
清远	0.80	0.76	3970.56
河源	0.25	0.23	1747.64
云浮	0.20	0.12	1573.71

资料来源：由广东省科技厅提供。

（二）基础性和应用性科技创新人才偏少

据统计（见上表5-14），广东的 R&D 人员全时当量和研究人员数量两项数据最高，分别为803208人年和280061人年[1]，其中，广东在试验发展人员的数据上是最高的，而在基础研究人员和应用研究人员两项数据上要差于北京，略微优于上海。但与京津冀、江浙沪两大区域相比，广东在研究人员、基础研究人员和应用研究人员三项指标上均低于京津冀、江浙沪，而试验发展人员的数据要稍微优于京津冀，比江浙沪略差。这说明广东存在基础研究人员和应用研究人员较少、试验发展人员较多，科技创新人才的数量结构不合理的问题。

（三）高学历和高层次科技创新人才偏少

高学历、高层次人才是广东省科技创新人才队伍建设和发展的重中之重。据统计（见表5-15），广东人口总量和人口变动数量虽位居全国首位[2]，但从各地区每10万人口中受大学教育程度的人数来看，广东（15699）比北京（41980）、上海（33872）、江苏（18663）、浙江（16990）等地区要低。其中，广东在受研究生教育和本科教育的人数上，均低于其他省市，尤其是以硕士、博士研究生为代表的高学历人才占比偏低。正是由于广东省高学历人才数量占人口总量偏低的现实，在一定程度上影响着广东省科技创新人才队伍的建设和发展。以粤港澳大湾区9市为

---

[1] 数据来自《中国科技统计年鉴2020》。
[2] 国家统计局《第七次全国人口普查公报》和《中国统计年鉴2020》的抽样数据。

例，从2015年全国1%人口的抽样数据中可知，大湾区的高学历人口占常住人口的17.47%，远低于旧金山湾区的46%和纽约湾区的42%，且低于美国28%的平均水平，可以看出广东省的高质量人才在整体上与世界三大湾区的差距较为明显，也制约着广东省的高新科技产业发展、科技成果转化、科学技术吸纳与输出的贡献程度。同时，两院院士和顶尖科研团队多扎堆北京、上海，广东对战略性科技团队、高端人才的吸引力还有待提升。因此，科技创新人才的质量结构不合理是需要给予高度重视的问题。

表5-15　　　　　　　　我国部分省市人口相关数据

地区	人口总数（人）	每10万人口中受大学教育程度的人数（人）	2019年人口变动数据（人）	受研究生教育的人数（人/万人）	占比（%）	受本科教育的人数（人/万人）	占比（%）
广东	126012510	15699	82975	303	0.37	4687	5.65
江苏	84748016	18663	59066	441	0.75	4623	7.83
浙江	64567588	16990	42727	300	0.70	3018	7.27
上海	24870895	33872	17882	500	2.80	2794	16.00
北京	21893095	41980	15743	1326	8.42	4232	27.00

资料来源：国家统计局《第七次全国人口普查公报》《中国统计年鉴2020》。

二　科技创新人才投入机制存在的问题

（一）科技创新经费支出领域有待调整

在经费支出领域中，地方财政科技拨款和研究与试验发展（R&D）经费在一定程度上影响到广东科技创新人才队伍的建设。以2019年为例，在地方财政科技拨款中，其他科学技术支出（科技孵化器等）有590.62亿元，技术研究与开发支出384.53亿元，而基础研究支出仅有52.3亿元，应用研究支出仅有5.06亿元。[①] 地方财政科技拨款在基础研究、应用研究两个方向的支持力度有待进一步加强。在研究与试验发展（R&D）经费中，按执行部门分，企业占88.5%，高等院校占6.0%，研究与开发机构占3.6%，其他占1.9%；按活动类型分，试验发展经费约占87.4%，

---

① 数据来自《2020年广东科技统计数据》。

应用研究约占 8.0%，基础研究约占 4.6%。① 这两项数据反映出，广东省的高等院校和研究与开发机构中科技创新工作相对较弱，且基础研究和应用研究在 R&D 经费中所占的比重较低。同时，在广东与国内部分省市和区域研究与试验发展（R&D）经费比较中（见表 5-16），广东虽然在经费支出上是最高的，但在基础研究和应用研究要低于北京和上海。在区域性的比较中，广东的经费支出与京津冀和江浙沪的经费支出还是有一定的差距。由此可见，广东省应进一步加强科技创新经费支出。

表 5-16 2019 年部分省市和区域研究与试验发展（R&D）经费内部支出

地区/区域	R&D 经费内部支出（万元）			
	合计	基础研究	应用研究	试验发展
北京	22335870	3554523	5638952	13142395
天津	4629716	246724	491638	3891353
河北	5667279	148850	580123	4938307
上海	15245534	1353100	1990277	11902157
江苏	27795165	762027	1880429	25152708
浙江	16697956	478348	915833	15303775
广东	30984890	1418552	2472767	27093570
京津冀	32632865	3950097	6710713	21972055
江浙沪	59738655	2593476	4786539	52358640

资料来源：《中国科技统计年鉴 2020》。

（二）科技创新经费投入强度相对偏低

近五年，广东在研究与试验发展（R&D）经费投入强度上，虽然呈现着逐年增长的趋势，但与北京、天津、上海、江苏等省市相比，广东的经费投入强度相对偏低（见表 5-17），这在一定程度上影响了科技创新人才队伍的建设和发展。目前，只有 R&D 经费投入强度的提高，才能更好地支持广东省自主创新能力的提升。

---

① 数据来自《2020 年广东科技统计数据》。

表 5-17　近五年部分省市研究与试验发展（R&D）经费投入强度　（单位:%）

	2015	2016	2017	2018	2019
北京	5.59	5.49	5.29	5.65	6.31
天津	4.69	4.68	3.68	3.68	3.28
河北	1.33	1.35	1.48	1.54	1.61
上海	3.48	3.51	3.66	3.77	4.00
江苏	2.53	2.62	2.63	2.69	2.79
浙江	2.32	2.39	2.42	2.49	2.68
广东	2.41	2.48	2.56	2.71	2.88

资料来源：《中国科技统计年鉴 2020》。

三　科技创新人才产出机制存在的问题

（一）高校科研机构人才贡献有待加强

在高等院校科研产出方面，据统计（见表 5-18），广东在发表科技论文、出版科技著作、专利申请数、有效发明专利、专利所有权转让及许可数、专利所有权转让及许可收入和形成国家或行业标准数 7 项产出中，与京津冀和江浙沪相比，仅有专利所有权转让及许可收入优于江浙沪，其他科技产出的效果不佳。其中，广东科技论文发表篇数少于北京和江苏，科技论文的国外发表篇数则少于北京、江苏和上海；在出版科技著作数量上，广东同样少于北京、江苏和上海；在专利申请数上，广东比江苏少，排在第二位，而发明专利申请数中广东排在江苏和北京之后，位居第三位；在有效发明专利的数量上，广东排在北京、江苏、浙江、上海之后，位居第五位；在专利所有权转让及许可数上，广东同样位居第五位；而在专利所有权转让及许可收入上，广东排在江苏、上海之后，位居第三位；在形成国家或行业标准数上，广东虽位居第二位，但与北京的差距较大。这些数据都说明了目前广东省高等学校在科技创新中的产出效果亟待提高。

表 5-18　　　　　2019 年部分地区高等学校科技产出情况

地区	发表科技论文（篇）总数	国外发表	出版科技著作（种）	专利申请数（件）总数	发明专利	有效发明专利（件）	专利所有权转让及许可数（件）	专利所有权转让及许可收入（万元）	形成国家或行业标准数（项）
广东	106172	41079	2365	27042	16514	20938	379	14958	69
北京	131118	58870	4568	19848	16799	59498	402	8902	143
天津	35702	16767	724	9666	7258	12388	165	1002	3
河北	35323	7619	1339	6074	2670	4769	155	847	17
上海	97943	48060	2900	14235	11559	25991	409	15304	28
江苏	141247	59160	2655	48844	32292	55199	2636	21394	37
浙江	57773	28031	2103	23356	15735	33047	953	10387	54

资料来源：《中国科技统计年鉴 2020》。

在研发机构科研产出方面，据统计[①]（见表 5-19），广东在发表科技论文、出版科技著作、专利申请数、有效发明专利、专利所有权转让及许可数、专利所有权转让及许可收入和形成国家或行业标准数 7 项科技产出中，与京津冀和江浙沪相比，仅有专利所有权转让及许可收入优于江浙沪，其他科技产出的效果不佳，也与高等学校的情况相类似。其中，广东的科技论文发表篇数少于北京、上海和江苏，国外发表篇数则少于北京和上海；在出版科技著作数量上，广东仅次于北京，位居第二位，但差距较大；在专利申请数上，广东排在北京、上海、江苏之后，位居第四位；而发明专利申请数中广东同样位居第四位；在有效发明专利的数量上，广东依旧位居第四位；在专利所有权转让及许可数上，广东少于北京、上海，位居第三位；在专利所有权转让及许可收入上，广东位居第一位；在形成国家或行业标准数上，广东位居第三位，与北京的差距较大。这些数据都说明了目前广东省研发机构在科技创新产出上尚存在明显短板，应给予重视。

---

① 数据来自《中国科技统计年鉴 2020》。

表 5-19　　　　2019 年部分地区研发机构科技产出情况

地区	发表科技论文（篇）总数	发表科技论文（篇）国外发表	出版科技著作（种）	专利申请数（件）总数	专利申请数（件）发明专利	有效发明专利（件）	专利所有权转让及许可数（件）	专利所有权转让及许可收入（万元）	形成国家或行业标准数（项）
广东	9823	5135	279	4351	2995	8316	241	52488	164
北京	63902	26998	2262	17625	14491	56429	1357	47249	1659
天津	2955	498	96	1586	1192	2625	43	1824	22
河北	2652	212	94	1228	874	2351	19	8491	49
上海	11787	5683	220	5175	4379	13463	245	31342	234
江苏	10256	3374	193	4417	3372	8929	97	4084	123
浙江	5660	1969	219	2110	1592	4581	95	5968	81

资料来源：《中国科技统计年鉴 2020》。

（二）科技创新成果获奖层次有待提升

据统计（见表 5-20），广东的科技成果登记为 2755 项，多于北京的 766 项和上海的 1348 项，但获得国家级科技奖励成果数量位于北京、上海之后。[①] 而在国家技术发明奖、国家科学技术进步奖上，排在北京之后，上海之前；在国家自然科学奖的获奖成果上，广东与北京、上海获奖成果数存在一定差距。综合来看，广东的科技创新成果具有明显的总量优势，但与北京和上海相比，成果的质量和水平仍有待提升。

表 5-20　　2019 年部分地区科技创新成果登记和获奖情况　　（单位：项）

地区	科技成果登记	省（市）级科技进步奖	国家级科技奖励成果	国家技术发明奖	国家科学技术进步奖	国家自然科学奖	国际科学技术合作奖
广东	2755	135	50	8	39	3	—
北京	766	127	58	11	42	5	—
上海	1348	308	52	7	35	8	2

资料来源：《广东统计年鉴 2020》《北京统计年鉴 2020》《上海统计年鉴 2020》。

（三）技术合同市场成交情况有待改善

据统计（见表 5-21），2019 年广东的技术合同成交数为 33796 项，

---

① 数据来自《中国科技统计年鉴 2020》。

少于北京（83171项）、上海（36324项）。① 其中，在技术开发和技术转让两类合同中，广东成交的合同数比北京少，但略多于上海；在技术咨询合同和技术服务合同的成交数中，广东均少于北京、上海，是广东科技创新产出的薄弱环节。同时，在成交合同金额上，北京的成交总额最高，其次是广东，最后是上海。由于每项技术合同的成交金额存在着差异，使得在四类合同的成交金额与合同成交数之间出现了排名前后不一致的现象。然而，总体来看，广东在技术合同成交数和成交金额上仍然有显著的成长空间，特别是技术咨询合同和技术服务合同两类，需要更大的支持力度。

表5-21　　　　　　　　2019年部分地区技术合同的成交情况

技术合同成交数（项）					
	总数	技术开发	技术转让	技术咨询	技术服务
广东	33796	17891	1223	1320	13362
北京	83171	25930	1951	4176	51654
上海	36324	14685	1161	3417	17061
技术合同成交金额（亿元）					
	总数	技术开发	技术转让	技术咨询	技术服务
广东	2272.78	1068.46	1078.75	3060.82	8874.45
北京	5695.3	945.8	684.7	43.9	4021
上海	1522.21	1012.54	251.71	7.06	250.90

资料来源：《中国科技统计年鉴2020》。

四　科技创新人才平台建设存在的问题

（一）人才队伍建设的组织机构不够完善

广东科技创新人才队伍建设与管理中的体制机制障碍依然存在。北京设立了中关村科技园区管理委员会，上海设立了推进科技创新中心建设办公室来统筹推进本地科技创新人才工作，但是广东目前在省级层面缺乏类似的统筹协调机构，支撑人才跨区域流动与协同创新的组织体制尚不健全。具体看，在广东21个地级市中，仅有深圳市成立了科创委，其他地市大部分停留在科技局的层面，在这种情况下，各地市之间推动科技创新

---

① 数据来自《中国科技统计年鉴2020》。

人才队伍建设协同联动显著不足。目前粤澳港大湾区国际科技创新中心、广深港科技走廊、广珠澳科技走廊的建设，都需要省级层面推动跨区域的协同联动，亟须完善相关组织机构建设。

（二）高层次科技创新平台拥有量偏少

近年来，广东省在高层次科技创新平台的科技基础设施方面实现零的突破，目前已有和在建的大科学装置 11 个。同时，广东建有一批国家级、省级的科技创新平台，并成建制、成体系引进 21 家高水平创新研究院落地建设。但相比于北京、上海等省市，广东省高层次科技创新平台拥有量仍然偏少，在推动产学研合作向纵深发展的过程中，重大科技基础设施、国家级平台等高层次创新平台的数量仍然是影响科技创新能力的关键节点，特别是在基础研究领域中，科技创新人才需要更多高层次的科技创新平台为重要支撑。

五 科技创新人才政策存在的问题

（一）科技创新人才政策成效有待提高

广东在科技创新支持、人才服务保障等方面持续开展政策创新，为广大科技创新人才留在广东创新创业打下了坚实基础。随着简政放权，深化改革等工作的推进，目前也遇到了创新支持政策和人才服务保障政策在各地市落地和衔接的问题，如，个别地市和部分单位对政策的重视程度不高、配合程度不够；地方性配套政策较少，工作开展相对较慢等。因此，广东省需要学习和借鉴北京、上海等省市的成熟经验，充分发挥用人主体在科技创新人才政策落地中的关键作用，破除政策执行障碍，打通人才政策和人才服务的"最后一公里"。

（二）科技创新人才环境营造有待加强

广东在人才服务方面出台了一系列的服务举措，但在科技项目及服务方面，与北京、上海等省市还是存在着一定的差距。2019 年广东出台"科创 12 条"，提出要加强科研诚信和科研伦理建设，持续加大科技创新领域"放管服"改革力度，营造健康的科技创新环境。目前来看，我省的科研诚信管理体系初步建立，但仍需加强科技创新人才的科研诚信和科研伦理教育；在科研项目过程管理方面，项目实施周期内存在着各类评估、检查、抽查、审计等活动，对同一项目同一年度的监督、检查、评估等结果不能互通互认，重复多头检查的情况仍然存在。部分地市对科技创新知识普及和科学家精神的认识程度不够,宣传工作不够到位。因此,广东省的科技创新环境营造的工作仍有待加强。

六 科技创新人才发展影响因素方面存在的问题

(一)科技创新人才评价机制有待优化

根据"科技创新人才对于人才评价实施情况和效果的满意度调查"[①],87.21%的调查对象报告基本满意,61.21%的调查对象认为评价和考核的压力较大,48.74%的调查对象认为人才工作绩效考评功利化程度较为明显或严重。据访谈,现有的科技创新人才评价机制中存在评价次数多,评价周期短,评价重结果,轻过程,容错试错机制不够完善等问题,不利于科技创新人才静心、安心地开展科技创新工作。通过问卷调查(见本章附录5-1)和访谈,我们发现广东省内的各类用人主体在科技创新人才评价机制建设方面的改革与落实进度尚未能够跟上政策调整的步伐,因此,需要用人主体加强人才评价机制建设,更好激发科技创新人才的积极性。

(二)科技创新人才激励体系有待完善

目前,广东科技创新人才激励机制的有效性尚不足。根据本次问卷调查收集到关于科技创新工作的1029条有效建议中,通过观点分析发现,科技创新人才对于人才激励的看法中提及"提高待遇""加大力度""激励""公平性""重视人才""提高经济回报"等关键词的次数多,这说明科技创新人才对人才激励的关注度较高,特别是在待遇方面。在更好地增加科技创新积极性的题项中,32.64%的调查对象选择提高直接经济回报。这些数据说明广东省内的企事业单位等用人主体在人才激励体系方面仍不够完善和健全,科技创新人才的满足感尚不高。因此,需要用人主体重视和完善人才激励体系,激发科技创新人才的创新积极性。

第四节 科技创新人才队伍建设的相关建议

近年来,广东科技创新人才队伍建设的成效显著,形成了"广东优势"和"广东经验"。同时,也面临着人才队伍建设存在的深层次问题,

---

① 该问卷调查为本课题组实施的专项调查。

本节基于前文的研究，从广东科技创新人才发展的优势和战略、科技创新人才工作先进举措与经验、科技创新人才存在的问题等方面提出对策建议。

一 基于科技创新人才发展的优势和战略的建议

（一）广东科技创新人才发展的五大优势建议

广东科技创新人才发展需要利用好制度优势、政策优势、地理环境优势、技术资金优势和科教合作优势。在制度优势上，广东要充分利用好粤港澳大湾区、深圳中国特色社会主义先行示范区、广东自贸区、人才管理示范区、经济特区、"一带一路"等相关制度，在部分地区探索和形成一批科技创新人才发展的先进经验，并进一步在其他地级市进行推广和实施。在政策优势上，广东于2021年9月发布《广东省科技创新"十四五"规划》，专章阐述"聚焦人才队伍建设，着力打造创新人才高地"。该规划是新时期指导全省科技创新人才工作的纲领性文件，广东各地市及相关部门应紧密结合该规划，积极推动本地科技创新人才工作，为科技创新强省建设提供坚强的人才支撑和智力支持。在地理环境上，广东是我国的南大门，既有毗邻港澳台的区位优势，抓住国际人才集聚和国际科技成果转化的机遇期，留下优秀人才；同时，又有丰富的资源优势，相比于江浙沪地区科技创新的联动，泛珠三角地区能够成为广东科技创新发展的宝贵腹地和人才洼地。在技术资金上，广东应利用好各类技术成果转化平台，吸引和促进关键技术成果的转化和落地。同时，借助国内资金及港澳跨境资金为科技创新人才提供支持。在科教合作上，广东已设立和在建的港澳及国内顶尖高校科研院所的校区和研究机构较多且联系紧密，同时，广东省内规模以上企业的研究院所、新型研发平台和实验室等，都是广东科技创新人才的培养、储备和交流的显著优势。

（二）广东科技创新人才发展的五大战略建议

在新时代，广东围绕着深化"一核一带一区"的区域新发展格局，以产业集群区域"星级"布局为导向，在科技创新人才队伍建设中需发展以下五大战略：一是国际化人才发展战略，二是多元化人才培养战略，三是多层次人才聚集战略，四是市场化人才使用战略，五是均等化人才服务战略。当下的科技创新人才需要兼具国际视野和本土意识，既能紧追国际科技创新的前沿动态，又能挖掘本土科技创新的发展潜力。广东的科技创新人才需因地制宜，根据广东各地市的实际情况进行多元化的培养和建设。同时，围绕各地市科技创新的产业链，聚集不同层次的科技创新人才，以科技创新市场发展核心为主导，促进人才要素在各地市间合理、自由流动。

二　基于科技创新人才工作主要举措与经验的建议

基于美国、日本、德国等发达国家，以及京津冀、江浙沪等区域的科技创新人才工作先进举措与经验。广东在科技创新人才队伍建设过程中需要做好顶层设计布局，并坚持科学问题导向。

（一）做好顶层设计布局，统筹科技创新人才的发展规划

广东科技创新人才的培养、储备和引进等是一项系统工程，涉及政府、高校、研发机构、企业、平台、人才、环境等多个要素。目前而言，广东亟须进行区域人才一体化的规划编制，做好顶层设计和总体布局。同时，加快推动和搭建广东国际科技创新中心管理委员会的架构，以产业集群区域"星级"布局等重大战略部署为导向，形成"一核一带一区"的科技创新区域分中心的人才工作协调联动机制。同时，省、市两级的政府部门需要制定以科技创新人才为主体的人才发展规划，以产业布局为核心，做好年度科技创新人才需求发布，通过多种途径逐步破解科技创新人才要素自由流动的难题。

（二）坚持科学问题导向，引领科技创新人才的发展方向

广东科技创新人才建设应坚持创新驱动发展战略，坚持以科学问题为导向，围绕我省社会经济发展和科技创新发展中的科学性问题，以及亟须解决的关键核心技术进行深入钻研，鼓励和引导科技创新人才进行潜心科研攻关，争取破解一批"卡脖子"的关键核心技术。通过科研攻关，培育和储备一批优质科技创新人才，提升科技创新人才的原始创新能力，提高产业核心竞争力。

三　基于科技创新人才队伍问题分析的建议

（一）多路径优化科技创新人才的区域分布

一是启动新一轮科技创新人才发展规划的编制工作。省级人才发展规划要统筹考虑区域产业集群的差异和优势，制定出粤港澳大湾区、沿海经济带、北部生态发展区的分类人才发展规划。各地级市在省级规划的指导

下，编制市区两级的人才发展规划和行动方案。二是推动各地级市紧缺科技创新人才引进目录的发布工作。各地级市参考《粤港澳大湾区（内地）急需紧缺人才目录》，以本地区科技创新和产业发展的实际需求为核心，研究并制定急需紧缺科技创新人才目录，定期发布和更新目录。三是优化现有的人才工程和人才计划。动态调整省级人才项目的支持方向，引导人才合理流动；持续强化各地市级人才项目的支持力度，给予人才全面支持，实现精准引人、高效用人。

（二）全方位加强科技创新人才的梯度建设

一是重点优化科技创新人才的梯队结构。以国际大科学计划、重大人才工程、重大科技计划为抓手，加快形成以顶尖科学家和战略科学家为首，一流科技领军人才和创新团队及青年科技人才、卓越工程师为主的人才梯队结构。二是加快建设具有国际竞争力的人才制度。推动南沙国际人才特区、前海深港现代服务业合作区、横琴粤澳深度合作区等区域分领域进行高端人才制度综合试点改革，制定具有国际竞争力的政策措施，大力吸引"高精尖缺"人才，给予符合条件的高端人才更加便利、优质的服务。同时，面向全省推广科技创新人才发展体制机制改革经验和创新做法。三是大力支持科技创新人才的培育工作。围绕重点领域、重点产业，联合港澳和内地"双一流"高校，及领军科技企业培育一批战略科学家和科技领军人才。支持和鼓励创新团队和平台的梯队化育才，形成稳定可持续的培育机制，不断扩充优质人才规模。抓好以博士博士后为主的青年科技人才培育工作，重视基础研究和应用研究人才的培育，争取进一步扩大省内高校和科研院所的理、工、农、医学科的硕博士生招生规模，探索以"企业为主、高校为辅"的人才培育合作新模式。

（三）多维度促进人才投入机制不断优化完善

一是加大科技创新经费的支出和投入，各地市要加大科技创新经费的支出和投入。在经费支出和投入结构上要进行优化，大力度支持基础和应用研究。二是推动省市两级国有企业和科技类头部企业积极设立科技创新投资基金，以基金定投的形式支持科技创新人才，带动一批科技创新项目的发展，促进相关成果的转化。三是引导港澳优质创投资源融入广东科技创新人才投入机制，借助相关创投资源的国际视野，进一步提升科技创新成果的质量。四是发挥好省级和各地市人力资源服务产业园的积极作用，为科技创新人才提供科学、适度、合理的"人才贷"，支持各类科技创新人才创新创业。

（四）深入推动多方协同的产学研深度合作

一是建立以企业为主体、市场为导向、产学研深度融合的技术创新体系，围绕广东产业发展的导向需求，进行前瞻性的研究合作，形成一批前沿性的科技成果，发挥出高校科研院所的科技创新实力。二是支持粤港澳企业、高校、科研院所共建高水平协同创新平台，推动科技成果转化。企业根据自身发展需求的关键技术问题，采用揭榜领题的模式发布研究需求，支持和鼓励更多科技创新人才参与关键技术攻关。三是实施粤港澳科技创新合作发展计划和粤港联合创新资助计划。以粤港澳合作课题为抓手，支持和鼓励省内高校及科研机构与港澳知名高校进行科技创新的交流与合作，提升高校的学科水平。四是支持设立粤港澳产学研创新联盟。推动粤港澳三地相关高等院校、科研机构的科技创新研究成果转化。

（五）加快推进重大科技创新载体平台建设

一是推进科技创新人才统筹性管理平台建设，以粤港澳大湾区国际科技创新中心和国家科学中心先行启动区的建设为基础，加快建设科技创新人才综合数据库。建议以学科为标准、产业集群为导向，整合现有科技创新人才资源，构建"省—市"联动的科技创新人才大数据平台、科技创新人才交流与技术资源共享云端对接平台。二是借助国家和本省的优质资源，重点支持建设一批国家实验室和新型研发机构，在粤港澳大湾区内地和港澳地区布局一批高层次、高质量的联合科技创新平台。三是围绕我省产业集群规划和布局，推动一批优质的科技创新平台通过设立分支机构、联合实验室和博士后工作站等多种形式，在粤东、粤西和粤北地区落地，形成广东省科技创新人才高地的规模效应。四是推动省内各类型优质科技创新平台的功能延伸，发挥好平台主体在引才、聚才、育才、用才、留才、管才六方面的作用，强化综合服务水平，集聚一批优秀的战略科学家、领军科技人才、青年博士博士后及科技创新团队，在最大限度上发挥出优质平台的人才集聚效应。

（六）加快推动科技创新人才分级分类评价

一是完善科技创新人才评价体系，用人单位要以创新价值、能力、贡献为导向，不断优化单位内部的科技创新人才评价体系，形成并实施有利于科技人才潜心研究和创新的评价体系。二是推动科技创新人才评价改革，职称评审制度改革有效地推动了广东科技创新人才的发展，而科技项目和人才计划项目评价的改革较为迟缓，建议有关部门推动相关评价工作的改革，不以时间作为评价考核截点，更加注重相关成果的创新价值和社会效益，为更多优秀的科技创新人才松绑。三是健全科技创新人才分级分类评价机制，科技创新工作是一个具有不确定性的探索过程，时间上和成果上均有不确定性。比如，应用研究人员容易出成果，而基础研究人员需要投入大量时间和精力，在成果上存在着成功和失败的两种可能性。在这种情况下，我们通过建立以创新价值、能力、贡献的分类评价体系，依据不同类型科技创新人才的工作特点，进行分类评价考核，并给予相应的激励，让更多的科技创新人才能够潜心研究和创新。

（七）健全科技创新人才发展服务保障体系

一是以"粤港澳大湾区人才港"建设为契机，进一步推动和深化各地市的政策衔接和服务保障工作，实现在各地级市"一次备案，全省畅行"。二是以21个地级市人才服务平台建设为推手，打造地级市的"人才港"和"人才社区"，加强全省和21个地级市间服务资源共享，贯通省市区三级人才服务体系，更好地为科技创新人才提供便捷服务。三是重视和加强科技创新人才服务保障工作，各级政府要有"店小二"的服务精神和服务意识，为各类科技创新人才解除人才后顾之忧，增强科技创新人才归属感。

总之，本章围绕广东省科技创新人才，从人才队伍现状、人才工作的主要举措与经验、人才队伍问题三个层面进行阐述。根据广东的实际情况，建议广东省在科技创新人才队伍建设中要用好制度、政策、地理环境、技术资金、科教合作等发展优势，坚持国际化人才发展战略、多元化人才培养战略、多层次人才聚集战略、市场化人才使用战略、均等化人才服务战略五大战略为导向。在全省的人才工作中亟须进行区域人才一体化规划的编制，编织出一张科技创新人才"可流动的人才网"，发挥好省内各类科技创新人才协同创新的最大效应。同时，提出多路径优化科技创新人才的区域分布；全方位加强科技创新人才的梯度建设；多维促进人才投入机制不断优化完善；深入推动多方协同的产学研深度合作；加快推进重大科技创新载体平台建设；加快推动科技创新人才分级分类评价；健全科技创新人才发展服务保障体系七项建议。

展望广东在"十四五"规划期间的科技创新人才队伍建设，青年科技创新人才和基础性科技创新研究人才的培育和储备是关键。同时，如何采用分类评价方法激发各类科技创新人才的创新活力,如何打破科技创新人才的束缚,促进科技创新人才的自由流动,盘活各类科技创新人才资源;如何加快广东本土的科技创新人才与国际人才、港澳人才的高度融合和协同创新,畅通人才交流往来的各类便捷途径等,希望通过关注和研究这些现实问题,能为广东的科技创新事业、粤港澳大湾区和国际科技创新中心的建设添砖加瓦,促进广东的社会经济发展取得更大的成绩。

附录5-1 科技创新人才调查问卷

尊敬的科技创新人才:

您好!首先对您百忙之中抽出时间接受本问卷调查,对您的支持和理解表示衷心的感谢!这是一份无记名调查问卷,答案无对错之分,旨在调查了解科技创新人才的需求结构、工作满意度及影响工作状态的各类因素。您所填的问卷仅供学术探讨使用,不会对您个人有任何负面影响,可能需要占用您约5分钟的时间。请您务必不要遗漏任何一个问题,以保证此调查问卷的完整性,恳切期待您根据实际情况尽量轻松翔实作答。

祝您工作顺利,事业蒸蒸日上!

广东省人才发展研究报告(蓝皮书)研究课题组

一、基本情况

题项	选项	
1. 您的性别	A. 男	B. 女
2. 您的年龄	A. 30岁以下 C. 41—50岁	B. 30—40岁 D. 51岁以上
3. 您的最高学位或学历	A. 博士 C. 本科	B. 硕士 D. 专科及以下
4. 您来自哪里	A. 国外 C. 外省	B. 港澳台 D. 本省
5. 您的学科专业背景是	A. 理科 C. 农科 E. 管理学科	B. 工科 D. 医科 F. 其他学科

续表

题项	选项
6. 您现在的职称/级别	A. 院士　　　　　　　　　　B. 正高级 C. 副高级　　　　　　　　　D. 中级 E. 初级及以下
7. 您在科技创新工作中的角色	A. 科学家　　　　　　　　　B. 工程师 C. 中青年领军人才　　　　　D. 科技创新创业人才 E. 其他人才
8. 您参与科技创新工作的时间	A. 1—5 年　　　　　　　　　B. 6—10 年 C. 11—20 年　　　　　　　　D. 21—30 年
9. 您从事科技创新工作的主要类型	A. 基础研究　　　　　　　　B. 应用研究 C. 开发研究　　　　　　　　D. 综合研究 E. 其他研究
10. 您工作单位（机构）所在的区域在	A. 珠三角　　　　　　　　　B. 粤东 C. 粤西　　　　　　　　　　D. 粤北
11. 您所在单位（机构）的性质是	A. 部属高校　　　　　　　　B. 省属高校 C. 市属高校　　　　　　　　D. 央属科研院所 E. 省属科研院所　　　　　　F. 市属科研院所 G. 国有企业　　　　　　　　H. 外资企业 I. 民营企业　　　　　　　　J. 其他

二、基本需求

题项	选项
1. 您从事科技创新工作的内生动力是（最多选 3 项）	A. 事业责任　　　　　　　　B. 专业兴趣 C. 能力特长　　　　　　　　D. 自我成长 E. 满足生活　　　　　　　　F. 社会荣誉 G. 良好氛围　　　　　　　　H. 榜样激励
2. 您目前从事的科技创新工作能够支撑起家庭生活的情况	A. 高质量　　　　　　　　　B. 中等水平 C. 一般水平　　　　　　　　D. 较差水平 E. 非常差
3. 您目前从事的科技创新工作能够给您带来的归属感程度	A. 非常高　　　　　　　　　B. 高 C. 一般　　　　　　　　　　D. 低 E. 非常低
4. 通过科技创新工作，您的潜力和能力得到了充分的释放和发挥	A. 非常同意　　　　　　　　B. 同意 C. 一般　　　　　　　　　　D. 不同意 E. 非常不同意

续表

题项	选项	
5. 通过科技创新工作，您求知的兴趣得到了满足	A. 非常同意 C. 一般 E. 非常不同意	B. 同意 D. 不同意
6. 通过科技创新工作，您收获的是快乐和幸福	A. 非常同意 C. 一般 E. 非常不同意	B. 同意 D. 不同意
7. 通过科技创新工作，您获得了高的成就感	A. 非常同意 C. 一般 E. 非常不同意	B. 同意 D. 不同意
8. 通过科技创新工作，您获得了一定的社会声誉	A. 非常同意 C. 一般 E. 非常不同意	B. 同意 D. 不同意
9. 通过科技创新工作，您获得了企业及其他社会群体的认可	A. 非常同意 C. 一般 E. 非常不同意	B. 同意 D. 不同意
10. 通过科技创新工作，您获得了充分的社会尊重	A. 非常同意 C. 一般 E. 非常不同意	B. 同意 D. 不同意

三、考核评价

题项	选项	
1. 您对目前科技创新人才评价的实施情况和效果感到	A. 很满意 C. 基本满意 E. 很不满意	B. 满意 D. 不满意
2. 您在完成科技创新工作感受来自评价和考核的压力大吗？	A. 很大 C. 一般 E. 无	B. 较大 D. 不大
3. 您对当前科技创新工作的绩效考评标准是否满意	A. 很满意 C. 基本满意 E. 很不满意	B. 满意 D. 不满意
4. 您认为科技创新工作的绩效考评功利化程度怎么样	A. 很严重 C. 一般 E. 无	B. 较明显 D. 不大
5. 您认为科研工作的考核强调数量化的程度如何？是否有足够的时间保证？	A. 很严重 C. 一般 E. 无	B. 较明显 D. 不大

第六章

广东省制造业人才队伍现状和发展对策

制造业人才是具有相关领域的专业知识和技能，且同时具备或特别擅长于技术创新、经营管理或实际操作等能力，长期工作于制造业领域各类型企业中，积极为制造业产业发展和社会进步做出贡献的各类、各层次人才。制造业人才队伍的发展直接关系到我国建设制造强国，以及广东省建设制造强省目标的实现。在国家《中国制造2025》《制造业人才发展规划指南》等文件出台的背景下，近年来，广东省积极探索制造业人才队伍建设的实施路径，在全国率先制定并出台《关于强化我省制造业高质量发展人才支撑的意见》，进一步强化支撑引领广东省制造业高质量发展的人才力量，助推制造强省建设。目前而言，广东省制造业人才队伍在新冠肺炎疫情、国际形势等不确定因素的影响下，面临着新的挑战和机遇。因此，本章对于广东省制造业人才队伍建设与发展的现状、优势经验以及相关问题进行了分析，并提出相关的对策建议。

第一节 制造业人才队伍的现状分析

近年来，广东省在制造业人才队伍建设方面取得明显成效，在2019年俄罗斯喀山举办的第45届世界技能大赛中，广东省22位选手代表国家参加20个项目的比赛，获得8金、3银、1铜及8个优胜奖，金牌数量占中国队的一半，也刷新了上一届赛事的奖牌纪录，实现了金牌数、获奖数的又一次突破。广东省选手在世界技能大赛上的表现，反映出广东省在制造业人才方面，尤其是技能人才队伍建设方面的一系列举措取得丰硕成果。同时，也说明广东省在推动经济高质量发展的过程中，相关产业的技术发展水平在国内外已处于领先地位。但也要清醒地认识到广东省在先进制造领域中仍然存在着"卡脖子"的关键技术问题,这说明在制造业人才队伍建设方面,广东省仍需要继续努力。

为了全面了解与分析广东省制造业人才队伍的现状,有必要对制造业人才的概念和分类进行界定和说明。

一 制造业人才的概念和分类

(一) 制造业人才的定义

关于制造业人才,在国际上通常被称为制造业工人、技术工人、产业工人等。而在国内通常被称为技能人才、工程技术人才等。根据国务院2015年发布的《中国制造2025》,以及2017年国家教育部、国家人力资源和社会保障部、国家工业和信息化部联合印发《制造业人才发展规划指南》中,明确指出在当前我国制造业人才队伍中,重点打造以专业技能人才、企业经营管理人才、高技能人才为主体的制造业人才核心队伍。基于此,我们认为制造业人才是具有相关领域专业知识和技能,且同时具备或特别擅长于技术创新、经营管理或实际操作等能力,长期工作于制造业领域各类型企业中,积极为制造业产业发展和社会进步做出贡献的各类、各层次人才。

(二) 制造业人才的分类

制造业人才的分类有广义和狭义的两种分法。其中,广义的制造业人才是以2017年的《制造业人才发展规划指南》为依据,包括专业技术人才、技能人才和企业经营管理人才三类;狭义的制造业人才是以技能人才对技能的掌握和熟练程度为准,包括普通操作工人、技能人才、专业技术人才三类。本章中的制造业人才更偏向于广义的制造业人才。

二 制造业人才现状分析

(一) 从业人员总量稳居全国首位,省内从业人员总体下降

根据《广东统计年鉴2020》的数据显示,2019年广东省制造业年末从业人数2043.61万人,分别是江苏的1.36倍和浙江的1.52倍。而在2011—2019年粤苏浙鲁规模以上制造业年均就业人数的数据中(见图6-1),2019年广东省规模以上制造业年均用工人数达1287.40万人,是江苏的1.56倍。总体来看,广东省的就业规模明显高于其他省份,连续多年稳居全国首位。同时,相关数据显示,从2010—2019年,广东省制造业年末从业人数减少

了 171.06 万人，规模以上制造业年均用工人数自 2010 年开始快速下降，从 2010 年的 1534 万人降至 2019 年的 1287.4 万人。受产业转型升级和产业结构调整影响，从全国范围来看，除浙江外，同期江苏、山东等制造业大省制造业就业人数均普遍下降，下降比例与广东省基本一致。

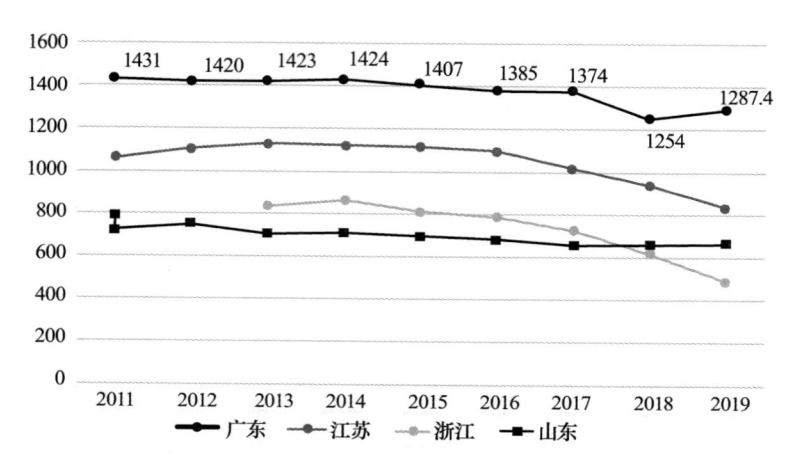

图 6-1　2011—2019 年粤苏浙鲁规模以上制造业年均就业人数变动折线图
资料来源：课题组根据相关统计年鉴整理得到。

（二）国内比较人才规模优势明显，国外比较部分人才整体偏低

广东省制造业人才队伍中的企业经营管理人才、专业技术人才和技能人才三支核心人才队伍的结构优势明显，均位居全国前列。但部分人才类别占比偏低。

在企业经营管理人才方面，根据广东省市场监管局提供的企业年报数，2019 年底，全省制造业企业数为 71 万户，制造业企业数量显著高于江苏（61.9 万户）、浙江（55 万户）、山东（44.3 万户）。根据上市公司统计数据，2020 年广东省制造业上市企业高管人数 4268 人，高于浙江（3360 人）、江苏（3092 人），居全国第一。据中华全国工商业联合会统计，2019 年全国优秀企业家评选"榜单"中，广东省制造业企业家共 12 人次"上榜"，位居全国第一。

在专业技术人才方面，规模总量全国第一，但研发人员整体偏低。到 2020 年末，全省约拥有专业技术人才 720 万人，制造业专业技术人才约 200 万人。2019 年末，广东省规模以上工业企业 R&D 人员数量为 83.89

万人，占就业人员比重约 6.38%，2020 年约为 6.5%，广东省规模以上工业企业 R&D 人员数量低于江苏（约 89.77 万人），高于浙江、山东，占比低于江苏（约 11%）、浙江（约 8.5%）。就制造业而言，2019 年末规模以上制造业企业 R&D 人员数量约为 82.63 万人，占比约为 6.4%，2020 年末占比约为 6.5%，明显低于美国 2016 年公布的平均水平（9.2%）。这些数据反映出广东省在研发人员的数量和质量上，与制造业发展地位存在一定的不匹配。

在技能人才方面，2020 年末，广东省拥有技能人才约 1360 万人，高技能人才占比 32.7%，其中，制造业技能人才约 545 万人，高技能人才约 178 万人。但整体高技能人才数量占全社会就业数量的比重（6.2%）远低于德国（50%）和日本（40%），与发达国家差距明显。

三 制造业人才现状调查

为深入了解广东省制造业人才队伍的质量现状，课题组编制了《广东省制造业企业人才现状调查问卷（企业管理者）》（以下简称《现状调查问卷》）和《广东省制造业企业员工需求调查问卷（员工）》（以下简称《需求调查问卷》），并通过"问卷星"平台的形式进行发放。《现状调查问卷》由制造业企业中分管组织人事的领导或者部门负责人填写，《需求调查问卷》由制造业企业的中层员工和基层员工填写。为了确保收集到的调查数据尽量全面和具代表性，在选择发放主体时考虑三方面的要求：一是在制造业企业区域分布方面，珠三角地区制造业企业占比不超过 85%，粤东、粤西、粤北三个地区企业数量占比不低于 15%；二是在企业属性方面，先进制造业企业数量占比 60% 左右，传统制造业企业数量占比 40% 左右；三是在企业员工调研对象方面，制造业企业的员工需在当前企业工作满 2 年以上，其中，具备职称的中层员工占比 80% 左右，基层员工占比 20% 左右。因此，收回的问卷即全部为有效问卷。其中，企业管理者问卷收回 396 份，员工问卷收回 1469 份。

（一）制造业人才质量现状

在制造业企业经营管理者的人才质量方面，整理《现状调查问卷》的数据，得到制造业企业经营管理人才的职称结构比例图（见图 6-2）、学历结构比例图（见图 6-3）和工作年限柱状图（见图 6-4）三个数据图，在以上数据图中发现，具有中级及以上职称的企业经营管理人才占比为

41.16%，具有大学本科及以上学历的占比 45.45%。在制造业工作 10 年以上的企业经营管理人才占比为 65.15%，其中，工作时间在 11—20 年的占比为 46.46%。可见，制造业企业对经营管理人才的职称、学历，以及工作经验都有较高的要求。

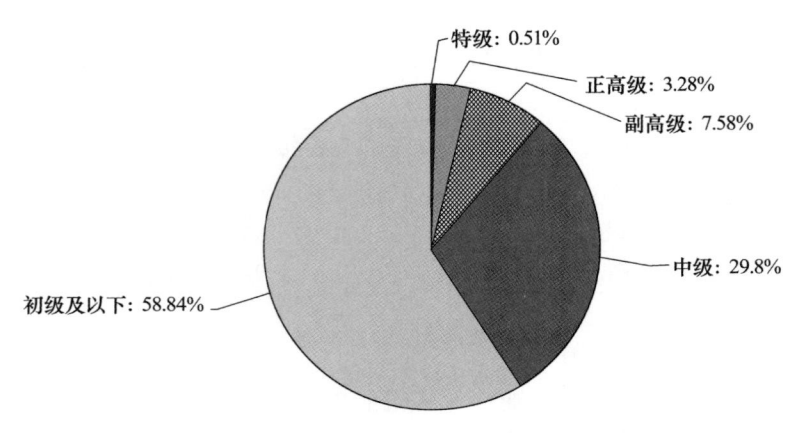

图 6-2 制造业企业经营管理人才职称结构比例图

资料来源：课题组根据调查问卷数据整理得到。

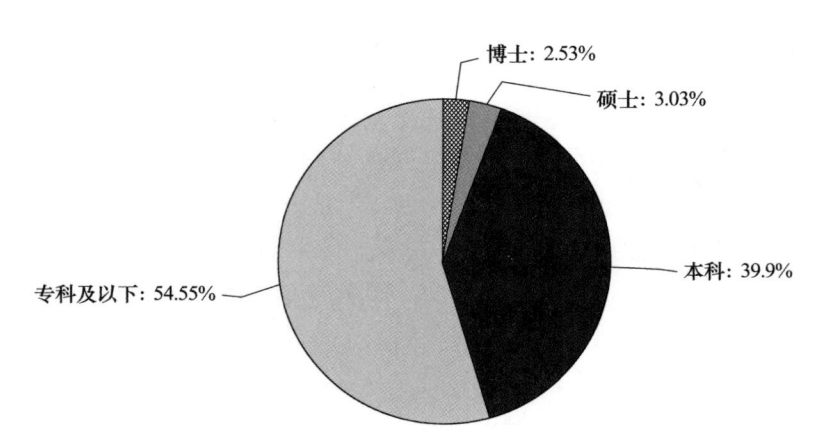

图 6-3 制造业企业经营管理人才学历结构比例图

资料来源：课题组根据调查问卷数据整理得到。

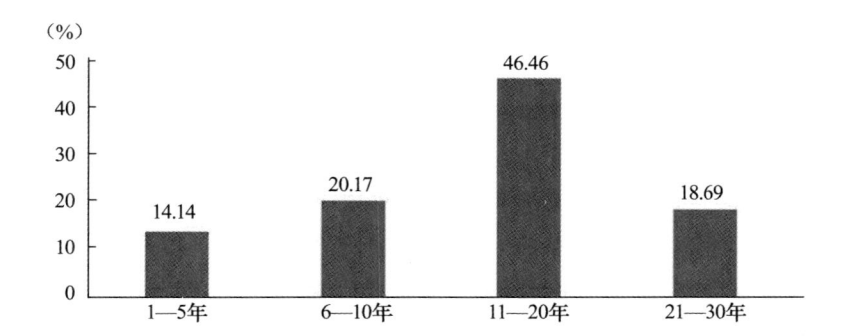

第六章 广东省制造业人才队伍现状和发展对策　　147

图 6-4　制造业企业经营管理人才工作年限柱状图
资料来源：课题组根据调查问卷数据整理得到。

在制造业企业员工的人才质量方面，整理《需求调查问卷》的数据，得到制造业企业专业技术人才和技能人才的职称结构比例图（见图 6-5）、学历结构比例图（见图 6-6）和工作年限柱状图（见图 6-7）三个数据图，在以上数据图中发现，具有中级及以上职称的技能人才和专业技术人才占比为 19.55%，具有大学本科及以上学历的占比为 23.3%。在制造业工作时间为 1—5 年的技能人才和专业技术人才占比为 39.92%。可见，在制造业企业中对技能人才和专业技术人才的职称、学历，以及工作经验的要求偏低。

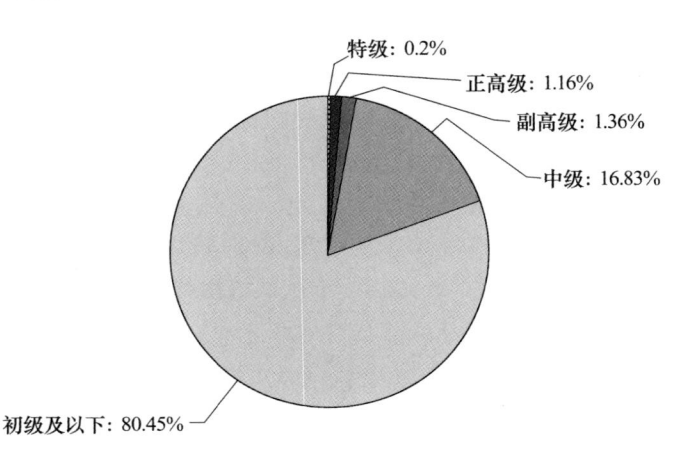

图 6-5　制造业企业专业技术人才和技能人才职称结构比例图
资料来源：课题组根据调查问卷数据整理得到。

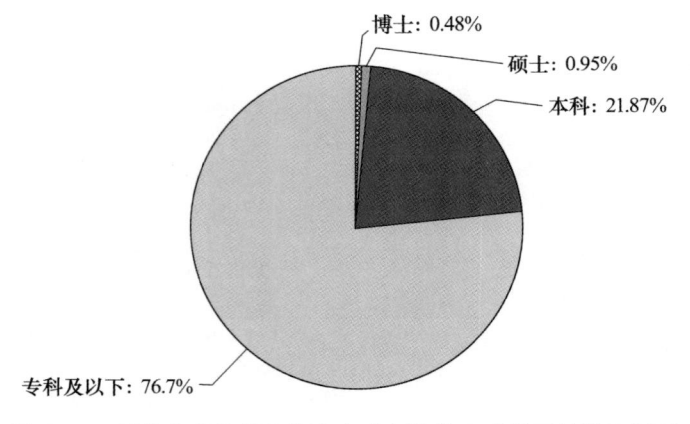

图6-6 制造业企业专业技术人才和技能人才学历结构比例图
资料来源：课题组根据调查问卷数据整理得到。

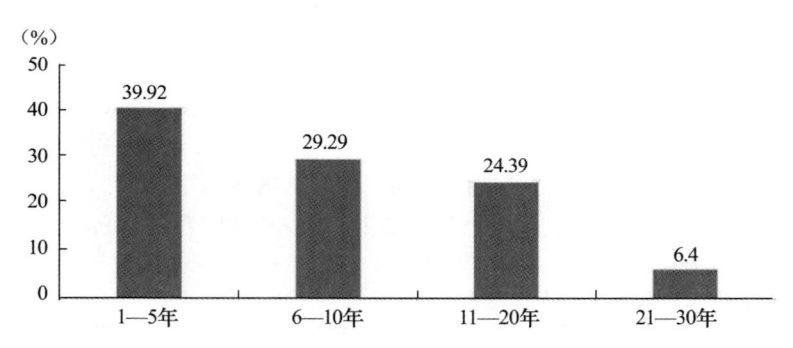

图6-7 制造业企业专业技术人才和技能人才工作年限柱状图
资料来源：课题组根据调查问卷数据整理得到。

（二）制造业人才结构现状

在制造业企业经营管理者的人才结构方面，整理《现状调查问卷》的数据，得到制造业企业经营管理人才区域分布结构比例图（见图6-8）和行业分布柱状图（图6-9）。从人才地区分布来看，制造业企业经营管理人才主要集中在珠三角地区，占比56.82%；另外，粤东占比18.43%，粤西占比14.65%，粤北占比10.10%。从人才的行业分布来看，制造业企业经营管理人才占比前三位的行业是金属制品业（占比14.9%）、计算机、通信和其他电子设备制造业（占比11.11%）、通用设备制造业（占比8.59%）。

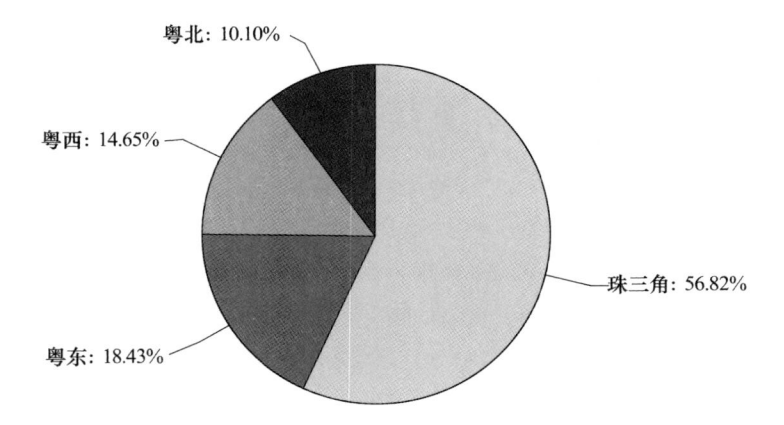

第六章 广东省制造业人才队伍现状和发展对策　　149

图 6-8　制造业企业经营管理人才区域分布结构比例图

粤北：10.10%
粤西：14.65%
粤东：18.43%
珠三角：56.82%

资料来源：课题组根据调查问卷数据整理得到。

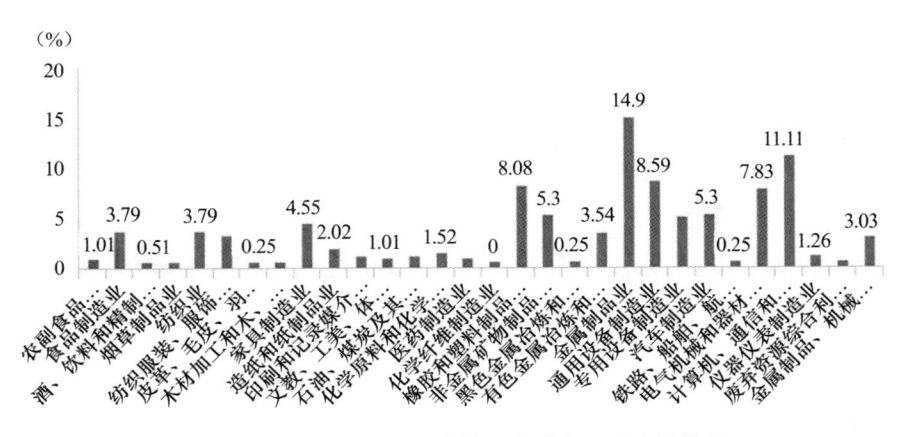

图 6-9　制造业企业经营管理人才行业分布柱状图

资料来源：课题组根据调查问卷数据整理得到。

在制造业企业员工的人才结构方面，整理《需求调查问卷》的数据，得到制造业专业技术人才和技能人才区域分布结构比例图（见图 6-10）。我们发现制造业技能人才和专业技术人才主要集中在珠三角地区，占比 55.62%；另外，粤东占比 24.23%，粤西占比 11.57%，粤北占比 8.58%。制造业企业的技能人才和专业技术人才区域分布现状与经营管理人才区域分布情况基本保持一致。

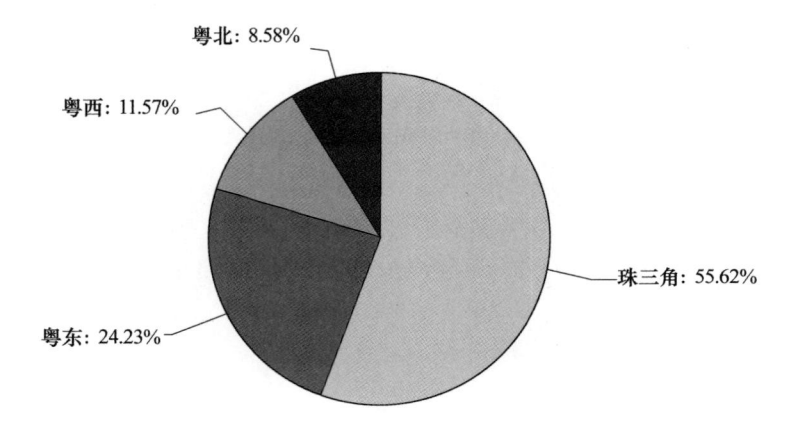

粤北：8.58%
粤西：11.57%
粤东：24.23%
珠三角：55.62%

图 6-10 制造业企业专业技术人才和技能人才区域分布结构比例图
资料来源：课题组根据调查问卷数据整理得到。

综上所述，根据问卷调查的情况，广东省制造业各类人才分布与产业结构基本一致。广东省制造业前两大产业分别为计算机、通信和其他电子设备制造业，及装备制造相关的电气机械和器材制造业，其规模以上企业增加值规模占比（分别为26.7%、10.4%）与用工人数占比（分别为24.15%、13.07%）基本一致。

第二节 制造业人才发展优势与开发经验

一 制造业人才发展趋势的优势分析

（一）强化人才支撑，夯实制造业发展根基

近年来，广东省出台《关于强化我省制造业高质量发展人才支撑的意见》《关于推动制造业高质量发展的意见》《广东省制造业数字化转型实施方案（2021—2025年)》《广东省制造业数字化转型若干政策措施》和《广东省制造业高质量发展"十四五"规划》等文件，采取了一系列的措施，多所高校获批"卓越工程师教育培养计划"，积极探索和培养各专业的"卓越工程师"；制造业企业开展"产业数字化转型人才培养"试点，培养复合型、应用型的制造业人才；制造业企业开展产教融合，开发"1+X"职业技能等级证书。同时，加强高校、职业院校、技工院校等制造业数字化领域相关学科和专业建设，推进产教融合、校企合作，培养制造业复合型人才。

（二）健全引育机制，打造制造业产业体系

从《广东省先进制造业发展"十三五"规划》到《广东省制造业高质量发展"十四五"规划》，广东省制造业朝着高质量发展迈出坚实步伐。在"十三五"期间，广东省初步形成"一核一带一区"制造业协同发展格局，为"十四五"时期全省制造业高质量发展奠定较好的基础。在"十四五"规划中，为了推动制造业高质量发展，广东省提出了实施强核工程、立柱工程、强链工程、优化布局工程、品质工程、培土工程六项重大工程。在制造业人才发展方面，提出加强制造业人才发展统筹规划、组建制造业重点产业人才联盟、创新制造业领域"高精尖缺"人才引进模式为主导的制造业人才培育专项行动。

二 基于制造业人才发展实力的优势分析

（一）广东省制造业人才培养优势分析

一是高等教育、职业教育快速布局，人才培养资源向制造业倾斜。在"十三五"期间，广东省重点发展先进制造业，不断从普通高校（含本科院校和高职专科院校）、中等职业学校、技工学校高校吸纳毕业生。至2020年，广东省有普通高校154所，包括67所本科院校和87所高职专科院校，在校生合计240.02万人，毕（结）业人数55.2万人；中等职业学校396所，2020年在校生86.68万人，毕（结）业人数23.25万人，对口就业率83.78%，专业技能合格率88.20%，资格证书考取率65.11%；技工学校149所，2020年在校生60.9万人，约占全国的六分之一，毕（结）业人数约17万人，制造业成为毕业生就业去向人数最多的行业。

二是职业教育综合改革发力，创新人才培养机制。近年来，广东省颁布了《广东省职业教育条例》，出台《广东省现代职业教育体系建设规划（2015—2020年）》《广东省职业教育"扩容、提质、强服务"三年行动计划（2019—2021年）》等一系列文件，职业院校在竞赛获奖、校企合作、教学水平、产教融合等各个方面工作取得显著成效。在竞赛获奖方面有新的突破，高职院校在国家第一届职业技能大赛、全国职业院校技能大赛教学能力比赛等多项赛事中均获得奖项；在证书改革试点方面有新的成效，广东省成立"1+X"证书制度试点工作领导小组，积极稳妥推进"1+X"证书制度试点工作，据相关部门统计，2020年全省试点证书增加到88个，覆盖 96% 的证书，参与试点的学生达到 17 万人，试点院校达到 275 所，试点规模位居全国前列；在职业教育体系方面有新的发展，围绕制造业转型升级、粤港澳大湾区建设和深圳中国特色社会主义先行示范区建设，广东省职业教育深入推行中国特色学徒制，探索"高职—企业—中职"产业学院，推行集团化办学。目前，全省成立的职业教育集团 66 家，参与单位包括 371 所职业院校、205 个行业协会、4000 多家企业；在产教融合建设方面有新的亮点。2020 年广东省发展和改革委员会确定广州地铁集团有限公司等 878 家企业为第一批产教融合型培育企业，中职学校在产教融合企业培育中起到重要推动作用。深圳率先探索"政府出补贴、企业出场地、校企共建共享"建设模式，累计投入资金超过 4 亿元，建成职业教育产教融合实训基地 219 个。

（二）广东省制造业人才竞争优势分析

一是人口增速快，年龄结构较优。根据第七次全国人口普查的数据显示，广东省常住人口为 12601 万人，相比第六次全国人口普查（2010 年）增长 2170 万人，增长比重达 17.23%，位居全国人口增速第一，稳定快速的人口增长为广东省劳动力资源乃至各行各业人才增长需求奠定了基础。从人口年龄结构来看，广东省 0—14 岁年龄人口的占比为 18.85%，高于全国的 17.95%；15—59 岁年龄人口的占比为 68.80%，高于全国的 63.35%；60 岁及以上人口的占比为 12.35%，低于全国的 18.70%，其中 65 岁及以上人口占比为 8.58%，低于全国的 13.50%。综合来看，广东省人口的年龄结构优于其他省份，劳动力资源较为丰富。

二是借力大湾区，人才集聚效应显著。珠三角地区作为广东省核心经济区域，是粤港澳大湾区的主体。根据全国第四次经济普查数据显示，2018 年，粤港澳大湾区高技术制造业企业数达 7942 个，是长三角地区三省一市的 78.3%，占大湾区规模以上制造业的 13.0%，高于长三角地区三省一市 4.0 个百分点，分别比上海、江苏、浙江和安徽高 4.0 个、0.4 个、2.3 个、5.2 个百分点。电子及通信设备制造业企业数是江苏的 2.4 倍，利润总额是江苏的 2.1 倍。相关数据表明，粤港澳大湾区在金融服务、贸易与物流、科技创新、高端制造业等方面具有行业优势，有实力与世界知名的纽约湾区、旧金山湾区、东京湾区等国际湾区竞争，这对高层次人才形成了巨大吸引力。

三是逐渐形成产业集群与地区专业化，人才聚合实现"1+1>2"。广东省在产业集群化发展方面具备一定的基础，新一代电子信息、绿色石化、智能家电、汽车产业、先进材料、现代轻工纺织、软件与信息服务、超高清视频显示、生物医药与健康、现代农业与食品等产业集群 2019 年营业收入合计达 15 万亿元，具有坚实发展基础和增长趋势，是广东省经济的重要基础和支撑；半导体与集成电路、高端装备制造、智能机器人、区块链与量子信息、前沿新材料、新能源、激光与增材制造、数字创意、安全应急与环保、精密仪器设备十大战略性新兴产业集群 2019 年营业收入合计达 1.5 万亿元，集聚效应初步显现，增长潜力巨大。从制造业产业的总体来看，广东省以高端电子信息制造业、先进装备制造业、石油化工产业、先进轻纺制造业、新材料制造业、生物医药及高性能医疗器械产业的六大产业为发展重点，通过产业集群的资源整合弥补自身不足，从而达到"1+1>2"的影响效应。

三 制造业人才队伍建设的经验分析
（一）加强制造业人才发展规划

广东省坚持制造业人才队伍建设和产业发展同步规划、同步推进，统筹产业集群、人才集群与区域协调发展，以产业集群建设推动人才集群发展，以人才集群促进产业集群迈向全球高端价值链。围绕"一核一带一区"区域发展新格局和战略性产业集群建设要求，建立健全以制造业人才中长期发展规划为统领，以重点领域和重点产业人才队伍建设规划为支撑，各类规划之间协同配套、有机衔接的规划体系。围绕制造业产业链的重点领域和关键环节，加快制造业人才储备，打造制造业人才的发展体系。珠三角地区依托广深港、广珠澳科技创新走廊，发挥制造业创新中心、技术创新中心、国家和省实验室、龙头骨干企业等的作用，聚集新一代电子设备、智能家电、汽车制造、生物医药与健康、软件与信息服务、高端装备制造、超高清视频显示、前沿新材料等产业集群，打造先进制造业和高技术产业人才集聚高地，构筑制造业人才发展的核心动力源；沿海经济带东西两翼依托大项目、大园区，聚焦绿色石化、先进材料、现代轻工纺织、新能源等产业集群；北部生态发展区围绕现代农业与食品产品集群、特色优势产业转型升级和绿色低碳新型制造业，加快培育支撑引领本地产业发展的专业化、特色化人才队伍，推动粤东、粤西、粤北地区制造业人才差异化发展。

（二）创新制造业人才引育模式

广东省主动因应国际形势的调整变化，扩大引才视野，创新引才方式，实施更加稳健实务、灵活有效的人才政策。加大对制造业领域领军人才、青年博士博士后以及创新创业团队引进的支持力度。坚持"卓越工程师"培养，聚焦战略性产业集群，分类制定重点产业人才开发线路图，运用大数据等实施靶向引才，重点引进能够突破制造业关键核心技术、发展高新技术产业、带动传统优势产业优化升级和提升产业链供应链水平的技术创新领军人才。同时，积极鼓励地方政府、企业、高等学校、科研院所与国际知名企业、高等学校、科研机构开展交流合作，推动国际高端人才集聚平台在粤落地落户。充分发挥"双区"建设、"双城"联动政策叠加优势，携手港澳开展国际人才合作。健全人才引进绿色通道，对引进掌握"卡脖子"技术的高水平急需紧缺人才、团队和机构，采取"一事一议"方式给予特殊支持。优化海外引才综合服务保障政策，确保人才引得进、留得住、用得好。

（三）强化制造业企业主体作用

为推动《关于强化广东省制造业高质量发展人才支撑的意见》的落实，切实解决制造业企业引才、用才困难，强化制造业企业引才、育才、用才的主体作用，广东省开展制造业高端人才"千企智造·智汇行动"，发挥政府搭台作用，借助专业人力资源机构力量，以实际惠企措施降低企业引进高端人才成本，助力广东省制造业企业吸引凝聚一批优秀人才。参加该活动的企业基本涵盖广东省重点领域的制造业企业，岗位需求覆盖技术研发、经营管理、高技能人才岗位等，包括定向精准引进约200名博士以上、高级工程师职称或者年薪50万元以上的"高精尖缺"人才，并由政府按照引进人才年薪的8%，向企业资助引才费用；同时，也广泛对接引进硕士以上、高级技师职称或年薪30万元以上的制造业骨干人才，搭建高质量的人才"云招聘"对接平台，发动千家制造业企业入场释放岗位。

第三节　制造业人才队伍的问题分析

广东省制造业人才队伍问题分析的数据主要来源于《广东省制造业企业人才现状调查问卷（企业管理者）》（以下简称《现状调查问卷》）和《广东省制造业企业员工需求调查问卷（员工）》（以下简称《需求调查问卷》），根据收回的396份企业管理者问卷和1469份员工问卷，整理得出制造业企业和员工区域分布情况表（见表6-1）。

表6-1 制造业企业和员工区域分布情况

区域	制造业企业数（家）	制造业企业占比（%）	制造业企业员工数（人）	制造业企业员工占比（%）
珠三角	225	56.82	817	55.62
粤东	73	18.43	356	24.23
粤西	58	14.65	170	11.57
粤北	40	10.10	126	8.58
总计	396	100	1469	100

资料来源：课题组根据调查问卷数据整理得到。

一 制造业人才结构分布的问题

（一）人才区域发展不够均衡

根据相关部门制造业调研的数据显示（见图6-11），广东省各地市人才分布及待遇差异明显，制造业人才分布呈现梯度发展。以2020年为例，第一梯队的广州和深圳，两城的人才占比64%；第二梯队的东莞和佛山，两城的人才占比19%；第三梯队为其余17个地级市，人才占比不到17%。广东省欠发达地区的人才严重短缺，人才流失严重，难以适应区域经济社会协调发展的要求。同时，根据问卷数据发现，珠三角区域的企业呈现"倒金字塔"的变化趋势，其他区域的企业则呈"两头小中间大"的趋势，充分说明了广东省制造业区域发展不均衡的态势。

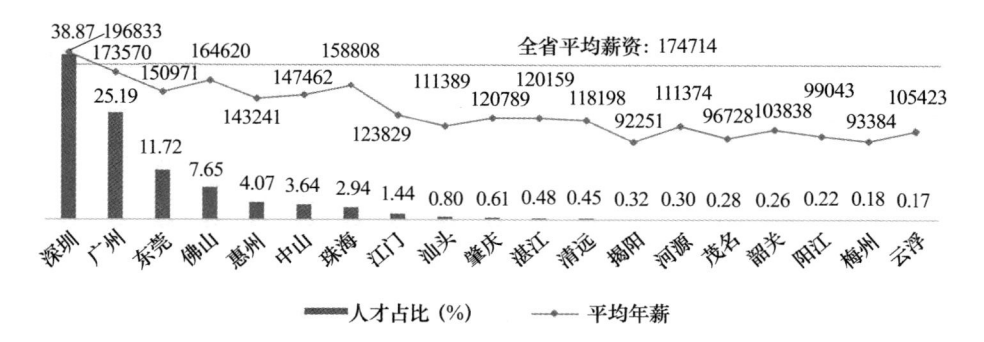

图6-11 广东省制造业高质量人才Top 20城市分布及其平均年薪

资料来源：根据相关部门制造业调研数据整理得到。

（二）人才数量结构有待优化

广东省制造业人才队伍规模不小，但具有在国内外有一定影响的领军人才，在原始创新上有重大突破的顶尖人才比较少，缺乏适应现代化竞争需要的创新型科技领军人才和优秀科研团队，以及懂得现代经营管理、善于促进科技成果产业化的企业管理人才，尤其缺乏掌握核心技术的高层次专业人才。以芯片制造人才为例，据猎聘大数据分析，制造业人才2019—2020年的TSI指数①排名前十的职位中，与"电子技术/半导体"相关的岗位招聘难度指数排名显著上升。当前广东省芯片行业人才缺口巨大，相关人才主要集中在下游应用领域，上游的材料、工艺类人才十分缺乏，基本集中在美国、德国、英国、比利时等国家。2020年广东省在半导体/集成电路人才方面需求增幅主要集中在高端工程、技术类岗位。其中，惠州芯片类人才供需增幅均较大，而其他地市均出现人才投递量下降的情况，快速的人才需求增长对人才供给提出了更高要求。在技能人才中，取得高级技工、技师和高级技师执业资格的高技能人才群体是高质量发展的重要支撑。广东省人才总量较大，但高技能人才总量不足。根据调查问卷的数据显示（见表6-2），取得中级职称以上的技能人才不足20%，取得高级职称以上的技能人才不足3%。根据调查数据的各类人才比例（见图6-12），制造业企业的技术研究与开发人员（占比9.76%）、科技指导与把关人员（2.46%）、工程管理人员（占比8.35%）等高技能人才的数量占比较少，而以生产加工人员与其他人才等中低技能人才为主，这表明广东省制造业的人才队伍仍然需要补充大量高技能人才。

表6-2　　　　　　制造业人才取得各级职称人数及占比

职称	人数	百分比（%）
初级及以下	1179	80.48
中级	246	16.79
副高级	20	1.37
正高级	17	1.16
特级	3	0.20

资料来源：课题组根据调查问卷数据整理得到。

---

① TSI：一种体现人力资源稀缺性的指数，TSI＞1，供小于求；TSI＝1，供需平衡；TSI＜1，供大于求。

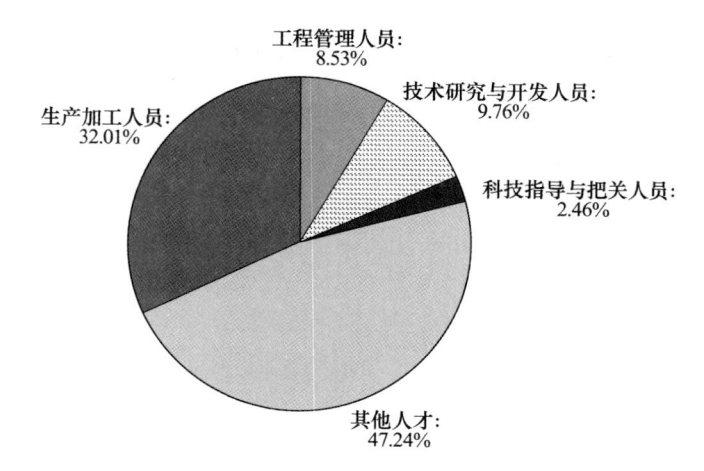

图 6-12 制造业各类人才比例图

资料来源：课题组根据调查问卷数据整理得到。

（三）人才质量结构有待提升

根据调查数据的人才学历比例（见图 6-13），广东省制造业高学历人才占比相对较低，人才质量亟待提升。从学历来看，企业对高学历人才的需求比例越来越高，本科学历的需求比例由现在的 14.55% 提升至 20.90%，研究生学历需求比例由现在的 2.08% 提高到 3.33%。根据第七

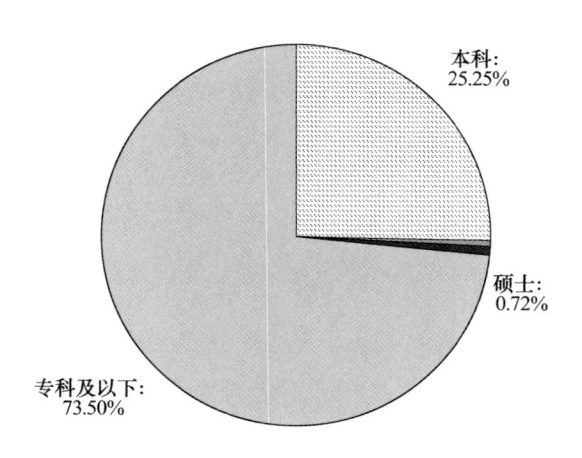

图 6-13 制造业人才学历分布比例图

资料来源：课题组根据调查问卷数据整理得到。

次全国人口普查的数据，广东省大学文化程度的人口比例仅为15.7%，远低于北京（41.98%）、上海（33.87%）、天津（26.94%），位列全国第13位；广东省每十万人口具有大专及以上学历为27277人，低于北京的41980人、南京的35229人，在全国各省份中排名仅位于15名；广东省硕士及以上学历的人才占比低于全国平均水平。因此，制造业人才队伍结构需要继续优化，加快人才数量优势向质量优势转变。

二 制造业人才供给需求的问题

2020年广东省印发的《关于强化我省制造业高质量发展人才支撑的意见》中提出，2025年全省制造业人才总量将超过1350万人，一是，专业技术人才约280万人，技能人才约850万人。初步构建起与广东省制造业高质量发展相适应、具有国际竞争比较优势的人才发展制度体系。目前来看，广东省第二产业年末就业人员比重，由2010年的42.4%下降至2019年的34.8%，大量工程技术人才和产业工人快速流向互联网商业模式创新带来的服务业。一是，我国新生代农民工（1980年及以后出生）从事制造业比重从2013年的39%下降到2019年的27.4%，2020年进一步降至24.9%。二是外来就业人口"返乡"趋势明显，年轻工人引留难度加大。据统计2019年节前返乡的外省籍务工人员节后返岗率仅八成。随着老一代农民工年龄增长，"80后""90后"成为新一代工人，他们在收入分配、利益诉求、价值取向、思想观念等方面呈现日益多样化、差异化的新特征，年轻工人的引留难度也越来越大。根据佛山、中山等地实地调研了解到制造业家族企业"企二代"继续经营企业或从事制造业意向度也较低。三是省内高校毕业生从事制造业比重不断下降。制造业仍是广东省毕业生就业人数最多的行业，但高校毕业生从事制造业人数占比持续下降，2019年，全省高校毕业生中流向制造业的人数有6.5万人，占毕业生比重达14.03%，较2015年下降了6.29个百分点。四是不同区域在人才吸引力方面存在不同程度的问题。清远、阳江、揭阳等地反映本地现有高技能人才和高技术人才非常稀缺，同时部分企业反映其用工成本接近甚至超过珠三角地区，特别是技能型岗位在同等薪酬下对人才的吸引力不大。珠三角地区则面临因住房、教育、医疗等资源紧缺导致人才吸引力特别是高端人才吸引力减弱的问题。

三 制造业人才引育机制的问题

根据调查问卷的数据显示（见图6-14），制造业企业人才享有的人才引进政策主要有解决配偶就业、解决子女入学、人才引进奖金等。但制造业企业仍面临各种困境，主要表现在人才流动性大、人才引进渠道少与高层次人才不足。同时，根据问卷中"关于制造业人才引、留困境"的数据（见图6-15）发现，造成人才引进困境的主要原因有以下几个方面。

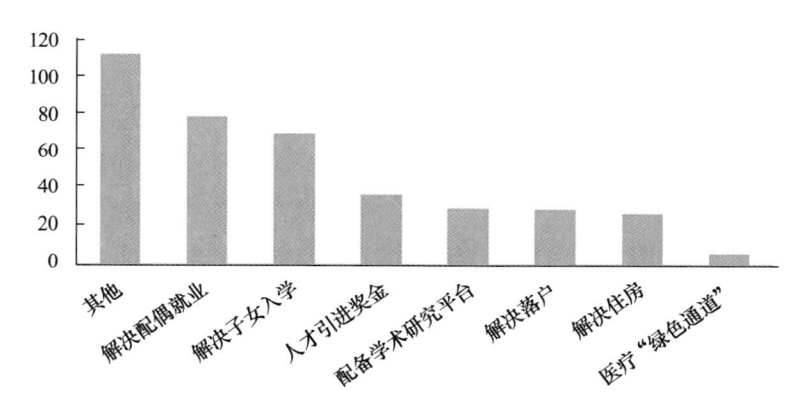

图6-14 制造业人才引进享有政策柱状图

资料来源：课题组根据调查问卷数据整理得到。

一是人才流动意愿强。高层次人才以技术型人才为主，这类型人才富有创新意识，具备强烈的成就感和突出的自主意识，具备高技术能力和创新能力，而且人才市场对技术型人才需求大于供给，工作机会较多，因此，制造业企业的人才流动性较大。制造业人才会受企业文化、工作环境、工作氛围、上下级关系、工作机会等的影响离职，凭借自身的技术水平和工作能力，更为灵活地选择就业机会。

二是缺乏高效的人才引进机制。当前制造业企业的人才引进方式仍以传统方式为主，以发布招聘信息、安排面试、选择人才的方式引进企业所需人才，人才引进过程中缺乏创新人才引进机制，对人才的评估更多的是基于管理层的主观判断，缺乏对现代化人才引进工具的使用，比如霍兰德职业测评、情景模拟、心理测评等。缺乏从长远角度制定人力资源规划和人才测评方案，无法为企业引进人才、留住人才提供决策依据，导致企业引进人才后，由于人才与岗位不匹配、不适应企业文化等导致员工离职。

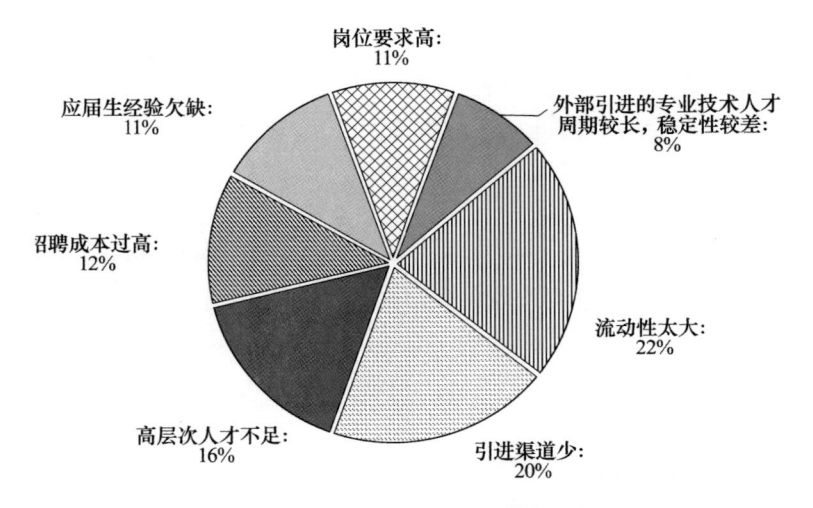

图 6-15　制造业人才引、留困境比例图

资料来源：课题组根据调查问卷数据整理得到。

三是缺乏有效的人才培养机制。人才引进和人才培养具备联动效应，但制造业企业在建立人才引进和人才培训的联动机制方面缺乏经验，二者被视为独立模块，企业集中精力引进所需人才，却忽视了在人才引进后要建立有效的人才培养机制来增强员工的工作能力和留住人才，具体体现为未能建立成熟的培训管理机制、激励约束机制、职业生涯晋升机制等，长此以往员工容易失去工作兴趣，造成人才流失。

四　制造业人才发展需求的问题

为了深入了解制造业企业各类人才的发展需求，课题组对广东省制造业企业员工进行调查。从问卷数据（见图 6-16）来看，在员工留在制造业工作的诸多原因中，48.88%的员工选择了个人成长与职业发展空间，44.66%的员工选择了个人工作满意度（岗位匹配度），40.44%的员工选择了个人薪酬待遇。从马斯洛需求层次理论分析，个体成长发展的内在力量是动机。而动机是由多种不同性质的需要所组成，包括生理需求、安全需求、社交需求、尊重需求和自我实现需求。各种需要之间，有先后顺序与高低层次之分。自我实现需要和尊重需要是较高层次的需要，生理、安全、归属和爱的需要是较低层次的需要。员工对于个人成长与职业发展空间、岗位匹配度的需要属于高层次的需要，而对于生活环境、薪资等方面

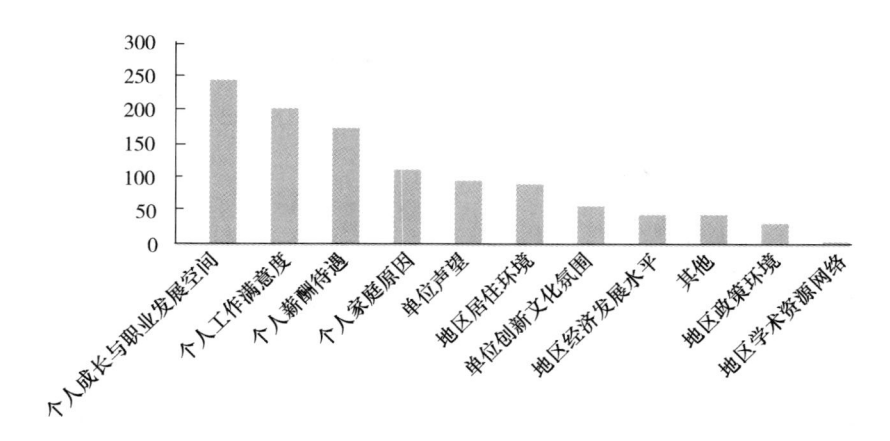

第六章　广东省制造业人才队伍现状和发展对策　　*161*

图6-16　制造业员工留在制造业企业原因柱状图
资料来源：课题组根据调查问卷数据整理得到。

的需要属于低层次需要。另外，根据问卷数据（见图6-17）得知，制造业企业员工离职的最主要原因是薪酬待遇未达到预期，返乡就业、子女教育、住房问题等成为了受访制造业员工离职的次要原因，而职业发展、价值观等高层次需求则排在较后的位置，说明目前较多制造业从业者的低层次需求仍未得到满足。因此，制造业企业应该继续加强对员工的保障制度，满足制造业企业员工的低层次需求。

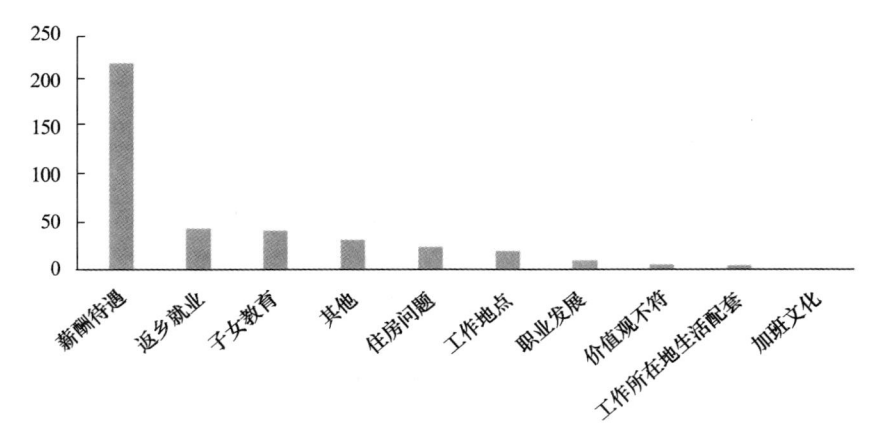

图6-17　制造业员工离职原因柱状图
资料来源：课题组根据调查问卷数据整理得到。

第四节　制造业人才队伍建设的相关建议

一　基于制造业人才发展强省优势的战略建议
（一）推进制造业人才供给结构改革

一是贯通制造业人才系统培养渠道。普通中小学要在实践活动课程、通用技术课程中加强制造业基础知识、能力和观念的启蒙和培养。加快现代职业教育体系建设，建立健全高校分类管理制度，按照试点一批、带动一片的要求，确定一批有条件、有意愿的制造业相关试点高校率先探索应用技术型发展模式，大规模培养本科层次的应用型人才，把制造业相关高等学校打造成"工程师的摇篮"。支持制造业重点企业参与世界一流大学和一流学科建设，在更高、更广的层面上促进制造业相关学科交叉融合。探索构建有利于制造业人才职业生涯发展的人才培养立交桥。

二是积极推动卓越工程师培养工作。推动卓越工程师培养，精准对接重点领域人才需求。鼓励招生单位扩大制造业重大基础研究、重大科研攻关方向的博士研究生培养规模，重点培养具有创新能力的高层次应用型工程人才，强化校企协同育人机制常态化。及时发布人才需求预测，引导高校招生计划向本科电子信息类、机械类、材料类、海洋工程类、生物工程类、航空航天类和高职装备制造大类、电子信息大类、生物与化工大类、能源动力与材料大类中对应制造业十大重点领域的相关专业倾斜。

三是促进学科专业设置与产业发展同步。建立学科专业动态调整机制，扩大高校专业设置的自主权，增强专业设置的科学性、灵活性和特色化。围绕产业链、创新链调整专业设置，形成与制造业产业布局相适应的学科专业布局。注重专业设置前瞻性，主动适应新技术、新工艺、新装备、新材料发展需求，增设前沿和紧缺学科专业，强化行业特色学科专业建设。根据制造流程变革改造升级传统学科专业，服务电子、钢铁、石化、机械、轻工、纺织等产业向价值链高端发展。围绕制造业重点行业布局规划，对接制造业产业集群、承接产业转移示范园区等，集中建设一批校企深度合作、发挥支撑作用的专业集群。

四是推动制造业企业职工培训全覆盖。在制造业领域全面推进学习型企业建设，坚持并完善企业职工全员培训制度，规模以上企业要有专门机构和人员组织实施职工教育培训，加强企业大学、培训中心等企业培训机构建设。职工教育培训年参与率要达到50%以上。探索建立个人学习账号和学分累计制度，依托全省开放大学在制造业相关专业领域开展学习成果认证、积累与转换试点。政府要加快成立跨部门的继续教育协调机构，统筹指导继续教育发展，推进继续教育与工作考核、岗位聘任（聘用）、职务（职称）评聘、职业注册等人事管理制度相衔接。

（二）加快实现产业和教育深度融合

一是发挥企业在职业教育中的重要办学主体作用。面向制造业十大重点领域，推行校企联合培养的现代学徒制。对举办职业学校的企业，其办学符合职业教育发展规划要求的，各地可通过政府购买服务等方式给予支持。推动制造业企业与应用型本科高校探索共建共管制造类专业二级学院（系）。制造业国有企业所举办的与企业经营方向相符、办学效益好的职业学校原则上应予保留。鼓励高等学校和职业学校配合企业走出去。

二是推进职业教育集团化办学。鼓励制造业相关行业组织、具备能力和条件的重点企业与职业学校共同组建一批深度融合、特色鲜明、效益显著的先进制造业职业教育集团，提高制造业相关学校、专业集团化办学覆盖率。充分发挥职业教育集团成员单位中行业企业的作用，推进办学模式、培养模式、教学模式、评价模式改革，促进产业链、岗位链、教学链深度融合。

三是加快产学研用联盟建设。依托制造业重大工程项目，推进企业与学校深度合作，发挥重点实验室、工程技术研究中心等研发平台作用，采用多方共建方式在高等学校、职业学校打造一批工程创新实践中心、教师发展中心和职工培训中心，创新课程体系，更新教材内容。多种形式支持制造业企业建设兼具生产与教学功能的实习实训基地，服务制造业创新体系建设。鼓励教师参与各类相关技能竞赛活动。探索建立企业和高校、标准化科研机构联合培养机制，加快培养制造业标准化和质量工程技术专业人才。

二 基于制造业人才先进经验与举措方面的建议

（一）打造高素质专业技术人才队伍

一是加快培育创新型技术领军人才。加强高等学校与科研院所联合培养博士生工作，促进在重大工程、项目实践中培养博士生。通过政产学研用产业创新联盟等新机制，重点培养制造业领域的基础理论研究、核心技术开发、重大工程管理等方面的领军人才。发挥国家技术创新中心、制造业创新中心、相关重点实验室等在创新人才培养中的引领作用。推动各类科技活动与创新人才培养相结合。加大校企联合培养博士后工作力度，提高博士后研究人员在制造业领域重大科研团队中的比例，并进一步发挥其在重大科研工作中的作用。重点引进一批世界领先水平的科学家。从海外引进一批在先进制造业主机、航空和燃气动力装备、功能部件、数控系统、核心软件等方面能够突破关键技术的高层次核心人才及团队。

二是提升工程技术人才培养能力。深化工程教育教学改革，改变"重论文、轻实践"的倾向，完善工科学生实习制度，强化学生工程实践能力培养。围绕"四基"建设、智能制造、"互联网+制造"等领域，重点培养先进设计、关键制造工艺、材料、数字化建模与仿真、工业控制及自动化、工业云服务和大数据运用等方面的专业技术人才。依托有关学校、科研机构、行业企业，建设一批制造业专业技术人才继续教育基地，对重点行业、关键环节、高端产品制造的专业技术人员实施专项培训。支持企业在职人员以非全日制方式攻读硕士专业学位。支持国有大中型企业、高新技术企业研发中心建设，支持院士在制造业企业建工作站，培育企业技术创新人才，促进科技成果产业化。

三是加强复合型专业人才培养。推动高校探索建立跨院系、跨学科、跨专业交叉培养新机制。注重生产性服务业人才培养，围绕研发设计、创业孵化、知识产权、融资租赁、物流与供应链管理、信息技术服务、节能环保服务、检验检测认证、商务咨询、人力资源服务和品牌建设等领域发展需求，加快设置相关专业。培育生产性服务业创新团队。制造业企业要适应产品全生命周期管理需要，加快培育复合型人才。配合我国制造业企业走出去，培养海外投资、建厂、并购等所需的管理、营销、法律、技术、金融等方面的国际化人才。

（二）造就技艺精湛的技术技能人才队伍

一是大力培养技术技能紧缺人才。有关高等学校、职业学校要创新人才培养模式，完善校企协同育人机制，对接职业标准和岗位规范，加快专业教学标准体系建设，强化学生实际操作能力培养。完善现代学徒制试点有关支持政策，实现制造业企业与学校一体化育人。鼓励企业与有关高等学校、职业学校合作，面向制造业十大重点领域，特别是航空航天及动力装备、海洋工程装备、先进轨道交通装备、电力装备、集成电路/高端元器件/专用仪器设备、农机装备等装备制造业，建设一批紧缺人才培养培训基地，开展"订单式"培养。分行业制订重点领域紧缺人才培养规划，并纳入本行业的发展规划，给予专门支持。加快推行"双证书"制度，专业课程考试与职业技能鉴定统筹进行。办好全国职业院校技能大赛。完善高等学校、职业学校教师学生在企业实习实践期间的保障政策。

二是支持基础制造技术领域人才培养。加强电子元器件、航空发动机和燃气轮机叶片、轴承、齿轮、液压件、气动元件、密封件、链传动、传动件、紧固件、弹簧、粉末冶金件、模具等基础零部件加工制造人才培养，提高核心基础零部件的制造水平和产品性能。加大对传统制造类专业建设投入力度，改善实训条件，保证学生"真枪实练"。采取多种形式支持学校开办、引导学生学习铸造、锻压、焊接、热处理、表面处理、切削和特种加工工艺等相关学科专业。建立健全基础制造领域职业（工种）设置。改善制造业企业加工车间工作环境，加强一线职工的劳动保护。

三是整体提升企业职工技术技能水平。在积极应对制造业传统行业结构调整、产业升级过程中，要加强传统产业工人技术技能升级培训、转岗转业培训。制造业企业要积极开展企业新型学徒制培训，依托高等学校、职业学校和各类培训机构积极开展职工继续教育，创新线上线下相结合的混合式人才培养培训模式。广泛开展各级各类职工职业技能竞赛和岗位练兵活动，引导职工学习新知识、钻研新技术、使用新方法。

（三）建设高水平的经营管理人才队伍

一是着力培育具有国际视野的企业家。采取理论培训和实践锻炼相结合的方式，加大力度培育一批全球知名企业家，并注重发挥企业家才能。选送重点领域企业优秀管理人才到国外知名企业、大学研修，支持开展现代企业经营管理制度、品牌战略、精准营销和服务、跨国并购和投融资、创新能力建设、知识产权保护以及国际贸易等方面的出国（境）培训。鼓励综合素质好、决策能力强、经营业绩突出、发展潜力大的优秀后备人才到市场开拓前沿、经营困难企业、重大工程实施、重大改革推进的关键岗位上担当重任。积极营造适合企业家型人才发展的社会环境和市场环境。

二是提升经营管理人才专业化水平。适应制造业转型升级和实施"走出去"战略的需要，以提高现代经营管理水平和企业国际竞争力为核心，加快推进企业经营管理人才职业化、专业化和国际化。建立健全企业经营管理人才职业能力开发体系，做好经营管理人才职业生涯规划。通过送出进修、挂职锻炼、交流使用等多种方式，为"专特优精"的单项冠军企业经营管理人员提供培训机会。加快从海外引进战略规划、财务管理、品牌建设与管理、知识产权管理、金融分析、风险评估、国际商务、国际经济法律、供应链管理等方面的高层次管理人才，积极选送优秀经营管理人才到境外培训。

（四）优化制造业人才发展环境

一是提升人才管理与使用水平。完善人才管理运行机制，进一步简政放权。完善国有企业领导人员管理体制，健全符合现代企业制度要求的企业人事制度。落实高等学校、职业学校用人自主权，优化学校选人、用人管理与服务。建立并推行企业技术人员、高技能人才与学校专业课教师相互兼职制度。推动各地依法依规核定职业学校教师编制。试点将企业任职经历作为高等学校新聘工程类教师的必要条件。清理对职业学校毕业生就业、晋升等方面的不合理政策限制和歧视。支持高等学校和科研院所的科研人员按照政策规定，离岗创业或到企业开展技术服务。建立人才引进使用中的知识产权评议机制，防控知识产权风险。

二是促进人才合理流动配置。建设统一规范、更加开放的制造业人才资源市场，探索建立制造业人才库。建立制造业人才市场供求信息监测平台。加强各领域人才需求预测，建立企业用工需求发布和预警机制。积极培育专业化人才服务机构，注重发挥人才服务行业协会作用。制定并完善更加灵活多样的制造业人才柔性流动政策，引导专业技术人才向企业一线、科研基层有序流动。在落实去产能政策过程中，采取有效措施，保持优秀人才的创新创造活力，确保人才资源保值增值。重点支持中西部地区完善装备制造业领域高技能人才落户政策，创新落户登记、社会保险关系转移接续、子女上学、荣誉申报等服务。

三是有效开展人才评价与激励。坚持以品德、能力和业绩为导向，准确客观评价制造业人才的能力和水平，建立和完善符合制造业特点的科学化、社会化的人才评价体系。完善先进制造业相关职业岗位和职业标准体系。完善劳动、知识、技术、技能、管理等生产要素按贡献参与分配的制度。扭转评价指标过度强调教师学术论文发表倾向，将实践能力、社会服务能力等纳入教师考核评价体系。进一步提高企业技能人才经济待遇和社会地位，进一步健全收入分配激励机制，结合实际探索实行协议工资制、项目工资制、年薪制等分配办法。鼓励科技人员积极从事职务发明创造，加大科研成果转化收益分配和知识产权保护力度。

三 基于制造业人才问题分析的相关建议

（一）加大制造业人才培养资金投入

将制造业人才队伍建设纳入省人才发展专项资金统筹安排，实施稳定支持，加大财政保障力度，创新资金使用方式，提高资金使用效率。建立多元投入机制，鼓励和引导社会、用人单位、个人投资制造业人才培养。探索设立制造业人才发展基金。鼓励金融机构提供专项融资服务，切实降低制造业人才和企业创新创业融资成本。落实公办普通本科高校和职业院校生均拨款制度，建立健全全生拨款标准动态调整机制，加大职工教育培训经费、就业经费等统筹力度，支持制造业人才教育培训。

（二）改进健全制造业人才评价方式

坚持以品德、能力和业绩为导向，完善符合制造业特点的人才评价体系。实施职称评审"绿色通道"，对符合条件的科技型企业家，可申报正高级专业技术职称。支持有条件的企业建立"专业和管理"双通道人才评价制度。在网络空间安全等领域率先开展工程技术人才职称评价改革。打通高技能人才与工程技术人才职业发展通道，符合条件的高技能人才可参加工程系列专业技术人才职称评审。推进企业首席技师、行业首席技师制度。按照国家部署，大力推动制造业龙头企业开展职业技能等级认定社会培训评价组织试点，向社会提供职业技能等级认定。加快推行"双证书"制度，统筹开展专业课程考试与职业技能鉴定或职业技能等级认定。对职业院校、企业自主组织开展的职业技能等级考核认定工作按规定予以补贴。

（三）完善制造业人才正向激励机制

逐步建立多层次、多主体、多形式的人才激励机制，引导支持广大人才在推动广大制造业高质量发展上建功立业。完善制造业人才基本公共服务体系，加大知识产权保护力度。积极开展制造业企业生产生活环境提升工程。鼓励企业、园区采取多种方式，探索加大制造业人才安居保障。加大薪酬激励力度，工资分配向承担国家重大专项、关键核心技术等攻关任务的创新团队和技术骨干人才倾斜。完善制造业优秀人才的褒奖机制，表扬宣传优秀制造企业、企业家和"南粤工匠"，不断提升制造业人才的获得感和荣誉感。

展望广东省在"十四五"规划期间的制造业人才队伍建设，高素质专业技术人才队伍、技艺精湛的技术技能人才队伍、高水平的经营管理人才队伍的培育和储备是关键。同时，如何采用人才评价的方式激励各类制造业人才；如何解决制造业领域中"卡脖子"的核心关键技术；如何加快广东省制造业人才与国际人才、港澳人才的高度融合和协同创新，畅通人才交流往来的各类便捷途径等，希望通过关注和研究这些现实问题，能为广东省的制造业和产业等方面的建设添砖加瓦，促进广东省的社会经济发展取得更大的成绩。

附录 6-1　广东省制造业人才现状调查问卷（企业管理者）

题项	选项
1. 您的性别	A. 男　　　　　　　　　　　B. 女
2. 您的年龄	A. 30 岁以下　　　　　　　　B. 30—40 岁 C. 41—50 岁　　　　　　　　D. 51 岁及以上
3. 您的最高学位或学历	A. 博士　　　　　　　　　　B. 硕士 C. 本科　　　　　　　　　　D. 专科及以下
4. 您来自哪里	A. 国外　　　　　　　　　　B. 港澳台 C. 外省　　　　　　　　　　D. 本省 E. 本市　　　　　　　　　　F. 本乡镇
5. 您的学科专业背景是	A. 理科　　　　　　　　　　B. 工科 C. 农科　　　　　　　　　　D. 医科 E. 管理学科　　　　　　　　F. 其他学科
6. 您现在的职称/级别	A. 特高　　　　　　　　　　B. 正高级 C. 副高级　　　　　　　　　D. 中级 E. 初级及以下
7. 您在管理工作中的角色	A. 公司领导　　　　　　　　B. 中层领导 C. 工程管理人员　　　　　　D. 基层管理人员 E. 其他人员
8. 您参与制造业工作的时间	A. 1—5 年　　　　　　　　　B. 6—10 年 C. 11—20 年　　　　　　　　D. 21—30 年

续表

题项	选项	
9. 您工作单位（机构）所在的区域在	A. 珠三角 C. 粤西	B. 粤东 D. 粤北
10. 您所在单位（机构）的性质是	A. 民营企业 C. 市属企业 E. 省属企业 G. 其他	B. 乡镇企业 D. 央属企业 F. 外资企业

附录 6-2　广东省制造业企业员工需求调查问卷（员工）

题项	选项	
1. 您的性别	A. 男	B. 女
2. 您的年龄	A. 30 岁以下 C. 41—50 岁	B. 30—40 岁 D. 51 岁及以上
3. 您的最高学位或学历	A. 博士 C. 本科	B. 硕士 D. 专科及以下
4. 您来自哪里	A. 国外 C. 本省 E. 本乡镇	B. 外省 D. 本市
5. 您的学科专业背景是	A. 理科 C. 农科 E. 管理学科	B. 工科 D. 医科 F. 其他学科
6. 您现在的职称/级别	A. 特级 C. 副高级 E. 初级及以下	B. 正高级 D. 中级
7. 您在工作中的角色	A. 生产加工人员 C. 工程管理人员 E. 其他人员	B. 技术研发人员 D. 科技指导与把关人员
8. 您参与制造业工作的时间	A. 1—5 年 C. 11—20 年	B. 6—10 年 D. 21—30 年
9. 您工作单位（机构）所在的区域在	A. 珠三角 C. 粤西	B. 粤东 D. 粤北
10. 您所在单位（机构）的性质是	A. 民营企业 C. 市属企业 E. 省属企业 G. 其他	B. 乡镇企业 D. 央属企业 F. 外资企业

第七章

广东省乡村振兴人才队伍现状与发展对策

乡村振兴人才，是指支撑乡村全面振兴所需要的各类人才。实施乡村振兴战略，是党的十九大作出的重大决策部署，是决胜全面建成小康社会、全面建设社会主义现代化国家的重大历史任务。2021 年，中共中央办公厅、国务院办公厅印发了《关于加快推进乡村人才振兴的意见》（以下简称《意见》）。

广东省高度重视乡村振兴人才工作。2021 年，《农业农村部 广东省人民政府共同推进广东乡村振兴战略实施 2021 年度工作要点》提出"建立健全符合乡村特点的人才培养、引进机制，强化人才服务乡村激励约束。建设'三农'工作干部、农业综合行政执法人才、现代农业人才、农村科技特派员和志愿者相结合的乡村振兴人才队伍"。为此，本章从中央关于乡村人才振兴的指导意见出发，对于广东省乡村人才队伍建设与工作的现状、取得成效、实践经验与存在的问题进行了分析，提出了进一步推动乡村振兴人才队伍发展与工作的相关建议。

第一节 乡村振兴人才发展现状

乡村要振兴，人才是关键。《意见》要求"实施乡村振兴战略，必须破解人才瓶颈制约。要把人力资本开发放在首要位置，畅通智力、技术、管理下乡通道，造就更多乡土人才，聚天下人才而用之。"然而，长期以来，乡村中青年劳动力持续外流，乡村人口老龄化问题突出，乡村人才总量与储备不足、结构失衡、文化程度偏低等问题较为突出，乡村人才总体水平与乡村振兴的要求之间尚存在较大差距。全面推进乡村振兴，加快农业农村现代化，乡村人才的供求矛盾将更加凸显。为此，《意见》进一步明确"坚持把乡村人力资本开发放在首要位置，大力培养本土人才，引导城市人才下乡，推动专业人才服务乡村，吸引各类人才在乡村振兴中建功立业，健全乡村人才工作体制机制，强化人才振兴保障措施，培养造就一支懂农业、爱农村、爱农民的'三农'工作队伍"。

乡村振兴，必须坚持乡村全面振兴，即乡村在经济、政治、文化、社会、生态和党建领域的全面振兴。因此，"乡村振兴人才"则是支撑乡村全面振兴所必需的各类人才，是以乡村本土人才为主体，以愿意投身乡村振兴的各类专业人才、城市人才为支撑。《意见》进一步列出了乡村振兴人才的范畴，具体包括农业生产经营人才、农村第二第三产业发展人才、乡村公共服务人才、乡村治理人才、农业农村科技人才五大类。具体来看，以高素质农民为代表的农业生产经营人才是乡村本土人才队伍的绝对主体，是推动乡村振兴的基础性人才和内生动力源；随着乡村经济发展水平的持续提升，农村创新创业带头人、农村电商人才等农村第二第三产业人才也逐步发展壮大。其次，农业农村科技人才，是乡村全面振兴的关键创新要素，在乡村振兴中发挥极其重要的支撑作用。再次，乡村振兴不是片面的，而是"全面振兴"，即"统筹谋划农村经济建设、政治建设、文化建设、社会建设、生态文明建设和党的建设"，因此，科教文卫等乡村公共服务人才以及党政治理人才同样是乡村人才队伍的重要组成。最后，鉴于乡村振兴的系统性和开放性，实现乡村振兴，需要全社会的关注与参与，以乡情乡愁为纽带，建立有效的激励机制，积极鼓励企业家、社会知名人士、各领域专家等社会各界人士以各种方式服务乡村振兴事业。因此，这类人才也是乡村人才队伍建设需要积极争取的对象。

一 乡村振兴人才基本情况

根据乡村振兴人才数据的可获得性，下面就农业生产经营人才、农村第二第三产业发展人才、乡村公共服务人才、农业农村科技人才、乡村治理人才与农业农村发展后备人才等基本情况进行分析。

（一）农业生产经营人才

农业生产经营人才主要包括高素质农民队伍、家庭农场经营者、农民合作社带头人等。新型职业农民等农村实用人才是高素质农民队伍的主体，家庭农场经营者、农民合作社带头人等是高素质农民队伍的骨干。新型职业农民是以农业为职业、具有相应的专业技能、收入主要来自农业生产经营并达到相当水平的现代农业从业者。新型职业农民具体来说可分为生产经营型、专业技能型和社会服务型三种类型。

根据 2016—2020 年广东省各主要城市培育新型职业农民数量（见表 7-1）。在 2016—2020 年，仅有江门市培育的新型职业农民数量逐年增加，从 2017 年的 724 名大幅增至 2020 年的 5008 名，其他城市，如中山、湛江、韶关三市，培育的新型职业农民数量均逐年大幅下降，中山市从 2016 年的 10093 名大幅降至 2020 年的 4464 名，湛江市从 2016 年的 5215 名降至 2020 年的 1754 名，韶关市则从 2016 年的 2546 名降至 2020 年的 983 名。广州、佛山、惠州等市则基本保持稳定。

表 7-1　　　　广东省新型职业农民培育工程（2016—2020）

地区	2016	2017	2018	2019	2020
广州	1857	1867	1947	1885	1813
佛山	899	862	931	1202	962
惠州	920	559	957	533	777
东莞	130	220	400	155	350
江门	0	724	1976	3074	5008
中山	10093	10064	5360	6807	4464
湛江	5215	2753	1746	1373	1754
韶关	2546	836	1616	933	983
梅州	480	313	387	266	372

注：深圳、珠海、肇庆、汕头、潮州、揭阳、汕尾、茂名、阳江、清远、河源、云浮无此数据信息。

（二）农村第二第三产业发展人才

农村第二第三产业发展人才包括农村创业创新带头人、农村电商人才、乡村工匠以及品牌型农村劳务群体。近年来，广东省政策先行，重点推动乡村工匠和品牌型农村劳务群体建设（南粤家政、粤菜师傅），农村第二第三产业人才队伍逐步壮大。比如，2021 年，广东省人力资源和社会保障厅联合省农业农村厅出台《广东省农业农村专业人才职称评价改革实施方案》，统筹推进农业技术人才、农业工程技术人才和乡村工匠专业人才三个类别职称评价改革，涵盖乡村一线方方面面的专业人才，其中乡村工匠专业人才职称评价为全国首创。表7-2显示，截至2020年，广东全省已经认定乡村工匠42403人，其中，粤东地区的梅州认定12298人，揭阳认定6174人，排名分列全省第一、第二，粤东西北地区乡村工匠占比达到总认定人数的71.51%；其次，广东紧紧围绕稳就业保就业、脱贫攻坚和乡村振兴战略，创新性地打造"粤菜师傅""南粤家政"两项品牌型农村劳务群体，既推动农村劳动力增收，又帮助解决城市餐饮、家政等服务型人才短缺问题，实现城乡融合发展。截至2020年，全省"南粤家政"服务型人才有338639人，粤东西北占比达到42.8%；全省"粤菜师傅"有31690人，粤东西北地区占比达到53.46%。在广东，以乡村工匠、品牌型农村劳务群体为典型代表的农村第二第三产业发展人才逐步壮大。

表7-2 广东历年农村第二第三产业发展人才

类型 年份	乡村工匠（人）2020	南粤家政（人）2019	南粤家政（人）2020	粤菜师傅（人）2018	粤菜师傅（人）2019	粤菜师傅（人）2020
广州	1713	49763	71251	2510	2721	1692
深圳	—	48900	42738	860	732	891
珠海	147	9555	11099	407	292	460
佛山	3603	5576	10616	6227	7445	6848
惠州	492	14027	16820	784	808	854
东莞	2476	7918	7458	1621	1751	812
江门	1734	1352	12115	775	956	1015
中山	486	7106	8301	469	855	856
肇庆	1430	6717	13287	3472	2141	1320
汕头	553	3327	5050	537	659	519
潮州	514	20358	12535	1778	854	448
揭阳	6174	3448	11686	252	604	989
汕尾	1006	5174	9234	2129	2036	130
湛江	855	6639	12165	4038	3662	1795
茂名	2759	8459	12573	5571	7534	6351
阳江	1032	20240	18431	891	857	480
韶关	1351	9561	21132	93	946	839
梅州	12298	5630	15773	476	622	808
清远	1813	2633	5005	488	956	993
河源	1853	2577	6563	130	152	146

续表

类型 年份	乡村工匠（人）	南粤家政（人）		粤菜师傅（人）		
	2020	2019	2020	2018	2019	2020
云浮	114	6454	14807	1751	1542	529
总计	42403	245414	338639	38110	41196	31690

注：深圳市无数据。

资料来源：数据由广东省人力资源和社会保障厅提供。

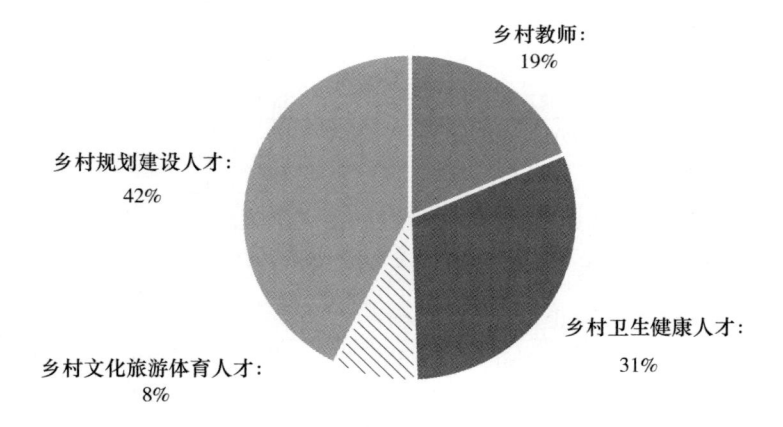

（三）乡村公共服务人才

乡村公共服务人才主要是指乡村教师、乡村卫生健康人才、文化旅游体育人才、乡村规划建设人才等。这类人才除乡村教师、卫生健康人才外，其他类人才多以外部人才下乡为主，属于柔性引进的对象。鉴于目前并没有乡村公共服务人才的官方统计数据，本部分数据与下面各类乡村振兴人才，来源于本课题组自行设计的问卷（见附录 7-1 与附录 7-2）并组织实施的全省抽样调查数据，本调查共收回有效问卷 1955 份（见附录 7-1 与附录 7-2）。调查发现，在被调查的 1955 名乡村振兴人才中，乡村公共服务类人才有 611 人，占比约 31%。其中，乡村规划建设人才有 260 人，占比约 42%，排名第一；其次是乡村卫生健康人才，有 188 人，占比约 31%；乡村教师排名第三，有 114 人，占比约 19%；最后是乡村文化旅游体育人才，仅有 49 人，仅占比约 8%（见图 7-1）。乡村规划建设人才占比较高，或与广东省将

图 7-1 乡村公共服务人才结构

数据来源：课题组收集的全省抽样调查数据。

农村人居环境改善作为当前乡村振兴的重点工作有关。农村人居环境涉及乡村规划、建筑设计等专业领域，推动了该类型人才下乡。

（四）农业农村科技人才

农业农村科技人才包括农业农村高科技领军人才、农业农村科技创新人才、农业农村科技推广人才、科技特派员队伍。各类农业技术人员是农业农村科技人才的主体。根据《2020年广东省科技统计数据》，从2013—2019年，广东省农业技术人员数量经历了先升后降的过程，从2013年的12538人，增至2016年的16681人，后又下降至2019年的12001人，农业技术人员总量跌回七年前。农业技术人员在专业技术人员中占比同样先升后降，截至2019年，占比已经降至0.77%，低于2013年的0.86%（见表7-3）。农村技术人员队伍不稳，难以满足乡村振兴的发展需求。

表7-3 全省国有企业、事业单位专业技术人员年末人数（2013—2019）（单位：人）

	2013	2014	2015	2016	2017	2018	2019
专业技术人员	1455605	1493095	1449255	1486082	1551010	1643815	1560074
农业技术人员	12538	12772	16076	16681	13161	12111	12001
农业技术人员占比（%）	0.86	0.86	1.11	1.12	0.85	0.74	0.77

资料来源：相关数据来自《2020年广东省科技统计数据》。

（五）乡村治理人才

乡村治理人才，包括乡镇党政人才、大学生村官、农村社会工作人才队伍、农村经营管理人才、法律人才等。由于缺乏相关官方统计数据，本部分同样使用本课题组自行设计并组织实施的全省抽样调查数据。在1955名乡村人才中，乡村治理类人才有506人，占比25.88%。其中，占比最高的是村干部等村组织带头人，有174人，在乡村治理类人才中占比约34%；其次是乡镇党政人才131人，占比约26%；排名第三的是在岗大学生村官，有106人，占比约21%；最后，社会工作类人才有75人，占比约15%（见图7-2）。社会工作类人才是广东乡村振兴人才的一个亮点，广东省民政厅于2017年实施"双百计划"，推动社会工作服务深入村居，助力乡村治理与服务水平提升，在全国发挥了重要的引领示范作用，这充分说明了广东积极践行"坚持乡村全面振兴"的基本原则。

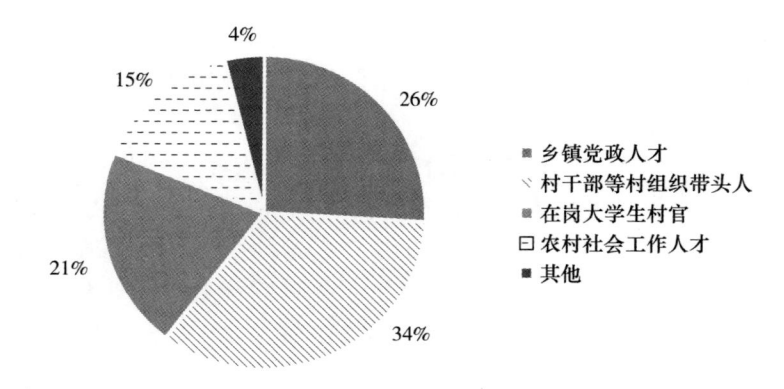

图 7-2　乡村治理人才结构

数据来源：课题组收集的全省抽样调查数据。

（六）农业农村发展后备人才

农业农村发展后备人才，是支撑乡村振兴长期可持续发展的重要后备力量。在实践中，各地通常将涉农大学生作为农业农村发展后备人才的主体，具体包括"农村籍大学生"和"农业类高校大学生"两类群体。他们接受过良好的教育，有着较高的知识水平和能力，其中，由于长期的农村生活与成长经历，"农村籍大学生"以乡情乡愁为纽带，具有参与乡村振兴的内在动力；其次，由于政策制度的原因，农业类高校在历史上多受国家农业部及地方农业部门领导，其办学定位和专业设置多面向农业农村，也一直担负着各地的支农重任，因此，该类高校大学生也同样被作为农业农村后备人才进行培养。由于缺乏广东农村籍大学生的具体数据，本部分仅介绍农业类高校大学生的情况。根据《2020年广东科技统计数据》，截至2019年，广东有农业学院4所，毕业生21736人，在校学生94383人。学校数量仅占高等学校总数的2.6%，毕业生人数仅占高等学校总数的4.2%，在校学生人数仅占高等学校在校总人数的4.6%（见表7-4）。广东农业农村发展后备人才规模较为有限。

表 7-4　**全省高等学校毕业生、在校学生数（2019）**

	学校数（所）	毕业生数（人）	在校学生数（人）
高等学校总计	154	522094	2053977
综合大学	70	246410	918834

第七章　广东省乡村振兴人才队伍现状与发展对策　　177

续表

	学校数（所）	毕业生数（人）	在校学生数（人）
理工学院	35	129994	523989
农业学院	4	21736	94383
医药院校	10	21736	106049
师范院校	8	26842	122012
语文院校	2	7024	28991
财经院校	14	56109	210745
政法院校	2	2885	11269
体育院校	3	3234	12427
艺术院校	6	6067	25278
总计中：职业技术院校	87	231183	828337

资料来源：相关数据来自《2020年广东省科技统计数据》。

二　乡村振兴人才结构案例调查

（一）集聚提升类村庄——以广州市凤二村为例

1. 案例介绍

凤二村位于广州市从化区，距从化城区8公里，省道256线贯穿而过，面积约10.98平方公里，以山地林地居多。村内共有801户、3815人，实际在村人口3402人，60岁以上人数450人。常年外出务工和居住人口413人，均为客家民系。

2. 乡村产业发展状况

在上级区政府的大力支持下，凤二村依托便利的交通和丰富的山水林地资源，逐步形成了"特色农业、休闲旅游"的发展路线。品牌型的农村餐饮、农家乐、民宿、休闲旅游是重点的产业发展方向。

（1）农业特色产业：凤二村主要特色农产品有红柿、白榄、荔枝、沙糖橘、蜂蜜以及凤凰鸡。其中，从化凤凰鸡，已于2020年8月获批广东省"一村一品"称号，成为本地特色优势农产品。此外，与村民、企业合作改良嫁接完成150亩荔枝树，大大提升荔枝产量。

（2）休闲旅游业：在区政府大力支持下，凤二村人居环境大幅改善，农村闲置资源得到有效盘活，并积极协助打造各类民宿。举办客家山歌邀请赛、凤宴全席等联欢活动，累计吸引约10万人次游客前来游玩，带动当地农副产品销售、餐饮消费等。

3. 乡村振兴人才分布现状

（1）农业生产经营人才：本村仍然是以农村种养业为主，村内多数村民仍然从事种植业、养殖业。该村优先支持长期稳定从事农业、养殖业以及培训需求迫切的农户作为对象，多次邀请新时代文明实践轻骑兵、农业专家、高校教授等，通过线上连接和线下座谈培训，培养高素质农民。

（2）农村第二第三产业发展人才：本村依托优越的自然资源和整洁的人居环境，吸引了一些本村籍外出务工人员，回乡开始餐饮、民宿等。因此，该村现有第二第三产业人才，主要是以农村创新创业带头人为主，集中在民宿、餐饮领域。

（3）乡村公共服务人才：教育、卫生服务人才均由上级区政府负责并统筹管理。

（4）乡村治理人才：从化区委选派了优秀党员担任凤二村第一书记，配置选调生1名；该村现有党员94人，设支委5人；该村在区民政局的支持下，引入了若干名社会工作人才，以完善乡村社会治理结构。

4. 总结

根据凤二村的调研结果分析表明，在区级政府的大力支持和统筹安排下，本村的乡村振兴人才队伍建设成效显著。首先，培育高素质农民等传统的农业生产经营人才，壮大创新创业带头人等农村第二第三产业人才，仍然是本村人才队伍建设的重点。其次，大力推动乡村治理人才队伍建设，选派优秀党员担任第一书记，提升了村领导班子的领导能力。引入社会工作人才，有助于提升乡村社会治理现代化水平，也是本村乡村治理人才队伍建设的一个突出亮点。

（二）城郊融合类村庄——以广州市头陂村为例

1. 案例介绍

头陂村位于广州市白云区太和镇东北部，紧邻广州市区最高峰帽峰山。全村户籍人口5050人，常住人口为3000左右，流动人口约1000人。其中，18—59岁的劳动年龄人口有3050人。全村共有大学生（含在读）共866人，其中拥有硕士学位12人。全村面积约为22.7平方公里，集体所有农用地总面积约2050亩。

2. 乡村产业发展状况

头陂村依托优美的自然环境和便利的交通，确立了"绿水青山、文旅康养、农家美食"的特色文化旅游发展路线。餐饮、农家乐、民宿、休闲旅游是重点的产业发展方向。

（1）餐饮与农家乐：餐饮业是本村发展重点，白云区头陂村于2021年入选"广州粤菜师傅名村"，打造出了太和烧鸡、山水豆腐等本地知名菜肴，其中太和烧鸡入选"白云十大金牌美食"和"白云十佳农家手信"。依托餐饮业，农家乐、民宿等也得到一定发展。

（2）民宿业：该村积极引进"民宿群及旅游康养度假项目"落地建设，该项目占地约200亩，主要以经营民宿和旅游康养为主，协助项目承租村民房屋十余栋（套），增加村民收入，目前已建成"萤泉谷"民宿群项目。

（3）休闲旅游业：头陂村进一步丰富本村休闲旅游项目，打造亲子草莓园、火龙果园、葡萄园等项目。此外，头陂村引进多家花卉企业，以种植高品质高效益名贵花卉为主，以年花等普通花卉为辅，目前已基本形成产销观赏产业链，种植、观赏面积近千亩。

（4）其他产业：依托优质的水资源和自然环境，头陂村引进知名企业美源锦鲤养殖公司，该公司主营培育全日本进口锦鲤，多年来成功培育出高品质观赏锦鲤，在全国性锦鲤大赛中折冠摘冠，成功打入港澳台和东南亚地区，其产品也成为当地观赏鱼消费主力，丰富头陂村消费项目之余还带动了部分人就业。

3. 乡村振兴人才分布现状

（1）农业生产经营人才：由于头陂村地处岭南，邻近帽峰山，地形多以丘陵为主，且临近广州市区，地价相对较高。因此，这里非常重视土地亩产。而以种养殖业为主的小农经济亩产较低，在本村难以走通。因此，本村以种养业为生的传统农民已经非常少。

（2）农村第二第三产业发展人才：该村现有第二第三产业人才，主要以农村创新创业带头人为主，集中在餐饮、农家乐等领域。截至2021年，该村有23处大型农家乐、49处中小型农家乐及多处私房菜馆，带动了300多名村民创业、就业。

（3）乡村公共服务人才：村卫生所，由太和镇卫生院统一派驻。村里拥有头陂小学，该小学教师由区教育局统一招聘并派驻。

（4）乡村治理人才：现任驻村第一书记，由镇农技中心主任担任，目前大学生村官1人，村委领导班子9人，为老中青搭配，其中有7人学历为大专以上，2人大专在读。党员人数152人，村民代表90人。此外，为解决村两委人员断层和文化水平不足的问题，由区委、镇党委推出"组织员"制度，用来招聘一些大学生、年轻人，下派到村里工作，作为下一届村两委班子成员进行重点培养。

（5）农村发展后备人才：全村共有大学生（含在读）共866人，其中拥有硕士学位的12人。

4. 总结

根据头陂村的调研结果分析表明，本村的乡村振兴人才队伍是以乡村治理人才、农村第二第三产业发展人才为主，乡村公共服务人才和农村发展后备人才为辅，以种养业为生的传统农民等农业生产经营人才和农业科技人才十分有限。其中，乡村治理人才主要包括村第一书记、村两委班子成员、党员、村组织员；农村第二第三产业发展人才主要是餐饮、民宿等领域的农村创新创业带头人；乡村公共服务人才则是由区政府统一招聘派驻，农村发展后备人才主要是本村籍大学生。

（三）特色保护类村庄——以广州市沙北村为例

1. 案例介绍

沙北村，坐落于国家4A级景区沙湾古镇，临近广州市区，交通便利，旅游资源丰富。村占地2.42平方公里，其中耕地面积115亩，鱼塘面积30亩，林地面积1174亩，工商业用地1312亩，现山林地已建成滴水岩森林公园。村内常住人口约3500人，其中在本村就业的劳动人口有1300人。农村户籍有2085人，其中18—60岁劳动年龄人口约1700人。

沙北村，历史悠久，名人辈出，文化底蕴深厚，有"沙湾飘色"等特色传统文化。村内有已准备筹建的幼儿园，古色古香的京兆小学，省一级示范性高中象贤中学，养老院等，公共服务设施相对充足。

2. 乡村产业发展状况

目前，沙北村很少有人从事农业种植业，少量的农业种植仅仅用于满足本村内部的自给自足。依托便利的交通，广袤的林地资源和深厚的文化底蕴，沙北村目前重点发展轻工业、旅游业和餐饮业。

（1）轻工业：砖雕工艺产业是沙北村的特色产业之一。其中，沙湾砖雕是沙湾古镇的一张文化名片，拥有非物质文化遗产传承人何世良等名家，目前招收了多名学徒跟随学习，是沙北村吸引外来人才的一个重要节点。此外，由于临近广州市区，交通便利，当地也发展了不少轻工产业，比如纸箱、音响、电缆厂等,这些行业最为缺乏的是科技型人才。

(2) 餐饮业:餐饮业也是沙北村的特色产业之一,拥有"奶牛皇后"等老字号餐饮品牌。2021年,该村入选"广州粤菜师傅名村"。

(3) 旅游业:依托沙湾古镇内丰富的文旅资源,沙北村积极规划沙北村特色美食路线,推动以"食"为主、集文商旅于一体的全域旅游发展路线。

(4) 其他行业:村内也有少量的民宿从业者,以及兰花、金钱龟、旗袍等领域的商贸从业者。

3. 乡村振兴人才分布现状

(1) 农业生产经营人才:由于临近广州市区,沙北村很少有人从事传统的农业种植业,少量的农业种植仅仅满足于本村内部的自给自足。高素质农民等农业生产经营人才已经非常稀缺。

(2) 农村第二第三产业发展人才:该村第二第三产业人才,主要是以农村创新创业带头人和乡村工匠为主,集中在餐饮、砖雕工艺产业两个领域。比如,全国劳动模范、有"奶牛皇后"之称的王秀甜女士,是典型的乡村产业人才代表;砖雕工艺产业则拥有非物质文化遗产传承人何世良等名家,并培养出了广州砖雕区级代表性传承人丁军允等优秀典型。

(3) 乡村公共服务人才:作为广州近郊村的沙北村,其辖区内有小学、中学各一所,以及社区卫生服务中心等公共服务设施,目前均由番禺区政府相关部门统一招聘并派驻,受区一级政府领导与管理。

(4) 乡村治理人才:乡村治理人才,主要以村两委班子成员、大学生村官(1名)为主。村委领导班子以老中青搭配,以老带新,50岁、40岁、30岁各年龄段各有3人。

根据沙北村的调研结果分析表明,该村的乡村振兴人才队伍同样是以乡村治理人才、农村第二第三产业发展人才为主。此外,由于临近市区,本村也派驻有相对更多的乡村公共服务类人才,显著提升了本村的公共服务水平。其中,农村第二第三产业发展人才主要是餐饮、旅游领域的创新创业带头人以及砖雕领域的乡村工匠。然而,虽然村内的优势产业如传统特色文化工艺产业可吸引一定的外部人才,但村内的本地青年人才依然流失严重,主要原因在于与城区相比,本村的就业质量仍然不高。

第二节　乡村振兴人才发展工程的创新实践

"粤菜师傅""广东技工"和"南粤家政"三大人才培养工程，以及"乡村工匠"人才评价工程的"3+1"模式是广东省委、省政府决战决胜脱贫攻坚、落实乡村振兴战略、推进东西部协作的创新性举措，是广东促进农民脱贫致富、打赢脱贫攻坚战的重要手段。同时也是广东省面向低文化、低技能的普通劳动者，有针对性地开展的职业技能提升计划。广东探索以"人才培养工程"方式推进就业创业一条龙服务，从技能培训，到吸纳就业，再到创业扶持，有力支持普通劳动者"找到一份好工作"，也托举起他们追求更美好生活的创业寻梦路。乡村振兴人才工作的"广东实践"将为全国乡村振兴人才工作积累宝贵经验。

一 "粤菜师傅"人才培养工程及其分析
（一）基本情况

2018年，广东省人力资源和社会保障厅印发了《广东省"粤菜师傅"工程实施方案》，强调全力推进实施全省乡村振兴战略，采取职业培训与学制教育相结合模式，大规模开展粤菜师傅职业技能教育培训，提升粤菜烹饪技能人才培养能力和质量；创新"粤菜师傅+旅游"等模式，促进城乡劳动者就业创新，创新"粤菜师傅+岭南饮食文化"等模式，打造"粤菜师傅"文化品牌，提升岭南饮食文化海内外影响力。预计到2022年，全省开展粤菜师傅培训5万人次以上，直接带动30万人就业创业，将"粤菜师傅"打造成弘扬岭南饮食文化的国际名片。

（二）建设策略

"粤菜师傅"工程，是以粤菜烹饪技能人才培养为抓手，以乡村产业振兴为目的的一项统筹规划。

1. 建立健全规范化的管理体系

"粤菜师傅"人才工程在建设中，突出强调"规范引领"，从名称使用、教育培训、品牌管理、主题活动、宣传发动等方面加强规范管理，持续提升规范管理水平，以规范引领发展。

2. 持续完善标准化的评价认定体系

广东积极开发专项考核标准、编制培训教材、印发粤菜标准体系规划,并发布《节约型粤菜点菜服务规范》团体标准。同时编制粤菜地方标准,完善餐饮、厨房、环境、管理等方面服务标准体系。

3. 打造多元化培育平台

推动全省技工院校、职业院校开设粤菜相关专业,扶持建设省级重点和特色专业,共建设省级"粤菜师傅"培训基地和大师工作室各100个,开展"粤菜师傅"培训7.1万人。

4. 全面推动产业协同发展

以广州餐博会、广东农博会、广州美食节等重点展会平台为载体,建设粤菜产业促进平台,推动农业生产、食品加工和餐饮零售等行业相互衔接、联动发展。指导举办第11届中国(广州)酒店餐饮业博览会,培育餐饮龙头企业,发展"粤菜师傅+特色农业"产业。各地积极推进美食街、美食广场建设、推动行业聚集发展。

5. 大力弘扬粤菜文化

举办第三届粤港澳大湾区"粤菜师傅"技能大赛,组织"粤菜名店""粤菜名品"等评选认定活动。开展省社科规划项目"饮食"子课题研究,深挖粤菜文化内涵。制定"粤菜师傅"工程推广工作方案,依托"海外中餐繁荣行动计划"开展宣传报道,打造"粤菜师傅"国际名片。

(三) 建设成效

经过两年建设,截至2020年,"粤菜师傅"带动就业创业20万人;助力脱贫攻坚乡村振兴,为对口帮扶贫困地区劳动力提供"粤菜师傅"培训1.2万人次;实施"粤菜师傅+产业扶贫"行动,组织实施特色产业扶贫项目4.8万个;推行"粤菜师傅+乡村文化旅游"模式,公布32条粤菜美食主题旅游精品线路,涵盖382个乡村旅游粤菜美食点。

二 "南粤家政"人才培养工程及其分析

(一) 基本情况

2019年,广东省人力资源和社会保障厅印发《广东省实施"南粤家政"工程促进就业工作方案》,强调围绕新形势下"一老一小"对家政服务的迫切需求,对标国内外最高最好最优的先进经验,大力推进标准制定、技能培训、职业评价、促进就业、诚信建设、品牌创建,打通家政服务整个产业链条，加快推进职业化、国际化、标准化、专业化、高质量发展，使从业人员素质有提升、就业有渠道、权益有保障、社会有认同，使家政服务成为受人尊重的体面职业，使家政工程成为城市文明浸润滋养农村文明的桥梁。到 2021 年，实现"南粤家政"培训就业"十百千万"目标：建设扶持 50 家省级家政服务培训示范基地；建设扶持 100 家家政服务龙头企业；动员引导 1000 个以上有资质有能力的培训机构参与培训；每年开展家政服务类培训 20 万人次以上，带动就业创业 40 万人次以上，满足社会不同层次家政服务需求。

（二）建设策略

广东省人社厅全面贯彻落实广东省委李希书记"要把道德规范放在重要位置，发挥政治优势，把诚信体系建设好"的指示要求，以信用体系、标准体系、产业体系建设为重点，推动"南粤家政"工程高质量发展。

1. 建设信用体系

推动建立家庭持证上岗制度，开展家政服务企业信用体系示范试点建设。建设统一的家政服务业信用信息平台，录入家政服务员信息超过 70 万人次，完成验证人数超过 8 万人。依托国家企业信用信息公示系统，依法依规开展信用惩戒，规范家政服务市场秩序。

2. 健全标准体系

推动成立省家政服务标准化技术委员会，出台家政服务企业信用管理体系和信用等级划分评定标准。完成"南粤家政"培训课程标准、专项职业能力开发和"南粤家政"培训教材编印工作，并开展家政技能等级认定试点工作。

3. 推动家政服务产业发展

认定省级龙头企业和诚信示范企业，建设一批"南粤家政"综合服务示范基地、产业园、服务超市和服务站点。实施员工制家政企业引领计划，出台扶持员工制家政企业倾斜政策，通过奖补、税费减免、金融支持等方面，降低员工制家政企业经营成本。深入开展家政服务"领跑者"试点，为家政服务体质扩容提供有益探索。

4. 扩大家政人才有效供给

大力实施母婴、居家、养老、医护四大培训项目，开展"南粤家政"，共培训学员 33.86 万人次。全省 35 所本科高校、35 所高职院校、107 所中职学校和 106 所技工学校开设家政相关专业。各地涌现出"南粤家政羊城行动""鹏城管家""德庆管家""丹霞月嫂"等一批具有地方特色的家政品牌。

（三）建设成效

截至2020年，"南粤家政"工程带动就业创业51万人次；对于助力脱贫攻坚乡村振兴，为对口帮扶贫困地区劳动力提供"南粤家政"培训3.08万人次。在疫情防控期间，组织"南粤家政"服务人员为1700余户医护人员家庭开展免费服务及关爱行动。

三 "广东技工"人才培养工程及其分析

（一）基本情况

2019年，广东省委办公厅、省政府办公厅印发《"广东技工"工程实施方案》，方案以服务现代产业发展、促进更充分更高质量就业为导向，按照规范化、专业化、国际化的总体思路，推动职业教育（含技工教育）高质量发展，大规模开展职业技能培训，打造一支技能精湛、勇于创新、追求卓越的"广东技工"队伍，并将其与乡村振兴战略结合起来，促进农村外出务工人员的高质量就业。

（二）建设策略

1. 深化技工院校改革发展

推动首批3所技师学院纳入高等职业教育序列，支持珠三角地区建设10所高水平技师学院，实现所有地市均建有1所以上高级技工学校。

2. 深化产教融合校企合作

面向先进制造业、战略性新兴产业、现代服务业建设133个省级重点专业和30个特色专业。制定广东省产教融合建设试点实施方案，启动首批产教融合型企业建设培育。

3. 深入实施职业技能提升行动

全面实施新生代产业工人培养、新型学徒制培养、企业职工转岗培训等十大重点培训工程。创新推行职业技能培训合格证书制度，大力开展企业适岗培训。

4. 全面加强技工院校党的领导和党的建设

在省人社厅下属技校开展党委领导的校长负责制试点；实施以"课程思政"为引领的育人工程，印发广东省技工院校思想政治理论建设工作方案。

（三）建设成效

截至2020年，广东全省技工院校146所，在校生60.87万人，占全国的 1/6；广东技工院校 16.7 万名毕业生初次就业率达 98%；实施技能精准扶贫工程，支持 1.5 万名有意愿的建档立卡贫困家庭子女免费入读技校。加大农村户籍学生培养力度，全省 146 所技工院校 60.87 万名在校生中超过 80% 来自农村。

四 "乡村工匠"人才评价工程及其分析

（一）基本情况

"培育乡村工匠"是中办、国办《关于加快推进乡村人才振兴的意见》提出的一项重要任务，具体包括："挖掘培养乡村手工业者、传统艺人，通过设立名师工作室、大师传习所等，传承发展传统技艺。鼓励高等学校、职业院校开展传统技艺传承人教育。在传统技艺人才聚集地设立工作站，开展研习培训、示范引导、品牌培育。支持鼓励传统技艺人才创办特色企业，带动发展乡村特色手工业。"2021 年 2 月，为推动乡村工匠人才队伍建设，广东省在全国首创发布了乡村工匠专业人才职称评价标准，并于 4 月指定江门市作为全省的唯一评价试点。江门市人社局联合市农业农村局印发了《江门市乡村工匠职称评价改革试点实施方案》《关于做好江门市乡村工匠职称评审试点工作的通知》等文件，并选定新会陈皮、马冈鹅、茶叶、丝苗米、对虾养殖、马铃薯、烹饪、家政共 8 个专业作为江门市首批试点的重点行业，开展乡村工匠人才职称评价。

（二）建设策略

1. 强化部门协同，健全乡村工匠工程工作机制

乡村工匠牵涉行业众多，需要跨部门联合推动。广东建立人力资源和社会保障部门牵头，农业农村、教育、自然资源、住建等相关部门齐抓共管工作机制，合力推动"乡村工匠"工程各项任务举措落地。比如，省住房和城乡建设厅出台农村建筑工匠培训、省教育厅积极推进职业院校涉农专业建设。

2. 推进分类评价，建立健全乡村工匠评价体系

不断完善乡村工匠多元评价方式，建立符合乡村工匠特点的职称标准条件和评审程序。健全职业技能评价标准，全省各地结合产业发展需要、"一村一品、一镇一业"产业战略和传统技艺项目，开发 37 个乡土特色专项职业能力考核项目。组织开展职业技能竞赛，充分发挥竞赛示范引领作用，激励更多乡村劳动者走上技能成才、技能致富之路。

3. 加强政策扶持，提升就业创业服务水平

首先，广东出台实施"促进就业九条"、广东省就业创业补贴申请办理指导清单等相关文件，鼓励引导城乡劳动者积极投身农村产业发展。其次，提升就业创业服务水平，广东推动落实广东省公益性岗位开发管理办法，全省开发乡村公益性岗位1.5万多个，用于吸纳包括乡村工匠在内的贫困劳动力就业。鼓励各地建设返乡创业孵化基地，为乡村工匠等创业者提供孵化等服务。

（三）建设成效

"乡村工匠"工程实施以来，全省共培训培养乡村工匠5.5万人次。全省开发62个乡土特色职业技能培训课程标准，并全部纳入职业技能提升补贴项目范围。设立广东省乡村工匠民间美术、民间音乐、烹饪、家政等10个专业人才高级职称评审委员会；全省开发乡村公益性岗位1.5万多个，建设认定返乡创业孵化基地超过60家；联合省住房和城乡建设厅培训乡村建筑工匠2043人；加强技能大师工作室建设，扶持建设17个具有南粤乡村特色的国家级技能大师工作室。

五 乡村振兴人才发展工程的经验与价值

广东以"粤菜师傅""广东技工""南粤家政""乡村工匠"四大工程推动乡村振兴人才发展的做法，实现了以"小切口"助推乡村人才的"大变化"，打造出改善民生平台和技能服务的金字招牌，成效显著。广东在乡村振兴人才发展工程中的经验和价值可以归纳为人才发展工程四个方面的经验特点和人才发展工程三方面的现实价值，值得全国其他地区具有重要的参考借鉴。

（一）人才发展工程的经验特点

第一，突出完善机制、强化统筹推进。一是加强统筹谋划。省委、省政府将三项工程摆在全省工作重要位置来抓，将"三项工程"列入"2020年省十件民生实事"，纳入乡村振兴实绩考核指标。二是健全工作机制。成立由副省长任组长的省三项工程工作领导小组，明确领导小组成员单位任务分工和议事规则，完善领导小组办公室组织架构及运行机制。三是完善政策体系。出台"粤菜师傅""南粤家政"工程等高质量发展意见，形成以高质量发展意见为主体、涵盖标准开发、评价认定、就业扶持、技能培训、品牌创建等系统完备的政策体系。四是凝聚各方

合力。地市参照省建立相应领导机制和工作制度，省直各有关部门陆续成立主要负责同志为组长的领导小组，对照职责分工推动任务落实，职业院校、企业等积极参与，逐步形成党政领导、人社牵头、部门配合、社会参与的工作格局。

第二，突出"技能+产业"，全面推动产业协同发展。"技能提升"的重要意义不仅是个人专业能力的提升，其核心其实是"整个产业链的高质量发展"。整合"粤菜师傅"与餐饮业、旅游业，"南粤家政"与家政服务业，"广东技工"与现代制造业，在增加行业人才供给数量和质量的同时，助推行业与产业高质量发展。

第三，突出改革创新，强化产教融合。一是深化职业院校改革发展，支持珠三角建设高水平技师学院，实现所有地市均建有1所以上高级技工学校；二是深化产教融合校企合作，面向先进制造业、战略性新兴产业、现代服务业建设省级重点专业和特色专业；三是深入实施职业技能提升行动，全面实施新生代产业工人培养、新型学徒制培养、企业职工转岗培训等十大重点培训工程。

第四，突出大赛引领，强化宣传推广。一是健全技能竞赛体系，构建以世赛为龙头、国赛为主体、省赛为基础的职业技能竞赛体系，将更多的青年吸引到技能活动中，积聚到技能岗位上。二是激励青年技能成才，开展国赛获奖选手与优秀企业就业对接活动，隆重表彰获奖选手，并授予相关荣誉称号。三是有序开展宣传引导，紧密结合决战脱贫攻坚、"六稳""六保"等重大主题，有序开展三项工程宣传引导，打造广东卫视《技行天下》节目品牌，大力弘扬劳动精神、劳模精神、工匠精神，不断扩大三项工程影响力。

（二）人才发展工程的现实价值

第一，导入省际扶贫协作，为对口帮扶困地区劳动力提供技能培训。广东省将三项工程导入省际扶贫协作，为对口帮扶困地区劳动力提供"粤菜师傅"培训1.2万人次，"南粤家政"培训3.08万人次。实施技能精准扶贫工程，支持1.5万名有意愿的建档立卡贫困家庭子女免费入读技校。

第二，将技能培训融入乡村产业发展链条。实施"粤菜师傅+产业扶贫"行动，组织实施特色产业扶贫项目4.8万个。推行"粤菜师傅+乡村文化旅游"模式，公布32条粤菜美食主题旅游精品线路，涵盖382个乡村旅游粤菜美食店。

第三，促进农村转移劳动力高质量就业创业。农村转移劳动力是三项人才工程的重点服务对象。广东通过政府引领，建立健全三项工程就业创业服务模式，帮助农村转移劳动力实现高质量就业创业。比如，通过对符合条件的"粤菜师傅""广东技工""南粤家政"创业人员，给予一次性资助、补贴、担保贷款或贴息等扶持政策；推进"粤菜师傅"创业孵化基地、"粤菜师傅"创业点等项目，提升农村转移劳动力创业技能，降低创业风险。

第三节 乡村振兴人才队伍建设存在的问题

一 人才数量方面的问题

（一）农业技术人才的总量和比重持续下降

农业技术人才是支撑乡村振兴的基础科技人才。近年来，广东省农业技术人才总量及比重呈现连续下降趋势。根据《2020年广东科技统计数据》的相关数据显示，从2013—2019年，广东拥有的专业技术人才总量从1455605人增至1560074人。但是，农业技术人才总量却从12538人降至2019年的12001人，绝对数量跌回7年前。此外，其在专业技术人才中占比也从2013年的0.86%跌至2019年的0.77%。截至2019年，全省农村技术人才总量及比重均大幅落后于教学（901015人、57.7%）、工程（195106人、12.5%）和卫生（301505人、19.3%）等专业技术人才。

（二）农村发展后备人才的数量和潜力不足

农业类高等学校学生是广东省农业农村发展的基础及后备人才，但广东省农村发展后备人才总量有限，潜力不足。根据《2020年广东科技统计数据》的相关数据显示，截至2019年末，广东全省高等学校毕业生数达到522094人，在校学生达到2053977人。其中，农业学院毕业生数量仅为21736人，在校学生数仅为94383人，两者仅占全省总量的4.1%和4.6%，且远低于理工（24.9%、25.5%）、医药（4.2%、5.2%）、师范（5.1%、5.9%）和财经（10.7%、10.3%）等专业院校。

二 人才结构方面存在的问题

（一）人才配置不能满足乡村全面振兴要求

乡村振兴的基本原则之一是"坚持乡村全面振兴"，要求统筹谋划农村经济建设、政治建设、文化建设、社会建设、生态文明建设和党的建设。根据课题组开展的案例调查，在乡村层面，即使是基础较好的广州近郊村在人才配置上也仍然是结构不完整。目前四个调研村庄的现有人才储备以乡村治理人才（服务政治建设、党的建设）和农村第二第三产业人才（服务经济建设）为主，服务社会建设的社会工作人才处于少量的试点状态，尚未全面推开，而服务生态文明建设和文化建设的各类人才在乡村层面还非常有限。这主要是由于乡村人才工作起步晚，缺乏整体层面的统筹规划有关。

（二）城市各类人才服务乡村振兴渠道有限

广东乡村产业发展虽然有了长足进步，但乡村的进一步发展仍然需要广泛的人才支撑。城市汇集了大量人才资源，既包括面向农业的科技类人才，也包括流通、销售类人才，这些是乡村第二第三产业发展急需的关键人才。然而，目前这些城市人才服务乡村振兴的渠道十分有限，城市等乡村外部人才与乡村振兴需求缺乏直接有效的对接机制，极大限制了社会力量参与乡村振兴的渠道。

三 管理体制机制方面的问题

（一）部分基层政府市场化引才引智能力弱

基层政府市场化引才引智能力弱，主要是指县以下地方政府通过"市场机制"吸引人力资本向乡村配置的能力较弱。人才是生产力，是生产生活中创造价值的核心要素。在中国特色社会主义市场经济体制下，人才同样是具有市场价值的。在人力资本市场化和产业化背景下，"人才有价"成为一种社会期望，即通过赋予人才合理的市场价值，有助于更好地释放人才资源的市场活力，促进人才价值的实现。人才振兴是乡村振兴的关键，但大多数乡村资源有限，以市场化方式竞争人才资源的能力较为薄弱。可以说，单纯依靠市场机制，乡村难以实现人才振兴。

（二）乡村本土人才协同培育机制不够健全

农民，不再是一个"身份"，而是一份"职业"。作为一份职业，其职业等级的认定与管理归属人力资源和社会保障部门。但职业农民的培育工作是由农业农村部门负责。完善乡村本土人才的管理链条，需要多部门间的高效协同。目前，"高素质农民"培育涉及多部门合作，农业农村部门负责培训，人力资源和社会保障部门负责等级评定，现阶段符合相关部门合格资质的培训机构和培训项目相对较少，影响了高素质农民等乡村本土人才的培育和开发，从而导致乡村本土人才的培育难以跟上当前乡村人才振兴的发展要求。

（三）乡村本土人才评价缺乏科学统一标准

以"新型职业农民"为代表的乡村本土人才的"评定"，目前的突出问题是缺乏科学、统一的标准。比如，从2017年开始，农业部关于"高素质农民"的评定标准就较为空泛，即只要该农民是爱国，从事农业生产，能够积极帮扶周边农户，参加过农业部的高素质农民培育，就会认定为"高素质农民"。主动参加培训的农民不需要其他额外条件，遵纪守法即可，农民完成培训后，由培训机构颁发结业证书。乡村本土人才认定门槛较低，缺乏科学合理标准和系统设计，尤其是缺乏人才评定与开发的接续机制，使乡村本土人才工作的有效性难以得到科学评价。这主要是由于乡村本土人才涉及的农业生产领域众多，现有的人才评价工作难以直接适用于乡村本土人才，乡村人才评价标准的制定仍然处于探索与试点阶段，在试点有效性尚未明确之前，难以实现大规模推广。

第四节 乡村振兴人才队伍发展的对策建议

一 基于广东省发展优势的战略建议

（一）加强粤港澳大湾区乡村人才工作的顶层设计

打造粤港澳大湾区，建设世界级城市群，是国家重大发展战略。粤港澳大湾区包括香港、澳门和广东省珠三角九市，是我国开放程度最高、经济活力最强的区域之一。大湾区区域优势明显，经济实力雄厚，创新要素集聚，国际化程度高，对国内外人才具有强大吸引力。《粤港澳大湾区发展规划纲要》（以下简称《规划》）提出"协调发展、统筹兼顾"的基本原则，要求加强政策协调和规划衔接，推动区域城乡协调发展，不断增强发展的整体性。此外，《规划》进一步明确了"打造教育和人才高地"的发展任务。广东省的粤东西北地区是乡村振兴的重点，但经济却相对比较落后，对人才吸引力较弱。因此，将乡村人才振兴融入粤港澳大湾区发展规划，具备现实基础，也符合规划要求。建议在粤港澳大湾区建设中，充分考虑乡村振兴的现实需求，完善城乡人才引育留政策协同，发挥城市资源的正向外溢效应，实现城乡间人才资源共享。

（二）强化基层党组织对乡村人才工作的全面领导

坚持党对人才工作的全面领导，是党的十八大以来我们对我国人才事业发展规律性认识的深化。强化基层党组织对乡村人才工作的全面领导，是打造一支能够担当乡村振兴使命人才队伍的根本组织保障。一是选优配强农村工作干部队伍。提高农村干部队伍的人才工作领导本领，做到识才、爱才、敬才、用才。二是要将乡村人才振兴作为实施乡村振兴战略的重要任务，把乡村人才振兴工作纳入人才工作目标责任制考核和乡村振兴实绩考核。三是完善党管乡村人才工作的组织领导架构。建立党委统一领导、组织部门指导、人力资源和社会保障部门统筹协调、相关部门分工负责的乡村人才振兴联席会议制度，确保党对乡村人才工作的全面领导，整体协同。

二 基于广东省先进举措与经验的建议

（一）构建乡村振兴人才"协同式发展"体系

乡村普遍资源缺乏、人才有限，仅依靠乡村本地力量难以实现人才振兴。本报告建议积极构建上下左右协同联动的乡村人才发展体系：一是，在乡村人才驿站现有部门构成的基础上，增加涉农企业单位、行业协会作为新的参与部门，企业单位是人才使用与评价的主体，是提高人才使用效益的关键，行业协会则具有"链接人才资源、促进人才效益转化"的专业优势。二是，构建市县乡三级联动乡村人才服务体系，由地级市政府统筹协调，可给予基层政府急需的组织支持、资源调配和工作指导，有助于确保乡村人才振兴工作融入本地发展全局。

（二）完善乡村振兴人才队伍"标准化评价"体系

乡村人才评价是乡村人才工作的重要抓手，对乡村人才发展具有重要的指挥棒与风向标作用。不科学、不合理的人才评价工作，不仅会扭曲乡村人才的服务动机，还会挫伤各类人才参与乡村振兴的积极性。另外，"评价"和"使用"要结合起来，有序衔接，真正实现"让事业激励人才，让人才成就事业"。建议省直相关部门在对"乡村工匠"等省内外乡村人才创新实践进行深入研究的基础上，系统、科学设计乡村人才的评价体系，提高评价指标的科学性和有效性，形成一套符合广东乡村振兴特点的标准化人才评价体系。同时，将人才评价与人才的培育和使用紧密衔接起来，防范乡村本土人才评价在实践中"变形走样"，真正确保乡村人才贴合乡村发展需要。

三 基于乡村振兴人才引育的相关建议

（一）建立乡村人才振兴"信息化引才"机制

以"事业"激励人才，是乡村"引才"的一个关键机制。善用信息技术，建立全省统一的信息化平台，有助于消除乡村振兴的信息鸿沟与不对称，显著促进社会力量与乡村多样化发展需求之间的精准对接。人才驿站是当前广东开展乡村人才工作的组织抓手，但目前主要是线下平台，乡村产业发展信息的传播范围有限、传播效率不高。建议由省直有关部门合作牵头建立覆盖全省乡村的人才驿站信息化平台，将城乡人才信息、乡村社会经济发展需要等信息整合到全省统一的信息化平台上，运用大数据技术，绘制符合乡村振兴需求的人才画像，主动开展信息精准推送，大幅提高信息传播效率和传播范围，促进社会各界人才资源与乡村振兴需要的精准对接，形成高效的乡村振兴"信息化引才"机制。

（二）健全乡村人才振兴"灵活式用才"机制

在广东当前城乡差距显著的基本格局下，乡村"留才"的难度和成本都远高于"用才"。其根本原因是，乡村人力资本回报仍然偏低，人力资本向乡村配置的难度较大。"留才"涉及城乡在就业、教育、医疗、养老等基本公共服务制度上的融合问题，城乡制度差异的弥合会是一个相当长期的过程，非短时间内可以实现。而"用才"可以直接越过城乡鸿沟，通过健全完善新时代农业科技特派员、专家服务团等制度，以更及时、灵活和直接的方式，满足乡村振兴的人才需求。

（三）拓展乡村人才振兴"多路径育才"机制

目前广东培养的农业农村类学生连续多年出现下降，农村发展后备人才队伍规模不断萎缩。单纯依靠农业类学校培养后备人才的机制，难以满足乡村振兴对人才队伍的广泛需求。本报告建议省教育厅联合其他相关部门，坚持市场主导和政府推动相结合、政策支持和完善服务相结合的基本原则，积极建立健全乡村人才振兴的"多路径育才"机制，采用定向培养、减免学费、就业扶持等多种方式，鼓励各类学校学生投身乡村振兴事业，以实现乡村后备人才队伍壮大与结构优化。

总之，本章对"乡村振兴人才"进行了概念界定，并基于多种数据来源，呈现了广东省乡村振兴人才发展现状，发现了广东在乡村振兴人才数量、结构和管理体制机制方面存在的突出问题，并总结归纳了广东省以"工程思维"推动乡村振兴人才队伍建设的主要经验。最后，立足粤港澳大湾区和广东社会经济发展全局，提出了广东应完善顶层设计、加强基层党组织对人才工作的全面领导，以及完善标准化评价体系、建立健全乡村人才引育机制等对策建议。未来，广东应继续落实习近平总书记关于广东的重要讲话精神，先行先试，勇于探索，在建设世界人才中心和创新高地上，继续发挥引领示范作用。

附录 7-1 乡村人才问卷

一、人才类型

题项	选项
1. 您当前的从事行业类型是	A. 农业生产经营（农林牧渔等） B. 农业第二产业（工业、建筑、运输等） C. 农业第三产业（商业、旅游、金融等服务业） D. 乡村公共服务（文教卫生） E. 乡村党政治理 F. 其他（简单描述）
2. 您当前的身份类型是	A. 农业生产经营人才 B. 农业第二第三产业发展人才 C. 乡村公共服务 D. 乡村治理 E. 农业农村科技
3. 农业生产经营人才中	A. 新型职业农民 B. 家庭农场经营者 C. 农民合作社带头人
4. 农村第二第三产业发展人才中	A. 农村创新创业带头人 B. 农村电商人才 C. 乡村工匠 D. 返乡下乡创业人员
5. 乡村公共服务人才中	A. 乡村教师 B. 乡村卫生健康人才 C. 乡村文化旅游体育人才 D. 乡村规划建设人才
6. 乡村治理人才中	A. 乡镇党政人才 B. 村干部等村组织带头人 C. 在岗大学生村官 D. 农村社会工作人才 E. 农村经营管理人才 F. 农村法律人才 G. 新乡贤
7. 农业农村科技人才中	A. 高科技领军人才 B. 科技推广人才 C. 科技特派员
8. 在您现在的工作岗位上，是否有三个月以上	A. 是 B. 否

二、个人基本情况

题项	选项	
9. 您的性别	A. 男	B. 女
10. 您的年龄	A. 18—25 岁 C. 36—45 岁 E. 56 岁及以上	B. 26—35 岁 D. 46—55 岁
11. 您的学历是	A. 初中及以下 C. 本科	B. 高中（中专） D. 硕士及以上
12. 您过去一年的平均月收入情况是	A. 2000—3000 C. 4001—5000	B. 3001—4000 D. 5000 以上
13. 您来自哪个地方	A. 本市（地级市） C. 省外 E. 本县 G. 本村	B. 省内其他地市 D. 国外 F. 本乡镇
14. 您的婚姻状况是	A. 已婚	B. 未婚
15. 您的政治面貌是	A. 中共党员 C. 共青团员 E. 其他	B. 中共预备党员 D. 群众
16. 您在这份工作之前，有过何种经历	A. 大学生 C. 企事业单位人员 E. 传统农民	B. 农民工 D. 转业军人 F. 其他

三、个人需求

题项	选项	
17. 您选择这份工作的原因是	A. 个人发展和晋升 C. 专业对口 E. 发挥自己的特长 G. 其他	B. 收入水平和福利 D. 工作稳定有保障 F. 乡村的生活环境
18. 过去一年，您在这份工作中是否接受过与乡村振兴相关的"技能培训"	A. 是	B. 否
19. 您已经在本地工作了多长时间	A. 3—6 个月 C. 12—24 个月	B. 6—12 个月 D. 24 个月以上
20. 您打算在本地再工作多长时间	A. 1—6 个月 C. 12—24 个月	B. 6—12 个月 D. 24 个月以上
21. 您留在这里的原因是什么	A. 个人发展和晋升 C. 专业对口 E. 发挥自己的特长 G. 工作环境	B. 薪资水平和福利 D. 工作稳定有保障 F. 个人兴趣爱好 H. 其他

四、政策方面

题项	选项
23. 县市级政府给您提供的政策支持有哪些	A. 培训机会　　　　　　　B. 资金补助 C. 项目接洽　　　　　　　D. 协助拓展市场 E. 贷款优惠　　　　　　　F. 技术合作与指导 G. 其他
24. 您觉得县市级政府的政策支持力度如何	A. 非常支持　　　　　　　B. 支持 C. 一般　　　　　　　　　D. 不支持 E. 非常不支持
25. 您对县市级政策的满意度如何	A. 非常满意　　　　　　　B. 满意 C. 一般　　　　　　　　　D. 不满意 E. 非常不满意
26. 乡镇层面给您提供的支持有哪些	A. 知识培训　　　　　　　B. 资金补助 C. 项目接洽　　　　　　　D. 协助拓展市场 E. 贷款优惠　　　　　　　F. 技术合作与指导 G. 开展党建活动　　　　　H. 其他
27. 乡镇层面的支持力度如何	A. 非常支持　　　　　　　B. 支持 C. 一般　　　　　　　　　D. 不支持 E. 非常不支持
28. 您对乡镇层面支持的满意度如何	A. 非常满意　　　　　　　B. 满意 C. 一般　　　　　　　　　D. 不满意

五、激励机制

题项	选项
29. 您当前的居住地是？	A. 本市（地级市）　　　　B. 省内其他地市 C. 省外　　　　　　　　　D. 本县 E. 本乡镇　　　　　　　　F. 本村
30. 您子女的教育需求是否能在本乡镇得到保障	A. 是　　　　　　　　　　B. 否 C. 不适用
31. 您在本乡镇的工作是否能够提供安全的收入保障	A. 是　　　　　　　　　　B. 否
32. 您在本乡镇的工作是否有提供医疗保障	A. 是　　　　　　　　　　B. 否
33. 您参与了哪一类医疗保障	A. 城镇职工基本医疗保险　B. 城乡居民医疗保险（城镇居民＋新型农村合作医疗保险） C. 公费医疗制度

续表

题项	选项
34. 您是否有社会养老保险	A. 是　　　　　　　　　　　　B. 否
35. 您参与了哪一类社会养老保险	A. 城镇职工基本养老保险　　　B. 机关事业单位养老保险 C. 城乡居民基本养老保险　　　D. 其他
36. 总体来说，您对在本乡镇当前的工作状态（生产生活状态）满意吗	A. 非常满意　　　　　　　　　B. 满意 C. 一般　　　　　　　　　　　D. 不满意 E. 非常不满意
37. 您所从事的工作是否有提供充足的培训或专业指导	A. 十分充足　　　　　　　　　B. 相对充足 C. 有限　　　　　　　　　　　D. 非常少 E. 极少
38. 您所从事的工作所拥有的技术是否能够支撑自己想要开展的各项工作活动	A. 能够完全支撑　　　　　　　B. 基本能够支撑 C. 勉强进行　　　　　　　　　D. 难以开展 E. 无法开展
39. 您现在的工作地点属于广东省以下哪个市	深圳、广州、珠海、东莞、佛山、中山、惠州、汕头、江门、湛江、肇庆、梅州、茂名、阳江、清远、韶关、揭阳、汕尾、潮州、河源、云浮

附录 7-2　乡村管理人员问卷

一、基本情况

题项	选项
1. 您的性别	A. 男　　　　　　　　　　　　B. 女
2. 您的年龄	A. 29 岁及以下　　　　　　　　B. 30—39 岁 C. 40—49 岁　　　　　　　　　D. 50 岁及以上
3. 您的学历是	A. 大专及以下　　　　　　　　B. 本科 C. 硕士研究生及以上
4. 您所在工作单位的行政级别是	A. 省级单位　　　　　　　　　B. 地市级单位 C. 县区级单位　　　　　　　　D. 乡镇单位 E. 社区/村级单位
5. 您的职级是	A. 科员及以下　　　　　　　　B. 副科级 C. 正科级　　　　　　　　　　D. 副县处级 E. 正县处级　　　　　　　　　F. 副市厅级 G. 正市厅级及以上
6. 您现在的职务是	A. 非领导职务　　　　　　　　B. 领导职务

续表

题项	选项	
7. 您任现职的具体时间有	A. 不到 1 年 C. 2—3 年	B. 1—2 年 D. 3 年及以上
8. 您的工龄是	A. 9 年及以下 C. 20—29 年	B. 10—19 年 D. 30 年及以上

二、调查内容

题项	选项	
1. 您认为乡村振兴战略实施过程中人才的作用如何	A. 非常重要 C. 一般	B. 比较重要 D. 不重要
2. 您认为本地乡村振兴最缺乏哪种人才	A. 职业农民 C. 基层乡镇领导人才 E. 文教卫等公共服务人才	B. 农业专家 D. 优秀村干部 F. 产业带头人
3. 您认为当前本地乡村振兴人才工作的最突出困难是	A. 引人 C. 留人	B. 育人 D. 其他
4. 您认为怎样能更好地引进人才	A. 提高引进待遇 C. 提供创业补贴	B. 发展用人平台 D. 其他
5. 您认为怎样能更好地发挥人才作用	A. 提高物质激励 C. 下放用人自主权	B. 壮大用人平台 D. 其他
6. 您认为怎么样更好地留住人才	A. 完善人才发展的扶持政策 C. 提供完善便利的生活条件	B. 完善人才招募的扶持政策 D. 赋予人才更大的自主权
7. 为"引育留"乡村振兴人才，本地建立了哪些服务类组织	A. 人才培养类组织 C. 党组织	B. 人才引进类组织 D. 其他
8. 您认为当地经济发展过程中的人才来源是	A. 本土技术性人才 C. 返乡大学生 E. 返乡外出务工（经商）人员	B. 引进人才 D. 政府分配技术人员 F. 其他
9. 您所在地区是否存在人才流失问题	A. 严重流失 C. 不存在	B. 轻微流失
10. 您认为您所在地区人才外流的主要原因是	A. 乡村收入较低 C. 教育医疗等生活需求难以得到保障 E. 本地行业发展前景相对较差	B. 乡村生活环境较差 D. 乡村归属感较低 F. 其他
11. 您认为，乡村振兴人才工作体系面临的最大短板是	A. 引进待遇较低 C. 用人主体不明确 E. 其他	B. 人才服务体系较弱 D. 农村居民积极性较低

续表

题项	选项
12. 您认为当前乡村振兴人才工作面临的最大挑战是	A. 政策供给不全面　　　　B. 政府部门间协同困难 C. 政策落地难　　　　　　D. 财政投入有限 E. 其他
13. 您现在的工作地点属于广东省以下哪个市	深圳、广州、珠海、东莞、佛山、中山、惠州、汕头、江门、湛江、肇庆、梅州、茂名、阳江、清远、韶关、揭阳、汕尾、潮州、河源、云浮

第八章

推进广东引领粤港澳大湾区高水平人才高地建设的对策建议

在2021年召开的中央人才工作会议上，习近平总书记明确指出，加快建设世界重要人才中心和创新高地，要在北京、上海、粤港澳大湾区建设高水平人才高地。粤港澳大湾区高水平人才高地已成为我国新时代人才工作的重要战略布局，广东省将在粤港澳大湾区高水平人才高地建设中扮演更加重要的角色，发挥关键的引领作用。为了更好地建设粤港澳大湾区高水平人才高地，本章首先对人才高地进行界定，并构建人才高地评价指标体系；接着根据构建的人才高地评价指标体系，将广东省（粤港澳大湾区）与世界三大湾区，以及国内两大人才高地的现状进行比较与分析，找出优势和不足；最后提出推进广东省引领粤港澳大湾区高水平人才高地的对策建议。

第一节 人才高地及其评价指标体系构建

一 人才高地概念与评价指标体系

（一）人才与创新

人才是具有"三识""三能"与"三力"的人。素质高，业绩优肯定就是人才。人才一要有实力，二有能力，三有潜力。但人才也不能仅仅只有技能与才能，更重要的是德能。德能是在人才发展过程中所需要的品德，即特别强调的科学家精神。科学家精神是胸怀祖国、服务人民的爱国精神，勇攀高峰、敢为人先的创新精神，追求真理、严谨治学的求实精神，淡泊名利、潜心研究的奉献精神，集智攻关、团结协作的协同精神，甘为人梯、奖掖后学的育人精神。这是人才在工作中不可缺少的。

人才的价值体现在三方面：创新、创造和创效。从人才的价值来讲，创新是人才的本质特征；创造是体现人才价值的第二层面。创造不是简单的模仿，而是在劳动过程中要突破难点，实现从无到有的内部创新。第三是创效。创效是指同样的东西，能够带来更好的效能、收益。作为人才，还需具备要引领发展的战略功能，引领经济从产业经济转向人才经济。

（二）人才高地的界定

"人才高地"，是指一定人口单位中人才密度大、水平高的区域或者城市。人才高地是优秀人才向往和自我价值最能实现之地，具有机制活、平台高、环境好等核心要素。因此，人才高地的建设主要依靠平台、体制机制和环境三个核心要素，旨在打造一支能够适应区域经济社会发展需求的复合型人才队伍。从核心要素看，一流的人才发展平台是基础，包括高校、研发机构、创新型企业、科技园及孵化器等聚才育才用才载体；灵活的体制机制是根本，包括多主体参与的人才工作体制和人才培养、引进、评价、激励和保障机制；优质的人才生态环境是保障，包括基础设施等"硬环境"和法制、人文、服务等"软环境"。其中，一定人口单位中的人才密度大小，反映了人才的数量与比例；一定人口单位中的人才水平，反映了人才的质量与产出，包括素质、层次、竞争力与产出效益。

二 人才高地评价指标体系构建

（一）人才高地评价指标体系的构建原则

在人才高地评价指标体系构建的过程中，应遵循以下四个方面的原则。

第一，科学性原则。人才高地评价指标体系的构建借鉴和参考了目前较为权威的区域人才发展评价指数的相关指标，充分考虑量化和可比性，构建出较为科学的指标评价体系。

第二，综合性原则。该指标体系综合政治、经济、环境等多方面的因素，能够全方位地对粤港澳大湾区人才吸引力进行评价。

第三，创新性原则。该指标体系充分结合中央人才工作会议的重要精神，面向世界重要人才中心和创新高地，并强调着眼于未来发展潜力视角对粤港澳大湾区人才高地开展评价。

第四，实用性原则。该指标体系紧密对接中央人才工作会议确定的世界人才中心和创新高地的建设目的。

（二）人才高地评价指标体系的构建说明

根据人才高地的界定，人才高地主要表现为较高的人才集聚度、较强的人才吸引力以及较高的创新效能。基于此，我们提出从"集聚度""吸引力""效能水平"三个维度构建人才高地评价指标体系，整理出人才高地评价指标体系的三级指标（见表8-1）。

表8-1　　　　　　　　　人才高地评价的指标体系

一级指标	二级指标	三级指标
人才集聚度（A1）	人才规模（A11）	战略科学家数量、科技领军人才数量、青年科技人才数量、高学历人才数量、高职称人才数量、卓越工程师和高技能人才数量
	人才密度（A12）	每万人战略科学家数、每万人科技领军人才数、每万人青年科技人才数、每万人高学历人才数、每万人高职称人才数、每万人卓越工程师和高技能人才数
人才吸引力（A2）	政策吸引力（A21）	人才政策数量、人才政策强度
	经济吸引力（A22）	产业层级、经济发展前景、经济发展地位
	硬环境吸引力（A23）	省级实验室数量、科技企业在统孵化器数量、研究与开发机构数量、大中型企业有R&D机构的企业数量、大科学中心、科技战略地位
	软环境吸引力（A24）	空气质量、医疗服务水平、生活成本、生活幸福感
人才效能水平（A3）	人才创新活力（A31）	每万人发表论文数、每万人居民专利申请数
	人才发展态势（A32）	人才数量增长率、人才素质优化率

资料来源：课题组在研究相关文献的基础上提出。

第一，人才集聚度（A1）是指人才在区域空间层面的集聚程度，该指标分为数量和密度两个层面，包括人才规模（A11）和人才密度（A12）2个二级指标，主要体现人才的集聚程度和人才发展潜力。在人才集聚度的二级指标中，人才规模（A11）是指高层次人才的绝对数量，反映人才高地的人才集聚状况，具体包括战略科学家、科技领军人才、青年科技人才、高学历人才、高职称人才、卓越工程师和高技能人才三级指标；人才密度（A12）是指每万人高层次人才数，反映的是人才的密集程度，具体包括每万人战略科学家数、每万人科技领军人才数、每万人青年科技人才数、每万人高学历人才数、每万人高职称人才数、每万人卓越工程师和高技能人才数三级指标。

第二，人才吸引力（A2）是指某一区域的多维度因素对人才的吸引效应，是人才高地吸引人才集聚的核心指标，主要包括政策吸引力（A21）、经济吸引力（A22）、硬环境吸引力（A23）和软环境吸引力（A24）4个二级指标。其中，政策吸引力（A21）是指各地政府人才政策对人才流动决策产生的影响。政策吸引力的指标主要包括人才政策数量和人才政策强度两个方面，人才政策数量指标反映了人才政策体系的完善程度，人才政策强度指标通过对住房补贴等人才引进政策中的主要要素进行测量，来反映人才政策的实际支持强度；经济吸引力（A22）是指各地经济情况对人才流动决策产生的影响。经济吸引力的指标包括产业层级（人均GDP、进出口贸易规模）、经济发展前景（制造业PMI指数）和经济发展地位［区域生产总值占全国比重（%）］；硬环境吸引力（A23）是指支撑区域内人才发展和成长的平台要素，是区域发挥人才培育功能的重要体现。具体包括：省级实验室数量、科技企业在统孵化器数量、研究与开发机构数量、大中型企业有R&D机构的企业数量、大科学中心和科技战略地位（国家级科技创新中心数量）等指标；软环境吸引力（A24）是指影响人才日常生活质量的自然与社会环境，包括空气质量（PM2.5）、医疗服务水平（出生时预期寿命、每千人卫生技术服务人员数量）、生活成本（使用恩格尔系数测度）、生活幸福感［中国综合社会调查年度数据（CGSS）］四个方面。

第三，人才效能水平（A3）是指某一区域的人才发展情况，可以分为静态和动态两个层面，主要包括人才创新活力（A31）和人才发展态势（A32）等2个二级指标。其中，人才创新活力（A31）反映的是人才的实际产出状况和人才高地的创新能力，该指标采用每万人发表论文数、每万人居民专利申请量等三级指标；人才发展态势（A32）是指区域内人才数量的增长状况以及人才素质的优化状况，反映的是不同区域在人才效能方面的相对比较优势。该指标采用特定人才数量的增长率、人才质量的优化率等三级指标。

第二节　全球主要人才高地现状分析

目前，在国际上的世界级人才高地中，美国（硅谷、旧金山大湾区、纽约大湾区等）、日本（东京大湾区）、英国（伦敦金融城等）、以色列、新加坡、德国等国家的人才高地属于已经建成的，具有对人才的虹吸效应和集聚效应。而在我国国内的人才高地中，北京（京津冀——中关村）、上海（江浙沪皖——浦东新区）、广东省（粤港澳大湾区——深圳）等地区则属于初具规模、正在建设中的人才高地。本节主要探讨广东省（粤港澳大湾区）与国际三大湾区人才高地的建设现状，以及广东省与北京市、上海市人才高地的建设现状，从而更好地找出粤港澳大湾区（广东省）高水平人才高地建设的优势和不足。

一　国际四大湾区人才高地现状

从湾区定位、产业结构、人口素质、人才梯度、人才分布、人才培养、高等院校、科研机构、百强企业、创新企业、发明专利、发展环境、便利程度等方面，全面梳理了旧金山大湾区、纽约大湾区、东京大湾区和粤港澳大湾区四大湾区人才高地建设的综合情况（见表8-2）。

表8-2　　　　　　　　国际四大湾区人才高地现状

	旧金山大湾区	纽约大湾区	东京大湾区	粤港澳大湾区
湾区定位	硅谷：世界科技创新中心	纽约：世界金融中心，仅次于旧金山湾区的科技创新中心	世界重要的创新发源地	香港：世界金融中心、科创高地 广州：科教高地 深圳：创新高地
产业结构	服务业为主导，高科技制造业具有重要地位	服务业为主导，地产、金融、科技、医疗等	服务业为主导，高科技制造业为支撑	工业化，具有明显的区域化特征
人口素质	受教育程度最高	受教育程度较高	受教育程度较高	受教育程度一般
人才梯度	结构较为合理	结构较为合理	结构较为合理	结构有待优化

第八章　推进广东引领粤港澳大湾区高水平人才高地建设的对策建议　**205**

续表

	旧金山大湾区	纽约大湾区	东京大湾区	粤港澳大湾区
人才分布	国际性人才多，且高度聚集	国际性人才多，且高度聚集	国际性人才多，且高度聚集	国际人才较少，区域人才不均衡
人才培养	本土化人才培养能力较强	本土化人才培养能力较强	本土化人才培养能力较强	港澳人才培养能力较强，内地人才培养能力较弱
高等院校	世界100强3所	世界100强3所	世界100强2所	世界100强4所
科研机构	全球200强26家	全球200强28家	全球200强10家	全球200强1家
百强企业	世界500强企业23家	世界500强企业28家	世界500强企业70家	世界500强企业20家
创新企业	最具创新企业3家	最具创新企业8家	最具创新企业20家	最具创新企业4家
发明专利	3.96万件	5.44万件	13.91万件	25.8万件

资料来源：课题组根据相关文献整理得到。

从上表可以看出，粤港澳大湾区（广东省）在国际四大湾区人才高地中属于后起之秀，与其他三大湾区之间存在着较大差距，但是在粤港澳大湾区中，特别是香港在教育、科技等方面有其自身的独特优势，也有其发展空间和发展潜力。由于粤港澳大湾区的三地特殊性，粤港澳大湾区九个地市与香港、澳门三地应该通过更加密切的联系和互动，建立起双向互动的合作关系，发挥好各自的优势。

二　国内三大重点地区人才现状

从"两院"院士人数、专业技术人才数、R&D 人员全时当量、发表科技论文、出版科技著作、专利申请数、有效发明专利、形成国家或行业标准数、科技成果登记、省（市）级科技进步奖、国家级科技奖励成果、国家技术发明奖、国家科学技术进步奖、国家自然科学奖、国际科学技术合作奖。全面梳理了北京、上海、广东省等国内重点地区人才高地的综合情况（见表 8-3）。

表 8-3　　　　　　　　　国内三大人才高地现状①

指标＼地区	北京	上海	广东省
"两院"院士人数（人）	830	178	133
专业技术人才数	—	—	730
R&D 人员全时当量（人年）②	313986	198645.8	803207.8
博士	—	—	—
发表科技论文（篇）	195020	109730	115995
#国外发表	85868	53743	46214
出版科技著作（种）	6830	3120	2644
专利申请数（件）	37473	19410	31393
#发明专利	31290	15938	19509
有效发明专利（件）	115927	39454	29254
形成国家或行业标准数（项）	1802	262	233
科技成果登记（项）	766	1348	2755
省（市）级科技进步奖（项）	127	308	135
国家级科技奖励成果（项）	58	52	50
国家技术发明奖（项）	11	7	8
国家科学技术进步奖（项）	42	35	39
国家自然科学奖（项）	5	8	3
国际科学技术合作奖（项）	—	2	—

资料来源：《中国科技统计年鉴2020》等。

从上表可以看出，广东省作为粤港澳大湾区人才高地建设的核心力量，与北京和上海相比，广东省的 R&D 人员全时当量高于北京和上海，但在顶级人才、创新成果等方面，广东省则差于北京和上海。

三　粤港澳大湾区高水平人才高地建设的优势与不足分析

近年来，粤港澳大湾区人才高地的建设工作按照中央和省委的统一部署进行推进，各项工作取得了初步成效。根据广东省人力资源和社会保障

---

① 粤港澳大湾区的数据应由广东省珠三角九市、香港、澳门等11个城市的数据组成，目前港澳方面的数据缺失，本报告采用广东省的相关数据代替粤港澳大湾区的数据。

② R&D 人员全时当量（人年）：是国际上通用的、用于比较科技人力投入的指标。

厅和广东省科学技术厅提供的数据，2020年全省专业技术人才706万人、高层次人才82万人。其中，两院院士133人，享受政府特殊津贴专家5007人。2020年新增博士后突破4215人，在站博士后10280人。在国际人才方面，全省持有效的"外国人工作许可证"的外籍专家超过4万人。目前来看，广东省在粤港澳大湾区人才高地的建设中既存在优势，又存在不足。

（一）粤港澳大湾区高水平人才高地的优势

第一，体制机制优势。在粤港澳大湾区的建设中，中央和广东省分别成立了粤港澳大湾区建设领导小组和广东省推进粤港澳大湾区建设领导小组。坚持党管人才的首要原则，逐步完善各地市人才工作的体制机制，深圳、江门等市成立了人才工作局。同时，在广东省"一核一带一区"的发展战略中，把粤港澳大湾区的发展摆在首要位置，支持粤港澳大湾区人才高地的建设。根据省人力资源和社会保障厅提供的数据，目前有8979名在湾区工作的境外高端人才和紧缺人才享受到个人所得税税负差额补贴，补贴金额达26.56亿元。

第二，制度政策优势。国家为了支持粤港澳大湾区的建设，把部分的审批权限下放。基于粤港澳大湾区、中国特色社会主义先行示范区、广东省自贸区、南沙国际人才特区、前海深港现代服务业合作区、横琴粤澳深度合作区、海上丝绸之路、一带一路等相关的制度政策，在部分地区探索和形成一批人才高地建设和人才发展的先进经验，并进一步在其他地市进行推广和实施。粤港澳大湾区在促进跨境人才便利执业上取得新进展，已实行港澳旅游、医疗卫生、建筑、教育、律师、会计、社工和专利代理等八大领域职业资格的认可工作，截至2020年底，已有411名港澳导游及领队通过培训、认证并取得专用导游证；初步构建起开放的粤港澳大湾区职称评价体系，截至2020年底，职称评审人数已超过100人。

第三，地理区位优势。粤港澳大湾区地处我国的南大门广东省，有着毗邻港澳台的区位优势。目前，广州南沙、广州黄埔、深圳前海、深圳河套和珠海横琴等区域与香港、澳门地区在科技、教育上的合作十分紧密，东莞、中山、江门等市也加快与香港、澳门地区进行相关的合作布局，抓住目前国际人才集聚和国际科技成果转化的机遇期，留下优秀人才；同时，又有丰富的资源优势，相比于江浙沪地区人才创新的跨区域联动和人才流动，粤港澳地区人才创新的联动效果显得更加紧密和更加高效。

第四，科教合作优势。在粤港澳大湾区区域内，香港的科创和教育优势突出，而广州侧重于教育，深圳侧重于科技创新。强化粤港澳大湾区人才高地建设背景下三地间的科教合作，发挥好现有和在建的港澳及国内顶尖高校科研院所的校区和研究机构的协同作用，引进和培养更多的优秀人才。同时，广东省内规模以上企业的研究院所、各类新型研发机构和各类实验室，也是粤港澳大湾区人才培养、储备和交流的合作优势。

（二）粤港澳大湾区高水平人才高地的不足

第一，人才区域分布不够均衡。以广东省科学技术厅提供的2019年相关地市从事R&D活动人员的数据为例（见表8-4），深圳、广州、东莞、佛山是粤港澳大湾区内部创新人才的主要聚集区，沿着粤港澳大湾区的东、西两岸和北部山区这三个方向的人才密度逐步降低，呈现出中心向外围递减的分布格局。

表8-4　　　　2019年广东省相关地市R&D活动人员

地市	从事R&D活动的人员（万人）	工业企业从事R&D活动的人员（万人）	每百万从业人员中R&D人员（人）
广州	22.90	10.00	20338.24
深圳	37.79	30.20	29448.75
珠海	4.11	3.42	25480.52
佛山	10.01	9.20	18830.54
惠州	5.92	5.63	18602.07
东莞	13.34	12.45	18758.47
江门	3.52	3.32	12910.07
中山	3.33	3.12	14046.66
肇庆	1.23	1.06	5310.85

资料来源：由广东省科学技术厅提供。

第二，人才质量结构不够合理。一是高端人才相对较少。拥有和掌握关键核心技术的科技领军人才和创新团队较少，2020年广东省全职两院院士要少于北京和上海。二是人才总体层次偏低。根据国家统计局第七次全国人口普查公报和中国统计年鉴2020的抽样数据（见表8-5），广东省的人口总量和人口变动数量虽位居全国首位，但每10万人口中受大学教育程度的人数中。广东省（15699人）要明显低于北京（41980人）、上海

第八章　推进广东引领粤港澳大湾区高水平人才高地建设的对策建议　209

(33872人)等地区。另外，广东省受研究生教育和本科教育的人数均低于其他省市，尤其是以硕士、博士研究生为代表的高学历人才占比偏低。三是人才国际化程度不高。常住广东省的境外专家比例较低，海外高层次留学人才在大湾区创新创业数量较少，留学归国人员低于北京和上海。

表8-5　《第七次全国人口普查公报》部分地区人口数据

地区	《第七次全国人口普查公报》		《中国统计年鉴2020》				
	人口总数（人）	每10万人口中受大学教育程度的人数（人/万人）	2019年人口变动数据（人）	受研究生教育的人数（人）	占比（%）	受本科教育的人数（人）	占比（%）
北京	21893095	41980	15743	1326	8.42	4232	27
上海	24870895	33872	17882	500	2.80	2794	16
广东省	126012510	15699	82975	303	0.37	4687	5.65

资料来源：国家统计局《第七次全国人口普查公报》《中国统计年鉴2020》。

第三，人才引育模式不够完善。一是人才引进模式较为单一。与上海较为完善的体系相比，粤港澳大湾区人才引进项目和种类较少，支持力度和覆盖面不够大，各地级市的人才计划也存在着同质化引才和过度竞争的问题，在人才梯队培育和建设方面的重视度不够。二是人才培育力度有待加强，粤港澳大湾区内部的高素质本土化人才相对较少，根据相关省市2020年国民经济和社会发展统计公报的数据，广东省在研究生培养方面，在校研究生和毕业研究生分别为15.47万人和3.6万人，与北京、上海等地区存在着较大差距。

第四，人才载体平台数量偏少。一是缺乏统筹管理平台支持。粤港澳大湾区人才高地的建设中，缺乏一个类似北京中关村科技园区管理委员会和上海推进科技创新中心建设办公室这一类型的统筹性管理平台。二是重大科技基础设施偏少，目前广东省已有和在建的大科学装置有11个，少于上海的14个。同时，广东省虽建有一批国家级、省级实验平台和港澳联合实验室，并成建制、成体系引进21家高水平创新研究院落地建设，但对比于北京、上海等地区的优质高校和科研院所的高度聚集，粤港澳大湾区在平台载体的拥有量上偏少的问题较为突出。

第五，人才发展环境有待提升。一是人才政策和人才服务有待加强，相关地市存在着相关政策的实施效果不佳,人才服务工作未能够全面覆盖的问题,以"优粤卡"为例,该卡目前主要服务于高端人才,缺乏对于大湾区青年人才的支持。二是人才评价科学化程度有待提高,以科研诚信为导向的评价机制有待完善,目前在项目评价和课题评价等方面需要继续优化调整。三是便利化程度有待加强,国际人才和港澳人才在粤港澳大湾区内部自由通行、居住停留方面的限制相比于北京、上海要严格一些。

第三节 广东省引领粤港澳大湾区高水平人才高地建设的对策建议

粤港澳大湾区建设高水平人才高地已成为我国加快建设世界重要人才中心和创新高地的重要战略布局,广东省被赋予新的重大机遇、重大平台、重大使命。作为粤港澳大湾区人才高地建设的核心角色,广东省要从"国之大者"的高站位深化认识,从国际一流的高标杆深化认识,从粤港澳协同的高势能深化认识,从人才强省建设总抓手、总牵引的高要求深化认识,切实肩负起沉甸甸的历史使命和时代责任,主动携手港澳做好谋划和落实工作。因此,基于全球主要人才高地的现状分析,并围绕广东省如何更好地引领粤港澳大湾区高水平人才高地的建设,提出六个方面的对策建议。

(一)以党管人才引领大湾区人才高地建设

一是广东省勇挑粤港澳大湾区高水平人才高地建设的历史使命与责任担当,积极争取中央支持,牵头建立面向湾区的人才高地建设协调领导小组,下设人才高地建设工作办公室,加强党对人才工作的全面领导,推动落实广东省新时代人才工作;二是系统谋划粤港澳大湾区高水平人才高地一体化发展战略,加强粤港澳三地人才融合发展的顶层设计,形成以战略科学家为领头、以一流科技领军人才和创新团队为核心、以青年科技人才和卓越工程师为基础的人才梯队,通过党建引领湾区人才发展,推动区域资源整合和共享,促进港澳人才积极融入国家发展大局;三是建立粤港澳大湾区高水平人才高地建设工作的目标责任制,压实各级党委抓人才工作的政治责任,加强对相关部门的监督考核和问责,把人才工作摆在首要位置，建立人才工作落实激励制度，将工作成效作为绩效考核的重要依据。

（二）以产学研联盟培育本土优秀人才队伍

一是探索建设粤港澳大湾区产教融合发展联盟，实施粤港澳科技创新合作发展规划和联合创新资助计划，共同推进粤港澳三地高水平学科合作，率先在珠三角地区9市建立协调联络机构，实现资源分享与共建，培育一批世界领先的高校、科研机构和新型智库；二是大力支持中外名校在湾区重点城市合办全学段覆盖的国际学校，率先在全国建立"国际化教育特区"，实行跨境人才子女教育优惠政策，探索在广州南沙国际人才特区建立若干个国际化科技战略人才培养基地；三是与港澳各类科技园区和孵化器开展全方位合作，横琴和前海合作区推进共享公共平台、实验室等研发资源，搭建集孵化器全链条、"双创"平台、风险投资于一体的创新多元服务平台，探索粤港澳三地政府间联合资助研发项目资金、仪器设备跨境使用方式，联合承接国际高新技术与企业研发转移，积极承接和孵化本土科技项目。

（三）以管理委员会全面统筹人才供给配置

一是探索粤港澳大湾区国际科技创新中心管委会机构设置，打破原有的行政界限，高效配置粤港澳三地的人才资源，加快建立更为灵活高效的人才使用机制，推进粤港澳大湾区跨境人才自由流动的制度探索，打破人才流动的体制性壁垒和障碍；二是粤港澳三地共同编制《粤港澳大湾区急需紧缺人才目录》，以湾区科技创新和产业发展的实际需求为核心，研究并制定广东省各地市的急需紧缺科技创新人才目录，定期发布和更新目录，引导各类机构实施精准引才和靶向用才，优化粤港澳三地现有的人才计划和人才工程，动态调整湾区人才项目的支持方；三是促进大湾区内地城市政府对人才市场的管办分离，在广东省自贸区辖区内试点发展湾区高级人才市场、专业市场和无形市场，打破人才流动的体制性壁垒和障碍，鼓励人才在不同产业、行业地域、职务间有序流动。

（四）以高层次平台提升国际人才引进质量

一是积极扩大国家级海外人才离岸创新创业基地布局，争取在广东省主要城市设立基地，同时完善省级创新创业基地的功能，新设省级海外人才离岸创新创业基地，便利国际人才突破时空限制在大湾区创新创业；二是重点建设符合国家发展战略的各类大科学装置，基于"广深港—广珠澳"科技创新走廊，在广东省重点城市布局国家大科学装置，加强粤港澳大湾区平台资源共享，提升湾区人才在国际科技竞争中的影响力和主导权；三是借助香港的优质科教资源，围绕广东省最新的产业集群规划和布局，重点支持建设一批引领世界科技潮流的国家重点实验室和新型研发机构，在粤港澳三地布局一批高层次、高质量的联合科技创新平台，推动一批具有较强自主研发能力的创新型人才平台通过设立分支机构、联合实验室和博士后工作站等多种形式落地，形成科技创新人才高地的规模效应和集聚效应。

（五）以制度性改革激发人才创新创造活力

一是建立健全跨境人才创新创业负面清单管理制度，探索在省内主要城市设立一站式商事纠纷解决中心，采集工商、社保、销售、税收、专利、研发投入等商事信息，构建湾区人才创新创业考评大数据平台，形成有章可循的良好人才工作秩序；二是探索实施"结果导向、放开过程"的新型科研组织管理模式，试点选择若干重点领域实施重大科技项目全球悬赏制度，赋予科学家更多自主权，汇聚全球创新资源和人才智力资源"为我所用"，推进重大科技攻关、产业转型升级和创新人才培养；三是建立更加健全的人才资源开发协调组织，完善粤港澳大湾区人才协同的政策法规体系，探索制定《粤港澳大湾区人才发展条例》，发挥港澳在专业调解、国际仲裁方面的优势，探索在深圳成立粤港澳大湾区人才法院，率先建立公开透明的依法行政机制和公平公正的人才争议调解、权益救济机制。

（六）以全方位服务畅通跨境人才执业渠道

一是完善广东省科技创新公共服务平台建设，加快形成创新链完整、资金链匹配、监管链完善的新型科技管理体系，支持省内科研院所、骨干企业和各类科技服务组织搭建科技创新服务平台，为跨境人才提供开放式综合服务，对跨境人才实行便利的准入政策与特殊的优待政策；二是以粤港澳大湾区人才港为依托，在人才落户、出入境、长期居留、永久居留等方面予以政策保障，努力消除人才在湾区生活的后顾之忧，探索建立"一次办结、三地通用、长期有效"的湾区移民和出入境便捷化政策，统筹优化境内外人才在粤港澳三地自由流动的商务签注类型,简化申请门槛和程序;三是扩大"人才优粤卡"对港澳及国际人才的覆盖范围,探索推动跨境社会保障体系的有机对接,适时推进湾区跨境医保体系的互联互通,支持港澳高端医疗机构落户广东省,为跨境人才提供高品质的生活服务。

主要参考文献

北京市统计局、国家统计局北京调查总队编：《北京统计年鉴2020》，中国统计出版社2020年版。

陈斯毅：《广东技能人才供给侧改革与模式创新》，中山大学出版社2018年版。

广东省统计局等：《广东社会统计年鉴》，中国统计出版社2020年版。

广东省统计局、国家统计局广东调查总队：《广东统计年鉴2020》，中国统计出版社2020年版。

国家统计局：《中国统计年鉴2020》，中国统计出版社2020年版。

国世平：《粤港澳大湾区规划和全球定位》，广东人民出版社2017年版。

科学技术部人才中心：《中国科技人才状况调查报告2019》，科学技术文献出版社2020年版。

李小瑛：《粤港澳大湾区科技创新研究——宏观比较、微观比较与个案分析》，中国社会科学出版社2019年版。

刘彦平：《四大湾区影响力报告2018》，中国社会科学出版社2019年版。

刘佐菁、陈杰：《广东科技人才政策与实践》，科学技术文献出版社2019年版。

上海市统计局、国家统计局上海调查总队编：《上海统计年鉴2020》，中国统计出版社2020年版。

萧鸣政、戴锡生：《区域人才开发的理论与实践》，中国劳动社会保障出版社2009年版。

萧鸣政：《中国政府人力资源开发概论》，北京大学出版社2004年版。

张洪温：《北京人才发展报告（2020）》，社会科学文献出版社2020年版。

周小虎、恢光平：《江苏科技创新人才管理研究》，经济管理出版社2014

年版。

傅新民：《"高职教育培养高技能人才"释义》，《职业技术教育》2006 年第 34 期。

顾玲琍、王建平、杨小玲：《科技人才政策实施效果评估指标体系构建及其应用研究》，《中国人力资源开发》2019 年第 4 期。

李旭辉、夏万军：《基于五大发展理念的人才发展环境动态评价实证研究——以国家自主创新示范区为例》，《北京理工大学学报》（社会科学版）2020 年第 2 期。

李燕萍、刘金璐、洪江鹏、李淑雯：《我国改革开放 40 年来科技人才政策演变、趋势与展望——基于共词分析法》，《科技进步与对策》2019 年第 10 期。

萧鸣政、韩溪：《改革开放 30 年中国人才政策回顾与分析》，《中国人才》2009 年第 1 期。

中华人民共和国中央人民政府：《中共中央办公厅国务院办公厅印发〈关于加快推进乡村人才振兴的意见〉》，http：//www.gov.cn/xinwen/2021－02/23/content_ 5588496.htm。